Katja Doubek
Die Astors

W0040278

PIPER

Zu diesem Buch

Siebzehn Jahre alt und bettelarm war der deutsche Metzgers-sohn Johann Jakob Astor, als er 1780 seine deutsche Heimat verließ und in die USA auswanderte. Er starb 1843 als der reichste Mann New Yorks. Sein märchenhafter Aufstieg be-gründete eine Dynastie voller Glanz und Reichtum. Doch hin-ter den prächtigen Fassaden kämpften die Frauen der Astors um Prestige und Einfluss, spalteten Neid und Intrigen die Fa-milie. Typisch der Bau des Astoria-Hotels, mit dem John Jacob Astor IV. unbedingt seinen Cousin mit dessen Waldorf-Hotel übertrumpfen wollte – das Ergebnis dieses familiären Konkur-renzdramas sind die beiden Hoteltürme des Waldorf-Astoria. 1912 versank mit dem Untergang der Titanic auch John Jacob Astor IV. Er hinterließ seine junge schwangere Frau und ein enormes Vermögen. – Eine dramatische Familiengeschichte, spannend zu lesen und historisch aufschlussreich.

Katja Doubek, geboren 1958 in Lübeck, studierte Germanistik, Geschichte, Phi-losophie und Psychologie und hat sich als Biografin großer Frauenfiguren pro-filiert. Sie lebt als freie Autorin in Mün-chen und Italien. Zuletzt veröffentlichte sie die Biografien »Die Gräfin Cosel« und »Die Astors« sowie den Roman »Königin der Meere«.

Katja Doubek

Die Astors

Glanz und Elend einer legendären Gelddynastie

Mit 23 Abbildungen

Piper München Zürich

Mehr über unsere Autoren und Bücher:
www.piper.de

Von Katja Doubek liegen bei Piper vor:
Die Gräfin Cosel
Die Astors

Für Vincent

Ungekürzte Taschenbuchausgabe
Januar 2010
© 2008 Piper Verlag GmbH, München
Umschlaggestaltung: semper smile, München
Umschlagfotos: Ullstein Bild (»Waldorf-Astoria in New York«, 1907)
und John Singer Sargent (»Nancy Astor«, 1906; Bridgeman Art Library Berlin)
Autorenfoto: Peter von Felbert
Satz: Filmsatz Schröter, München
Papier: Munken Print von Arctic Paper Munkedals AB, Schweden
Druck und Bindung: CPI – Clausen & Bosse, Leck
Printed in Germany   ISBN 978-3-492-25746-6

INHALT

VORWORT

1784 landet ein junger Deutscher in New York, um dort seinen Traum von Reichtum und Wohlstand zu verwirklichen.

Musikinstrumente, Pelze, Gewürze, Opium und Waffen: Johann Jakob Astor I. handelt mit allem und kennt keine Skrupel, doch sein eigentliches Vermögen macht er mit geschickten Grundstückskäufen in New York und Umgebung.

Um 1800, als eine ganze Familie von 750 Dollar im Jahr gut leben kann, als die Miete für ein komfortables Haus etwa 250 Dollar jährlich beträgt, verfügt Astor bereits über ein Hundertfaches an Kapital. Übertragen in die heutige Zeit, fände sich sein Name ganz oben auf der vom Magazin »Forbes« veröffentlichten Liste der reichsten Männer der Welt.

»Der Mann ist eine Geldmaschine«, schreibt ein zeitgenössischer Journalist über den Gründer der Astor-Dynastie. Mit Ehrgeiz, Fleiß, kaufmännischem Talent und Sparsamkeit bringt es Johann Jakob I. zu unvorstellbarem Reichtum. Der Metzgerjunge aus Walldorf wird der erste Millionär New Yorks. Seinen Kritikern gilt er als Kriegsgewinnler und rücksichtsloser Geschäftemacher, der Opium nach China verschifft und Alkohol an die Indianer verkauft.

Nur Freunde wissen, dass der Privatmann Astor ein Familienmensch ist. Er liebt seine Kinder und Enkel über alles. Mit seinem Geld ebnet er ihnen den Weg in die besten Kreise, auch wenn diese oft über die ungehobelten Manieren und den rauen Akzent des untersetzten Deutschen spotten.

Über vier Generationen zählen die Astors zu den reichsten und prominentesten Mitgliedern der amerikanischen Gesellschaft, prägen und setzen Maßstäbe.

Ehemals gehörte zur New Yorker Hautevolee, wer im Stammbaum entweder Nachfahren der holländischen Kaufleute aufweisen konnte, die sich einst auf Manhattan niedergelassen hatten, oder wer zu den Erben der englischen Grundbesitzer gehörte, denen ihr König vormals große Ländereien zugesprochen hatte. Mit dem Aufstieg der Astors ändert sich das Wertesystem. An die Stelle der Herkunft tritt der Mammon.

Überall auf der Welt öffnet das Astor-Vermögen die Türen und Portale der vornehmsten Häuser. Politiker der ersten Garde, Geschäftsleute und Könige gehören zu den Gästen in den jeweiligen Residenzen der Familie.

1912 beginnt mit dem tragischen Tod John Jacobs IV. der Niedergang der amerikanischen Astors. Während der britische Zweig der Familie blüht und gedeiht, Adelstitel verliehen bekommt und im englischen Königshaus verkehrt, vertrocknet in Amerika der Stamm.

Geblieben ist ein weltberühmter Name, der nicht nur für Pracht, Prunk und das legendäre Hotel »Waldorf-Astoria«, sondern vor allem für die Erfüllung des amerikanischen Traumes steht.

Katja Doubek

TEIL EINS

VON EINEM, DER AUSZOG, MILLIONÄR ZU WERDEN

Eins Palmsonntag 1777. Johann Jakob Astor rutschte unruhig auf der hölzernen Kirchenbank hin und her, zog den Bauch ein und schlüpfte vorsichtig aus dem rechten Schuh. Die Hose seines Bruders kniff erbärmlich am Bund, und an der rechten Ferse hatte er eine riesige Blase.

Der Pfarrer sprach eben die letzten Sätze seiner eindringlichen Predigt, dann entließ er das halbe Dutzend Walldorfer Konfirmanden mit guten Worten und Gottes Segen in die Welt der Erwachsenen. Die Zeremonie war vorüber. Johann Jakob quälte seinen geschundenen Fuß wieder in den geliehenen Schuh und krampfte beim Verlassen der reformierten Kirche die Zehen zusammen. Draußen versammelten sich die Jungen und verglichen ihre Geschenke.

»Ein eigenes Pferd hat mir der Vater geschenkt und dazu noch einen schönen Batzen Geld. Mehr, als ich für meine Lehre brauche«, prahlte der Sohn des Schultheißen und erntete neidisches Raunen. Johann Jakob Astor schämte sich, senkte den Blick und betrachtete die prächtigen silbernen Schnallen auf seinen Schuhen. Am Nachmittag würde er sie Pfarrer Steiner zurückgeben müssen. Ebenso das Hemd, das die Frau des Pfarrers ihm geborgt hatte, damit er nicht gar zu ärmlich aussah. Was die Geschenke betraf, da konnte er nicht mitreden. Lehrgeld würde er nicht bekommen, der Vater war sein Meister, und für andere Geschenke war in der Familie Astor nichts übrig. Sein Vater trug alles ins Wirtshaus, war nicht einmal heute in der Kirche erschienen. Johann Jakob schaute auf und sah seine Stiefmutter eiligen Schrittes in Richtung »Ochsenwirt« stapfen. Hier saß Metzgermeister Astor auch an diesem nieseligen Sonntag und vertrank, was sie dringend brauchte, um die hungrigen Mäuler der Kinder zu stopfen.

Johann Jakob zog den Kopf ein, steckte die Hände in die Taschen seiner schwarzen Jacke und machte sich auf den Heimweg. Das kurpfälzische Walldorf war ein kleiner, armer Ort. Knapp 900 Menschen lebten in den 140 Häusern. Der Junge stapfte die matschige Hauptstraße entlang. Der Weg von der Kirche war nicht weit. Nah beim unteren Tor lag sein spitzgiebeliges Elternhaus. Er öffnete die Tür. Auf dem Holzboden der Stube spielten drei seiner vier Halbgeschwister mit kleinen Holzklötzen, während die neunjährige Maria Magdalena eifrig im Kessel rührte. Es roch nach Fleisch und Gemüse.

»Nobbele, da bist du ja!« Maria Magdalena legte die Kelle zur Seite.

»Und – bist du jetzt konfirmiert und ein richtiger Mann?« Sie sah ihn erwartungsvoll an. Johann Jakob zwickte sie liebevoll in die Wange. »Ja, ich bin konfirmiert, aber richtig erwachsen bin ich erst in ein paar Wochen. Am 17. Juli, wenn ich 14 werde.« Er schleuderte die engen Schuhe in die Ecke. Sofort griffen die kleine Elisabeth und der zweijährige Sebastian danach und machten sich an den glänzenden Schnallen zu schaffen.

»Nicht! Gebt die Schuhe her! Die Schnallen gehören uns nicht. Wehe euch, wenn ihr sie kaputt macht!« Johann Jakob brachte die Schuhe in Sicherheit. Von draußen hörte er die Stimme seiner Stiefmutter.

Der Vater, Johann Jakob Astor senior, früh verwitwet, verfällt schon bald dem Alkohol.

Christina Barbara Astor, die Stiefmutter, kümmert sich um Johann Jakob und seine Geschwister.

»Was bist du nur für ein Mann, was bist du nur für ein Vater!«, keifte sie ihren Ehemann an. »Heute ist er konfirmiert worden, und nicht einmal an seinem Ehrentag kannst du es lassen! Versäufst die letzten Kreuzer, statt deinem Sohn eine Freude zu machen!« Johann Jakob sah aus dem Fenster. Metzger Astor torkelte hinter seiner Frau her und wehrte sich nicht, als sie ihn fest am Ärmel packte und ins Haus zerrte. Christina Barbara Astor, geborene Seibold, bugsierte ihren betrunkenen Mann in die Stube und schubste ihn unsanft auf die Eckbank, wo er grunzend in sich zusammensank.

Vor elf Jahren hatte sie den gerade verwitweten Astor geheiratet. Seither kümmerte sie sich um seine sechs Kinder aus erster Ehe, gebar im Laufe der Jahre fünf weitere und kämpfte verzweifelt gegen Armut und die Trunksucht ihres Mannes.

13

Johann Jakob, nach seinem Vater genannt, konnte sich an seine leibliche Mutter nicht erinnern. Knapp zehn Monate war er gewesen, als Maria Magdalena Astor starb. Was von ihr blieb, war sein Spitzname: Nobbele hatte sie ihren Jüngsten genannt, weil er ihr von allen Sprösslingen am ähnlichsten war und sie sich wegen ihres Geburtsnamens »vom Berg« von nobler Herkunft wähnte. Zwei Jahre nach dem Tod der Mutter war Christina Barbara an deren Stelle getreten und hatte den Kosenamen übernommen. Dann kamen die Halbgeschwister eines nach dem anderen auf die Welt. Johann Jakob war ein langer Name, für kleine Kinder schwer auszusprechen, und so blieb es bei Nobbele.

»Nobbele! Ich gratuliere dir!« Die Stiefmutter umarmte ihn und küsste ihn auf die Stirn.

»Was für eine schöne Predigt. Und wie gut du ausgesehen hast in deinem Anzug, mit dem feinen Hemd und den prächtigen Schnallen auf den Schuhen. Wie ein richtiger Herr.« Sie warf einen bösen Blick auf ihren Mann, der inzwischen gleichmäßig schnarchte.

»Ich habe zur Feier des Tages einen deftigen Eintopf vorbereitet – mit ordentlich Geselchtem darin, so wie du ihn gerne isst.« Johann Jakob lächelte sie dankbar an. So freundlich war Christina Barbara schon lange nicht mehr gewesen. Normalerweise hatte sie für ihn und seine Brüder wenig gute Worte, war froh um jeden Astor-Spross, der das Haus verließ. »Wieder ein Esser weniger«, seufzte sie dann und zog die Stirn kraus.

»Du bist sehr lieb zu mir«, flüsterte Johann Jakob und fügte dann lauter hinzu: »Ich habe einen Bärenhunger, aber bevor ich etwas essen kann, muss ich aus dieser engen Hose. Melchior ist zwar älter als ich, aber irgendwie will mir nichts von ihm passen. Alles ist an Beinen und Armen zu lang und in den Schultern oder am Bauch zu eng.« Er grinste und ging in die Kammer, um den Anzug gegen seine grob gewebte Hose und ein geflicktes Hemd zu tauschen.

Mit dem ungewöhnlich üppigen Mittagessen war die Konfirmationsfeier beendet. Am frühen Nachmittag erwachte der Vater, sah seinen Sohn schuldbewusst an, zuckte mit den Schultern und verharrte in dumpfem Schweigen. Kaum drehte ihm seine Frau den Rücken für ein paar Minuten zu, schlich er hinaus und verschwand erneut im »Ochsenwirt«. Als Christina Barbara merkte, dass er das Haus verlassen hatte, begann sie leise zu weinen.

»Wie soll es nur weitergehen?« Sie faltete die Hände.

»Lieber Herrgott, hilf, dass er uns nicht das Dach über dem Kopf versäuft und dass er die Kinder nicht wieder schlägt, wenn er heimkommt.« Johann Jakob bekam eine Gänsehaut. Das Schlimmste an den vielen Stunden, die der Vater mit seinen Zechkumpanen verbrachte, war die schlechte Laune, mit der er oft nach Hause kam. Wer nicht schnell genug außer Reichweite gelangte, musste aus heiterem Himmel mit heftigen Schlägen rechnen. Wenn sie es rechtzeitig schaffte, brachte Christina Barbara sich und die Kleinen in der Kammer in Sicherheit, und so bekamen meistens Johann Jakob und sein älterer Bruder Melchior die Hiebe. Oft flohen die beiden halbwüchsigen Jungen blau und grün gedroschen mitten in der Nacht zum Pfarrer und baten um Schutz und Quartier.

Johann Philipp Steiner war ein liebenswürdiger älterer Herr. Als er 1763 seinen Dienst in der Walldorfer Pfarrei antrat, war eine seiner ersten Amtshandlungen die Taufe des kleinen Johann Jakob Astor gewesen. Der Pfarrer kannte seine Gemeinde gut und beobachtete vor allem die heranwachsenden Kinder. Steiner war es auch, der den Eltern zuredete, den Nachwuchs regelmäßig in die Schule zu schicken. Kaum sechsjährig ging Nobbele wie seine vier Brüder und die Schwester Katharina bei Schulmeister Johann Adam Schmitt in den Unterricht und fiel bald durch außergewöhnliche Intelligenz auf.

»Es ist eine Freude, den Jungen zu unterrichten. So viel Eifer und Ehrgeiz habe ich ganz selten erlebt. Wenn sein Vater sich nur etwas mehr um die Familie sorgen würde«, brummte Schmitt am Abend. »Heute hat Nobbeles Magen wieder so geknurrt, dass die anderen Kinder ihn ausgelacht haben.« Seine Frau sah mitleidig von ihrer Handarbeit auf.

»Sprich mit dem Pfarrer, vielleicht kann er helfen.« Sie widmete sich wieder ihrem Strickzeug. Acht Kinder hatten der Lehrer und sie zu ernähren. Frau Schmitt kannte das mitfühlende Herz ihres Mannes, aber es kam gar nicht infrage, auch den kleinen Astor noch durchzufüttern. Das geringe Gehalt ihres Mannes reichte vorn und hinten nicht, und so saß das Ehepaar Schmitt jeden Abend bis spät in die Nacht und strickte Strümpfe, die sie im Ort verkauften.

Der Pfarrer hörte dem Lehrer aufmerksam zu und überlegte einen Moment: »Sag ihm, er soll in der Früh vor dem Unterricht bei mir vorbeikommen, wenn er hungrig ist. Mit leerem Bauch kann man nicht lernen. Sag ihm aber auch, er soll kein Aufhebens davon machen, wir können nicht das ganze Dorf verköstigen.« Fortan bekam Johann Jakob fast jeden Morgen eine dicke Scheibe Brot mit Butter und einen Becher Milch. Manchmal wünschte er sich, Pfarrer Steiner und seine Frau wären seine Eltern.

»Es hilft alles nichts, Nobbele, wir müssen halt sehen, wie wir zurecht kommen. Vielleicht wird es ja jetzt besser, wenn du deinem Vater zur Hand gehst und ein wenig auf ihn aufpasst.« Christina Barbara hatte aufgehört zu weinen und schnäuzte sich.

»Wie soll ich schaffen, was Georg, Heinrich und Melchior nicht geschafft haben?« Johann Jakob sah seine Stiefmutter bedrückt an. »Sie haben alle mit ihm geschlachtet, sind von Hof zu Hof gezogen, haben gehäutet und Wurst gemacht.« Unwillkürlich schüttelte es den Jungen bei dem Gedanken an die Angstschreie des Schlachtviehs und den Geruch warmen Tierblutes.

»Und alle drei haben sie ihn nicht von seinen Gewohnheiten abhalten können.« Er dachte an seine Brüder Georg und Heinrich. Beide hatten Walldorf schon vor langer Zeit verlassen. Georg lebte in London und stellte Musikinstrumente her. Heinrich war sogar bis nach Amerika gekommen und arbeitete dort als Metzger. Anders als sein Vater verdiente er gutes Geld. Das schrieb er in seinen Briefen.

Melchior lebte noch zu Hause. Der ruhige, freundliche Melchior mit der zarten Seele, denkbar ungeeignet für das blutige Geschäft seines Vaters.

»Im Oktober werde ich 18. Bis dahin helfe ich dir noch, Nobbele, aber dann suche ich mir eine andere Arbeit. Die Metzgerei ist nichts für mich. Du bist konfirmiert, die Schule ist vorbei, jetzt musst du an meine Stelle.« Sehnsüchtig wartete er auf den Tag, an dem er das Schlachtbeil und die schmutzige Schürze zur Seite legen könnte.

Johann Jakob nickte folgsam. Er wusste, dass es zunächst kein Entrinnen gab. Mehrmals schon hatte er mit seinem Vater gesprochen, ihm erklärt, wie sehr er sich einen anderen Werdegang wünschte. Sogar Pfarrer Steiner hatte sich für ihn eingesetzt, aber auch der hatte den alten Astor nicht überzeugen können.

»Unfug! Alles Gerede! Nobbele wird lernen, was alle anderen vor ihm gelernt haben. Was soll denn so Besonderes an ihm sein, dass er seine Nase noch länger in die Bücher stecken muss – ich jedenfalls kann nichts entdecken. Die Metzgerei ist ein anständiges Gewerbe, und wenn's ihm hier nicht einträglich genug ist, kann er ja später zu seinem Bruder nach Amerika. Der verdient viel Geld damit, behauptet er zumindest.« Mit diesen Worten beendete Vater Astor das Gespräch.

In der zweiten Julihälfte begleitete Johann Jakob seinen Vater zum ersten Mal auf dem Weg in das nächste Dorf. Dort stand eine Hochzeit bevor, und ein Schwein sollte geschlachtet werden. Metzger Astor verrichtete seine Tätigkeit schnell und professionell. Sein Sohn bemühte sich, den Ekel zu überwinden, und ging ihm so gut wie möglich zur Hand.

»Ein Dummbatz scheinst du wirklich nicht zu sein«, lobte der Vater. »Deine Brüder haben um einiges länger gebraucht, um die paar Handgriffe zu beherrschen.« Johann Jakob errötete vor Stolz. Dass der Vater ihn lobte, kam nur sehr selten vor. Nach getaner Arbeit wusch sich der Junge Gesicht und Hände.

»Ich bin so weit, wir können gehen«, ermunterte er seinen Vater, doch der lachte nur.

»Jetzt gehen! Du musst doch noch viel lernen. Erst die Arbeit, dann das Vergnügen!« Er setzte sich an den Holztisch vor dem Bauernhaus. Es dauerte nicht lange, und die Bäuerin erschien mit einer deftigen Mahlzeit. Noch bevor er einen Bissen zu sich nahm, leerte Astor zwei gewaltige Bierhumpen. Johann Jakob wusste, wie der Nachmittag enden würde. Es dunkelte schon, als er seinen betrunkenen Vater endlich nach Hause brachte. Christina Barbara sah die beiden strafend an.

»Ich hab' nichts tun können«, sagte Johann Jakob, »du weißt doch, wie er ist. Wenn er Bier vor sich stehen hat und dann noch einen Klaren, bringen ihn keine zehn Pferde vom Tisch.« Der Junge zuckte mit den Achseln und verschwand in der Schlafkammer.

Mitten in der Nacht wachte er auf. Er schlüpfte aus dem Bett und ging hinter das Haus, um sich zu erleichtern. Die Nacht war lau. Johann Jakob setzte sich auf den Boden, stützte den Kopf in die Hände und grübelte. Was er heute erlebt hatte, konnte nicht sein Leben werden. Sicher hatte der Vater recht, dass man sich an alles gewöhnen könnte, aber Johann Jakob wollte sich nicht an schreiende Tiere und den ekelhaften Blutgeruch gewöhnen, so wie er sich nicht an die karge Existenz in Walldorf gewöhnen wollte.

Heinrich und Georg, die hatten es richtig gemacht. Waren bei der ersten sich bietenden Gelegenheit auf und davon. Und jetzt? Man brauchte nur ihre Briefe zu lesen, wie gut es ihnen ging. Beide hatten viel mehr Geld, als der Vater jemals verdienen würde, und lebten in großen Städten, wo die Tage bunt und interessant waren. London, New York – Pfarrer Steiner hatte in der Schule davon erzählt. Johann Jakob beschloss, es den Brüdern gleichzutun.

Am 3. September 1778 brachte Christina Barbara eine Tochter zur Welt. Mit Maria Barbara waren es jetzt fünf kleine Kinder, die Platz und etwas zu essen brauchten. Die Laune ihrer Mutter wurde von Tag zu Tag schlechter.

»Ich werde Walldorf verlassen«, sagte Johann Jakob immer wieder zu Melchior. »Für unsereinen gibt es hier nichts zu verdienen, und ich will mein Leben nicht damit verbringen, darüber nachzudenken, woher das nächste Stück Brot kommt. Ich will reich werden! Ganz reich. Reicher noch als Georg und Heinrich zusammen.«

Melchior lachte. »Und wie willst du das anstellen? Willst du wie sie in ein fremdes Land gehen, wo du die Sprache nicht beherrschst, wo dich keiner kennt? Nein, das ist nichts für mich. Ich bleibe hier. Vielleicht nicht immer in Walldorf, aber auf jeden Fall in Deutschland.«

Zwei Nach einem harten, kalten Winter wurden die Tage im Frühling 1779 allmählich länger, die Sonne schien. Walldorf erwachte aus dem Winterschlaf. Vor einigen Wochen war ein Brief aus London gekommen. Georg schrieb, seine Musikalienhandlung gehe so gut, dass er dringend Hilfe brauche, und bat den Vater, ihm Melchior zu schicken. Christina Barbara war begeistert. Was konnte dem Jungen Besseres passieren, als in der Obhut seines erfolgreichen Bruders auf eigenen Beinen zu stehen? Metzger Astor sprach mit seinem Sohn.

»Nein, Vater, bei allem Respekt! Ich habe es immer gesagt, und ich bleibe dabei: Die Fremde ist nichts für mich. Ich gehöre hierher. Hier kenne ich die Menschen, hier spreche ich die Sprache. Ich schwöre bei allem, was mir heilig ist, dass ich ganz bald eine Arbeit finden und dir nicht länger auf der Tasche liegen werde, aber zu Georg oder gar zu Heinrich gehe ich nicht.« Der stille, zurückhaltende Melchior trat so bestimmt auf, dass dem Vater nichts übrig blieb, als nachzugeben.

»Ich werde dich nicht zwingen, wenn es dir so sehr widerstrebt, aber es ist ein großer Fehler, dass du das Angebot deines Bruders nicht annimmst. So eine Gelegenheit gibt es nicht zweimal.«

Johann Jakob hatte die Gespräche aufmerksam verfolgt. Er kannte seinen Vater und wusste, dass es nicht klug war, zu früh mit seinem Plan herauszurücken. Erst als klipp und klar feststand, dass Melchior nicht nach England reisen würde, meldete er sich zu Wort.

»Ich gehe. Vater, lass mich an Melchiors Stelle fahren. Ich werde Georg eine ebenso gute Hilfe sein, mich schreckt die Fremde nicht. Im Gegenteil, ich träume schon lange davon, andere Länder zu sehen.«

Der alte Astor schüttelte den Kopf.

Das Geburtshaus Johann Jakob Astors in Walldorf bei Heidelberg, aufgenommen 1904.

»Nobbele, was redest du da? Du bist noch ein halbes Kind. Es ist zu früh für solch eine Unternehmung! Nein, nein, das kommt gar nicht infrage, in ein zwei Jahren vielleicht, aber doch nicht heute.«

»Das ist nicht gerecht. In wenigen Wochen werde ich sechzehn. Georg war auch sechzehn, als er nach England ging. Warum durfte er, was ich nicht darf?« Johann Jakob war empört.

»Georg hatte den Onkel, der ihm in England half, den schweren Anfang zu meistern ...«, setzte Astor zu einer Erklärung an. Sein Sohn unterbrach ihn.

»Ich habe Georg, der lebt jetzt schon seit mehr als zehn Jahren in London. Ich kann bei ihm wohnen und werde für ihn arbeiten. Sicherer kann ein Anfang doch gar nicht sein.« Johann Jakob ließ nicht locker. Sechs Wochen bearbeiteten er, Melchior und Christina Barbara den Vater, bis dieser endlich zustimmte.

Der Ranzen war schnell gepackt, Johann Jakob besaß nicht viel.

Lehrer Schmitt schenkte ihm zum Abschied ein Paar dicke Wollsocken. »Sind zwar nichts für die Jahreszeit, aber wer weiß, wo du landest, irgendwann wirst du sie brauchen können.«

Frau Steiner gab ihm zwei ausrangierte Hemden ihres Mannes und einen Laib Brot auf die Reise. Johann Jakob umarmte sie und bedankte sich. Der Pastor hatte einen Kloß im Hals: »Junge! Nutze deinen Verstand! Unser Herrgott hat dir mehr davon gegeben als den meisten von uns. Geh sorgsam um mit dieser Gabe und verschwende sie nicht leichtfertig.« Er klopfte Johann Jakob auf die Schulter. »Du wirst deinen Weg schon machen.«

Am schwersten fiel Johann Jakob die Trennung von Melchior und den Halbgeschwistern. Die Mädchen klammerten sich an seine Hose und wollten ihn nicht ziehen lassen.

»Nobbele, aber du kommst wieder, nicht wahr, du kommst uns doch besuchen?«

»Ich komme euch ganz sicher besuchen, und dann bringe ich euch schöne Geschenke mit«, versprach er und machte sich los.

»Wer hätte gedacht, dass der Kleine vor mir das Haus verlässt?« Melchior zog gerührt die Nase hoch.

Sein Bruder lachte. »Ich, ich habe das immer gedacht. Ich werde dir schreiben, aber schreib auch du mir, wenn du tatsächlich eines Tages aus Walldorf fortziehst, ja?«

Melchior nickte. »Du bist der erste, der es erfährt. Jetzt, wo du nicht mehr da bist, muss ich ja zusehen, dass ich etwas finde. Ach, Nobbele, du wirst mir fehlen.« Melchior umarmte ihn. Tatsächlich sollte es noch ganze fünf Jahre dauern, bis

Melchior Walldorf verlassen, in Neuwied eine Familie gründen und Leiter der Gemeindeschule werden würde.

Nachdem auch Vater und Stiefmutter mahnende Worte zum Abschied gesprochen hatten, marschierte Johann Jakob Astor aus dem Tor und machte sich zu Fuß auf den Weg zum Rhein. Seine winzige Barschaft reichte nicht, um eine Schiffspassage nach England zu bezahlen, aber irgendwo am großen Fluss würde ein Frachtschiff vor Anker liegen. Die Schiffer suchten immer kräftige Hilfe. Johann Jakob wollte als Flößerknecht anheuern. Die Arbeit war hart, aber gut bezahlt. Mit dem, was er als Flößer verdienen würde, ließ sich die Überfahrt finanzieren.

In Speyer heuerte er auf einem Frachtschiff an, das Holz aus dem Schwarzwald geladen hatte. Kaum vierzehn Tage später stand er in Rotterdam am Kai, die bezahlte Passage nach England fest in der Hand.

Müde und hungrig ging er einige Zeit darauf in London von Bord. Georg erwartete ihn am Kai.

»Nobbele! Ich fasse es nicht! Aus dir ist ja ein richtiger Mann geworden. Sieh dich nur an.« Er trat zwei Schritte zurück. »Schultern wie ein Ochse und wahrscheinlich Kraft für drei!«

»Ja, aber keinen Kopf wie ein Esel, das hat Vater immer zu Melchior gesagt.« Johann Jakob lachte. »Und bitte! Nenn mich nicht mehr Nobbele!«

»Entschuldige, das ist mir nur so herausgerutscht. Nein, du bist wahrhaftig kein Nobbele mehr, aber Johann werden sie dich hier auch nicht nennen. Die Engländer werden John sagen, daran kannst du dich gleich gewöhnen.«

»Soll mir recht sein, es wird nicht das einzige sein, an das ich mich gewöhnen muss.« Johann Jakob sah sich um.

»Ist schon was anderes als Walldorf.« Er pfiff anerkennend durch die Zähne.

»Das kann man wohl sagen. Aber wart erstmal, bis wir nach Hause kommen. Du wirst staunen.« Georg konnte seinen Stolz kaum verbergen. Auf dem Weg in die Stadt redete er unaufhörlich, erklärte jedes größere Gebäude, wusste zu beinahe jeder Straßenecke eine Anekdote. Johann Jakob schwieg die meiste Zeit, schaute staunend von rechts nach links und wieder zurück.

»Was für Häuser, eines höher als das andere, und die vielen Menschen! Da wird einem ja ganz schwindelig.«

»Gleich kannst du dich erholen.« Sie standen vor einem mehrgeschossigen Wohnhaus, Georg ging voraus.

»Hier unten, gleich rechts, da wohne ich.« Er schloss die Tür auf. Die Wohnung war nicht sehr hell, sauber und spärlich, aber gemütlich eingerichtet.

»Willkommen zu Hause!« Georg breitete einladend die Arme aus. »Das ist die Stube. Da auf der Bank kannst du schlafen, und hier hinten schlafe ich.« Er zeigte auf eine kleine Kammer. »Wasser gibt es rechts an der nächsten Straße, und was man sonst noch braucht, auch.« Johann Jakob legte seinen Ranzen in eine Ecke und sah sich anerkennend um. Auf dem Tisch lagen Werkzeuge und Hölzer in verschiedenen Größen und Farben.

»Daraus baue ich meine Flöten.« Georg schob die Sachen zur Seite. »Aber jetzt gibt es erstmal was zu essen. Du hast doch sicher Hunger, oder?«

»Die Frage brauchst du mir nicht stellen, ich habe eigentlich immer Hunger, und jetzt ganz besonders.« Johann Jakob setzte sich. Während der Mahlzeit erzählte Georg in groben Zügen das, was sein Bruder schon aus den Briefen wusste.

»Ein wenig musikalisch musst du sein, denn sonst hörst du den Klang der Instrumente nicht, aber die Hauptsache ist das Verkaufen. Wenn du das kannst und fleißig bist, kannst du es hier zu etwas bringen. Die Engländer sind anders als wir. Nicht dass sie faul wären, aber sie arbeiten nicht gerne zu lange und zu schwer. Sie essen gerne, trinken noch lieber – und dann müssen sie sich natürlich ausruhen.« Er lachte.

»Na, ja, und während sie sich ausruhen, arbeitet unsereiner weiter und macht gute Geschäfte. Eigentlich wollte ich Klavierbauer werden, damit kann man noch mehr Geld verdienen. Aber ich hatte zu wenige Rücklagen, um einzusteigen, und so bin ich halt bei den Flöten gelandet. Die bringen immerhin so viel, dass ich noch in diesem Jahr heiraten werde.«

Johann Jakob verschluckte sich und hustete. »Du heiratest? Noch in diesem Jahr? Wen denn? Davon hast du ja gar nichts geschrieben.«

»Über ungelegte Eier spreche ich nicht gerne, und es war bis vor kurzem nicht klar, ob alles so stattfindet, wie ich es mir wünsche. Sie heißt Elisabeth, Elisabeth Wright, und sie ist noch nicht großjährig, weißt du? So mussten wir warten, dass ihr Vater sein Einverständnis gibt. Aber das hat er jetzt getan – du siehst, ich bin eine gute Partie, sonst würde der alte Herr Wright mir seine Tochter sicher nicht geben.«

Drei Schon am nächsten Tag begann Johann Jakob sich mit dem Handwerk seines Bruders vertraut zu machen.

»Sei vorsichtig, das Holz ist teuer und empfindlich«, mahnte Georg, der mit Argusaugen verfolgte, wie Johann Jakob schmirgelte und schliff. Am Abend begutachtete er das Tagewerk des Neulings.

»Es ist nicht schlecht, was du gemacht hast, aber du musst

noch viel lernen. Ich werde es dir Schritt für Schritt beibringen.« Johann Jakob schüttelte den Kopf.

»Ich bin für solch feine Arbeiten nicht geschaffen. Immer habe ich Angst, etwas zu zerbrechen. Bis ich das wirklich kann, vergeht eine Ewigkeit, und solange bin ich dir keine Hilfe. Zeig mir mal deine Bücher und Bilanzen, im Rechnen war ich schon immer gut. Mal sehen, was mir dazu einfällt.«

Georg legte ihm die gewünschten Papiere vor, und Johann Jakob überprüfte sie gewissenhaft.

»Du kannst mich gerne einen Besserwisser nennen, aber ich glaube, aus deinen Kalkulationen lässt sich mehr herausholen. Wenn du erlaubst, schiebe ich ein paar Zahlen hin und her ...«

Georg sah seinen Bruder ungläubig an. »Noch nicht trocken hinter den Ohren und schon gute Ratschläge geben! Aber bitte, wenn du meinst, du kannst das besser als ich, nur zu! Dann brauche ich mich nicht damit zu beschäftigen. Das soll mir nur recht sein, auf diese Weise habe ich mehr Zeit, Instrumente zu bauen – das macht mir ohnehin mehr Spaß.«

Johann Jakob hatte bald einen festen Tagesablauf. Vormittags beschäftigte er sich mit den Büchern seines Bruders, am Nachmittag streifte er durch die Stadt.

»Ich will meine neue Heimat erkunden, und außerdem muss ich die Sprache lernen. Je mehr ich auf der Straße höre und gezwungen bin zu fragen, umso schneller werde ich hoffentlich mit diesem merkwürdigen Kauderwelsch vertraut.«

Am 9. November 1779 heirateten Georg Peter Astor und Elisabeth Wright in der Londoner St. Georgs-Kirche. Johann Jakob begleitete seinen Bruder und wagte vor Stolz kaum zu atmen. Von seinem ersten selbst verdienten Geld hatte er sich einen dunklen Anzug gekauft, darunter trug er ein weißes Hemd von Pastor Steiner und nagelneue schwarze Schuhe mit glänzenden Schnallen. Ich habe es geschafft, dachte er.

Wenn mich jetzt die Walldorfer sehen könnten! Augen groß wie Mühlräder würden sie machen.

Am Tag nach der Hochzeit zog Johann Jakob seinen neuen Anzug noch einmal an.

»Sitzt doch wie angegossen, oder? Findest du nicht, dass ich wie ein richtiger Gentleman damit aussehe?«, fragte er in holperigem Englisch seine Schwägerin. Die lachte.

»Ein wirklich feiner Herr bist du, aber die Feier ist vorbei. Zieh dich lieber wieder um, sonst machst du noch alles schmutzig.«

Johann Jakob atmete tief ein. »Ich habe eine bessere Idee. Ich werde in diesem Anzug mit Georgs Flöten durch die Stadt gehen und sehen, wo ich sie verkaufen kann. Je besser ich gekleidet bin, umso höhere Preise kann ich erzielen.«

»Meinst du wirklich, dass du schon so weit bist?« Georg sah ihn zweifelnd an.

»Lass es mich doch einfach versuchen. Es kann ja nichts Schlimmeres geschehen, als dass ich am Abend unverrichteter Dinge wieder vor dir stehe. Musik ist Luxus, und Luxus ist etwas für feine Leute. Ich habe schon gesehen, wo die wohnen, und da werde ich anfangen.«

Zuversichtlich schnürte Johann Jakob ein Dutzend Instrumente zu einem Bündel und machte sich auf den Weg. Georg sah ihm nach und sagte zu seiner Frau: »So war er schon als Kind. Wenn er sich was in seinen sturen Kopf gesetzt hat, dann macht er das auch. Es würde mich nicht wundern, wenn er tatsächlich zwei oder drei Flöten verkauft.«

Es war längst dunkel, als Johann Jakob müde, aber sehr zufrieden in die kleine Wohnung zurückkehrte. Vergnügt kramte er in den Taschen seiner Hose und förderte Münze um Münze bares Geld zutage.

»Na, was sagst du jetzt? Zwölf Stück habe ich mitgenommen und nur zwei wiedergebracht!« Er sah seinen Bruder stolz an. Der staunte voll aufrichtiger Bewunderung.

»Wie machst du das nur? Sprichst noch keinen fehlerfreien Satz – und die Kunden fressen dir aus der Hand!«

»John ist wie du. Er glaubt an das, was er tut«, sagte Elisabeth und lächelte ihren Schwager freundlich an.

»Genau so ist es«, stimmte Johann Jakob zu. »Ich glaube an das, was ich tu. Gebt mir nur noch ein bisschen Zeit, und ihr werdet euch wundern«.

Kaum ein Jahr war vergangen. Johann Jakob hatte mittlerweile die Preise für Georgs Instrumente drastisch erhöht, verkaufte noch immer mit großem Erfolg und half nebenbei von Zeit zu Zeit in der Werkstatt.

»Es ist einfacher zu verhandeln, wenn ich ein bisschen mehr über die Herstellung weiß. Du glaubst gar nicht, wie beeindruckt die meisten Leute sind, wenn ich ihnen erkläre, wie viel Zeit und Liebe für die Herstellung einer kleinen Flöte aufgewendet werden müssen.«

»Du hast Mutters klugen Kopf geerbt.« Georg sah seinen Bruder voller Respekt an.

Johann Jakob erzielte so fabelhafte Gewinne mit dem Verkauf der Instrumente, die Georg inzwischen mit Hilfe von einigen Handwerkern herstellte, dass dieser das Angebot ständig erweitern konnte. Jetzt bot er nicht nur Flöten, sondern auch Oboen und Klarinetten an. Die Instrumente waren begehrt, und Johann Jakob verkaufte sie zu guten Preisen.

»Ohne dich wäre das alles nicht so schnell gegangen. Du hast es dir redlich verdient, und deshalb möchte ich, dass du mein Partner wirst«, bot Georg dem Bruder an. Der strahlte über das ganze Gesicht. Kurz darauf prangte weithin sichtbar das Firmenschild »Georg und Johann Astor« über dem Musikalienladen, Wych Street 26, im Herzen von London.

»Ich muss an Melchior schreiben. Er wird kaum glauben,

dass ich jetzt Teilhaber einer Firma bin«, plusterte sich der frischgebackene Geschäftsmann auf. Georg lächelte.

»Bereust es nicht, dass du gekommen bist, oder?« Er legte seinem Bruder den Arm um die Schulter.

»Ich? Bereuen? Nicht eine Sekunde«, antwortete der.

Die Firma lief gut. Während Johann Jakob am liebsten jeden Schilling gespart hätte, bestand Georg darauf, das Geld zu investieren.

»Was willst du mit barem Geld?«, fragte er immer wieder. »Wir haben doch alles zum Leben, was wir brauchen. Und eines Tages wird es auch dafür reichen, dass du einen eigenen Haushalt gründen kannst, aber erst einmal musst du eine Frau finden, die dir die Wäsche wäscht und die Socken stopft. Bis es so weit ist, bleibst du bei uns.«

Johann Jakob wurde rot.

Vier   Vier Jahre war Johann Jakob inzwischen in London, da veränderte ein Brief im September 1783 sein Leben. Aus Amerika schrieb sein Bruder Heinrich zum wiederholten Mal, dass keine Stadt auf der Welt so viele Möglichkeiten böte wie New York. »Wer den Mut hat, den Atlantik zu überqueren, kann ein reicher Mann werden. Es ist ganz gleich, wer du bist und wo du herkommst, hier kannst du es zu etwas bringen, wenn du nur fleißig bist und keine Angst vor harter Arbeit hast.«

Immer wieder las Johann Jakob die Zeilen, dann fasste er einen Entschluss.

»Ich werde nach New York gehen«, verkündete er. Georg und Elisabeth sahen ihn staunend an.

»Ich werde ein Geschäft eröffnen und unsere Instrumente dort verkaufen. Hier haben wir einen festen Kundenstamm. Die Leute kommen von selbst und empfehlen uns weiter. Aber warum sich damit zufrieden geben? Die Menschen lieben Musik überall auf der Welt, warum sollte es in New York anders sein? Ich bin fleißig, und Angst vor harter Arbeit habe ich auch nicht.«

Sein Tonfall war so bestimmt, dass Georg und seine Frau sofort spürten: Gegen diese Entscheidung war jeder Widerspruch zwecklos. Zwei Monate tüftelten die Brüder an einem Konzept, wie sie den Handel jenseits des Atlantiks am besten organisieren könnten.

Im November 1783 machte sich Johann Jakob auf den Weg nach Bristol, zahlte fünf Pfund für die Passage und quartierte sich im Zwischendeck der »North Carolina« ein. Im Gepäck hatte er sieben Flöten, zwei Klarinetten und ein wenig Bargeld. Bei starkem Wind und eiskaltem Regen verließ die »North Carolina« den Hafen und nahm Kurs auf Baltimore. Johann Jakob hatte sich für diese Route entschieden, weil die nördlichen Häfen im Winter meist durch Packeis versperrt waren.

»Dann sitze ich irgendwo fest, komme nicht weiter und verliere kostbare Zeit.« Johann Jakob hatte es eilig. Von Baltimore nach New York war es nicht weit, und irgendwie würde er eine Möglichkeit finden, den Rest der Strecke zurückzulegen. Doch seine Rechnung ging nicht auf.

Der Winter 1783/84 war ungewöhnlich streng. Eisige Winde pfiffen über das Schiff und machten es den Passagieren fast unmöglich, länger als wenige Minuten täglich frische Luft zu schnappen. In den unbequemen Verschlägen unter Deck wurden viele Reisende seekrank. Bestialischer Gestank machte jeden Atemzug zur Qual. Mehr als einmal verfluchte Johann Jakob seinen Entschluss, ausgerechnet um diese Jahreszeit nach Amerika aufgebrochen zu sein. Selbst von Übelkeit verschont, traf er sich zu den täglichen Mahlzeiten mit ein paar Männern, denen die Wellen auch nichts anhaben konnten. Was für eine Gesellschaft, die sich da auf dem Weg in eine bessere Zukunft befand: Makler, Kassierer, Kaufleute und Soldaten, die meisten von ihnen raue Burschen, die sich lauthals über die eintönige Kost an Bord beschwerten. Johann Jakob aß und schwieg. Wenigstens hatte die schneidende Kälte den Vorteil, dass die Lebensmittel nicht so schnell verdarben und das Trinkwasser noch genießbar war.

Das Schiff kam immer langsamer voran, bis es eines Tages ganz feststeckte. Über Nacht war die »North Carolina« mit ein paar anderen Seglern in der Chesapeake-Bucht festgefroren. Sofort fingen die Passagiere an zu murren, doch ganz gleich, wie heftig sie sich beschwerten, die Antwort von Kapitän Jacob Stout lautete immer gleich:

»Ich kann nicht zaubern! Wir müssen Geduld haben und warten, bis wärmere Luft das Eis schmelzen lässt.« Es dauerte keine Woche, und die ersten Passagiere machten sich zu Fuß über das gefrorene Wasser auf den Weg zum Festland.

»Ich bleibe an Bord«, erklärte Johann Jakob einem mitreisenden Pelzhändler, der sich durch teure Kleidung und gute Manieren deutlich von den anderen Passagieren abhob.

»Die Verpflegung ist zwar nicht besonders gut, aber immerhin im Fahrpreis inbegriffen. Der Kapitän muss uns versorgen, bis wir den Zielhafen erreichen. Ich habe für die Überfahrt bezahlt, und nun werde ich diesen Vorteil beanspruchen, solange es eben nötig ist.« Der Mann sah ihn von der Seite an und fragte:

»Zu wenig Bares?« Astor nickte.

»Nun, junger Freund, dann lassen Sie sich von mir sagen, dass Sie auf dem Weg in ein Land sind, in dem es jeder zu

Geld bringen kann.« Der Mann schnäuzte sich umständlich die Nase, und Johann Jakob konnte sehen, dass ein gesticktes Monogramm sein blütenweißes Taschentuch zierte.

»Das sagt mein Bruder auch. Der lebt in New York. Er ist dort Metzger und schreibt immer, dass es nicht schwer ist, ordentlich zu verdienen.« Er rieb seine kalten Hände aneinander.

»Ihr Bruder hat recht. Immer vorausgesetzt, man weiß, wo wirkliches Geld zu holen ist, und natürlich, Fleiß! Wer nicht fleißig ist, dem fliegen auch in Amerika keine gebratenen Enten in den Mund. Und glauben Sie mir, ich weiß, wovon ich rede.« Stolz nestelte er unter seinem pelzverbrämten Mantel eine schwere, goldene Taschenuhr hervor.

»Sehen Sie, damit bin auch ich nicht auf die Welt gekommen. Aber wenn Sie eines Tages auch so ein Prachtstück besitzen wollen, hören Sie auf meinen Rat. Schnüren Sie noch heute Ihr Bündel, verlassen Sie das Schiff und marschieren Sie los. Seien Sie sparsam, und wenn Sie festen Boden unter den Füßen haben, investieren Sie Ihr Geld bis auf den letzten Cent in Pelze, Bären, Biber, Luchse, Füchse, Marder, Waschbären, was Sie finden. Die Indianer verschleudern ihre Felle zu Spottpreisen. Viele von ihnen sind wie Kinder. Ein paar Glasperlen, ein kleines Messerchen zum Tausch, und schon geben sie Ihnen die schönsten Felle. Man muss natürlich aufpassen, mit wem man es zu tun hat. Manche Rothäute sind sehr umgänglich, andere weniger, aber das lernen Sie schnell. So viele Stämme sind es nicht, Delawaren, Huronen, Iowas, Ottawas, Sioux …« Der Pelzhändler machte eine Pause.

»Und mit dem Verkauf von Biberhäuten kann man ein Vermögen machen. Die Reichen in den Städten sind ganz wild auf Hüte, Kragen und Mäntel aus Pelz. Vor allem in London. Da stecken Gewinne drin, davon können Sie nur träumen!« Zum Beweis schob er beide Daumen unter den glänzenden Fellkragen seines Mantels.

»Ich danke Ihnen sehr, aber leider verstehe ich nichts von Pelzen«, antwortete Johann Jakob zurückhaltend. »Ich habe ein anderes Geschäft gelernt. Ich werde einen Musikalienhandel eröffnen und Instrumente verkaufen. Mein Bruder baut in London feine Blasinstrumente, die ich in den letzten vier Jahren verkauft habe. Jetzt will ich in New York mein Glück versuchen.« Der Mann warf ihm einen prüfenden Blick zu.

»Wenn man überhaupt verkaufen kann, kann man alles verkaufen. Und wenn man alles verkaufen kann, warum dann nicht das, womit man wirklich etwas verdient? Blasinstrumente!« Er rümpfte verächtlich die Nase.

»Sicher kann man davon leben, es gibt schließlich genug Leute, die Freude an der Musik haben, aber reich, mein Lieber, das lassen Sie sich gesagt sein, reich werden Sie damit nicht.«

»Aber ich sagte doch bereits: Ich verstehe nichts von Fellen und denke, es ist klüger, bei dem zu bleiben, was man beherrscht.« Johann Jakob bemühte sich, seinen Widerspruch in höfliche Worte zu kleiden. Der Mann machte eine wegwerfende Handbewegung und erhob sich.

»Der Pelzhandel ist kein Zauberwerk. Wenn Sie unsicher sind – ein paar Monate bei einem Kürschner, und Sie haben alles gelernt, was man für dieses Geschäft braucht. Ich habe es nicht anders gemacht und kann mich wahrlich nicht beklagen. Denken Sie darüber nach.« Er nickte Johann Jakob zu und schloss sich einem halben Dutzend Passagieren an, die soeben im Begriff waren, das Schiff zu verlassen.

Astor sah ihnen nach. Was für ein komischer Kauz, dachte er. Pelzhandel, Indianer, als ob das alles so einfach wäre. Ich werde es mit Heinrich besprechen, aber erst einmal bleibe ich bei dem, was ich kann. Außerdem habe ich Georg versprochen, dass ich seine Flöten verkaufe.

Januar und Februar vergingen, ein großer Teil der Reisenden hatte das Schiff inzwischen zu Fuß verlassen. Die Hälfte des März war vorüber, und die »North Carolina« steckte noch immer im Packeis. Am 24. März hatte Johann Jakob keine Geduld mehr, noch länger zu warten. 66 Tage hatte die Reise dauern sollen, doch jetzt saß er schon beinahe vier Monate auf dem Schiff fest.

»Ich habe genug von der Warterei. Wer weiß, wann der verdammte Frühling in diesem Jahr kommt. Ich mache mich auf den Weg.« Er verabschiedete sich von Kapitän Stout und kletterte mit seinem Seesack auf dem Rücken über die Reling. Das Eis war uneben, der Weg beschwerlich, aber schließlich erreichte er die Küste und den Hafen von Baltimore.

Was für ein Genuss, endlich keine Planken mehr unter den Füßen zu haben, endlich wieder Häuser und andere Gesichter zu sehen. Johann Jakob Astor stapfte durch den hohen Schnee in die Stadt und ließ sich treiben. Er fror. Die Menschen um ihn herum waren dick vermummt, schützten sich mit langen Mänteln und hochgeschlagenen Kragen vor dem schneidenden Wind. Die Fenster der kleinen Häuser waren beschlagen, Eisblumen versperrten die Sicht in Läden und Stuben. Astor landete in der Market Street und bummelte trotz der beißenden Kälte langsam an den kleinen Geschäften vorbei.

Plötzlich stand ein kurzbeiniger, fülliger Mann vor ihm und maß ihn mit neugierig zwinkernden Augen von oben bis unten:

»Junger Mann, gehe ich recht in der Annahme, dass Sie fremd hier sind?« Johann Jakob bejahte.

»Wo kommen Sie denn her?«

»Aus London. Mein Schiff ist seit Monaten in der Bucht

festgefroren, und ich habe es nicht länger ausgehalten. Deswegen bin ich heute zu Fuß in die Stadt gekommen.« Astor zog seinen Seesack etwas höher auf die Schulter.

»Sie sind aber kein Engländer. Was sind Sie? Deutscher?« Astor bejahte wieder.

»Dann sind wir fast Landsleute, ich bin Schweizer, Nicholas Tuschdy mein Name, sehr angenehm!« Er streckte ihm die Hand entgegen.

»Johann Jakob Astor, ebenfalls angenehm.« Er schüttelte die Hand.

»Was stehen wir hier draußen in der Kälte? Kommen Sie mit in mein Haus, bevor Sie hier so festfrieren wie Ihr Schiff in der Bucht.«

Astor nahm die Einladung gerne an. Bei einem Glas Wein erzählte er von Walldorf, London, seinen Brüdern und zeigte seinem Gastgeber die Instrumente, die er mitgebracht hatte.

»Flöten, Klarinetten – und so wunderbar verarbeitet! Und da machen Sie sich Sorgen wegen Ihres Geldes?« Tuschdy lächelte. »Ich sage Ihnen, was wir tun werden. Wir werden Ihre Schätze in meinem Laden ausstellen, und es sollte doch mit dem Teufel zugehen, wenn wir sie nicht verkaufen können.«

Astor hob zweifelnd die Brauen. »Und wie hoch wird Ihre Provision sein?«

»Ach, Papperlapapp, Provision, Kommission, nichts da! Nehmen Sie es einfach als kleine Geste des Willkommens in Ihrer neuen Heimat. Wenn mir damals, als ich aus der Schweiz kam, niemand geholfen hätte, ginge es uns heute nicht so gut. Jetzt helfe ich Ihnen, und bis Sie Ihre Flöten verkauft haben, sind Sie unser Gast.«

Was für ein Land! Johann Jakob war fassungslos. Heinrich hatte nicht übertrieben in seinen Briefen, hier war tatsächlich alles möglich. Er bedankte sich überschwänglich.

Frau Tuschdy richtete ihm ein frisches Bett in einer kleinen, aber behaglichen Kammer unter dem Dach. Johann Jakob streckte sich wohlig unter der warmen Decke. Dies war schon etwas anderes als der karge Verschlag auf dem Schiff, in dem er die letzten Wochen genächtigt hatte.

Tuschdy hielt Wort, und schon am nächsten Tag lagen Georgs Flöten und Oboen Seite an Seite in einem kleinen Schaufenster. Drei Wochen später waren alle Instrumente verkauft. Den Erlös in der Tasche, den deutlich leichteren Seesack auf der Schulter, verabschiedete sich Astor von Tuschdy und seiner Frau.

»Ich weiß gar nicht, wie ich Ihnen danken soll«, sagte er verlegen. Nicholas Tuschdy umarmte ihn herzlich.

»Es gibt nichts zu danken. Für uns war Ihr Besuch eine willkommene Abwechslung. Und wenn es Sie jemals wieder in diese Gegend verschlägt, wir freuen uns jederzeit.«

Mit Schiff und Kutsche legte Johann Jakob den Weg nach New York zurück. Die Reise war anstrengend, aber er freute sich so sehr darauf, seinen Bruder nach so langer Zeit wieder zu sehen, dass ihm weder Kälte noch Strapazen etwas anhaben konnten.

Fünf Heinrich Astor war neun Jahre älter als Johann Jakob und lebte schon seit 1775 in New York. Die amerikanischen Kolonien der Briten hatten gerade den Kampf um ihre Unabhängigkeit begonnen, als sich Heinrich auf einem Segelschiff als Bursche bei einem Offizier verdingte, um auf diesem Weg in die Neue Welt zu gelangen. An Bord wurde ihm klar, dass Krieg, Schiffe, Offiziere und Uniformen nicht seine Sache waren. Er entschied, den Landgang in New York zu nutzen und nicht wieder auf das Schiff zurückzukehren. Kaum dass der Hafen von New York erreicht war, machte er sich aus dem Staub und tauchte im Gewirr der großen Stadt unter.

Er war bei seinem Vater in die Lehre gegangen, hatte ihn jahrelang in Walldorf und Umgebung begleitet. Wenn es etwas gab, das Heinrich Astor verstand, war es die Metzgerei. Er fand Arbeit bei einem Schlachter und sparte sein Geld so eisern, dass er sich noch im selben Jahr einen Handkarren kaufen und auf eigene Rechnung Fleisch in den Straßen der täglich wachsenden Stadt anbieten konnte. Binnen kurzer Zeit tauschte er den Handkarren gegen einen Pferdewagen, und noch etwas später hatte er einen eigenen Laden.

»Der Zweck heiligt die Mittel«, lautete sein Wahlspruch, und zum Zwecke des Geldverdienens war ihm beinahe jedes Mittel recht. Noch mit dem Karren unterwegs, hatte er John Pessinger kennengelernt. Der wohlhabende Metzger, ein Einwanderer wie Heinrich, hatte einen Stand direkt am Hafen und schätzte den tüchtigen jungen Deutschen.

»Mein Junge, einen wie dich könnte ich gut gebrauchen. Du hast eine Nase fürs Geschäft, und arbeiten kannst du für drei. Warum stellst du deinen Karren nicht in die Ecke und fängst bei mir an?«, hatte ihn Pessinger eines Abends gefragt. Heinrich bedankte sich freundlich für das Angebot.

»Sehr verlockend, John, aber ich habe meine Heimat unter anderem verlassen, weil ich auf eigenen Füßen stehen, in die eigene Tasche wirtschaften wollte. Und du weißt selbst, dass das am besten geht, wenn man sein eigener Herr und niemandes Knecht ist. Nichts für ungut.«

Pessinger nahm die Absage nicht übel.

»Verstehen kann ich das schon, aber ein bisschen leid tut es mir dennoch. Du weißt, dass ich keinen Sohn habe. Und für wen schuftet man den lieben langen Tag, wenn man am Ende niemand hat, der das alles übernehmen kann?«, seufzte er.

Pessinger hatte zwar keinen Sohn, aber eine Stieftochter, die seine Frau aus ihrer ersten Ehe in die Verbindung gebracht hatte. Dorothea war keine Schönheit, dafür verfügte sie über andere Vorzüge. Sie war gottesfürchtig, liebenswürdig und vor allem über die Maßen fleißig. Wann immer Heinrich auf einen Schwatz bei seinem Freund vorbeikam, fiel ihm auf, dass die junge Frau offenbar keinen Feierabend und keinen Sonntag kannte. Stets half sie ihrem Stiefvater beim Häuten, Zerteilen und Abhängen des Fleisches und war trotz der anstrengenden Arbeit stets gut gelaunt.

»Hast du denn gar kein eigenes Leben? Ich sehe dich immer mit Beil und Säge. Und immer hast du diese Schürze an. Du musst doch auch manchmal Pause machen?« Heinrich sah das Mädchen fragend an.

»Pause!« Dorothea lachte. »Wenn ich hier fertig bin, helfe ich der Mutter beim Einwecken, Wäschewaschen und Kochen, das ist dann meine Pause.« Sie strich sich eine Haarsträhne aus dem Gesicht und wischte sich die Hände an ihrer blutverschmierten Schürze ab.

Heinrich wagte einen zaghaften Vorstoß: »Morgen ist Tanz am Hafen. Ich bin wahrhaft kein begnadeter Tänzer, aber vielleicht machst du mir trotzdem die Freude und begleitest mich?«

Dorotheas blaue Augen blitzten vor Freude. »Nichts, was ich lieber täte! Aber geh du und sprich mit dem Vater. Wenn ich ihn frage, sagt er nur, ich bin zu jung. Auf dich hält er große Stücke.«

Heinrich grinste geschmeichelt. »Aber die Schürze bleibt am Haken! Versprochen?«, feixte er und ging zu Pessinger.

»Pass auf sie auf und bring sie vor Mitternacht nach

Hause! Sie ist noch nicht großjährig«, war alles, was der sagte.

Heinrich freute sich auf den kommenden Abend. Es war das erste Mal, dass er mit einem Mädchen zum Tanz ging. Bisher war ihm sein Geld immer zu schade gewesen, um es bei dergleichen Vergnügungen auszugeben, aber diese Dorothea, irgendetwas hatte sie, das ihm gut gefiel. Waren es ihre fröhlichen Augen? War es ihr herzliches Lachen? Wohl beides, und natürlich auch das Geschäft ihres Stiefvaters, das gefiel ihm auch ganz und gar nicht schlecht.

Zwei Monate später, es war ein Sonntagvormittag, zog Heinrich ein sauberes Hemd und frische Strümpfe an, wienerte seine staubigen Schuhe mit Spucke und machte sich mit einem kleinen Blumenstrauß in der Hand auf den Weg zur Familie Pessinger. Mindestens einmal in der Woche war er in den vergangenen acht Wochen mit Dorothea ausgegangen, bis er sich am Abend zuvor endlich getraut hatte, die entscheidende Frage zu stellen:

»Dorothea, ich weiß gar nicht, wie ich anfangen soll … ich meine, ich kann dir nicht viel bieten … noch nicht, meine ich … denn eines Tages, das habe ich mir fest vorgenommen, will ich ein schönes Haus haben …« Er stockte und dachte, was bin ich nur für ein Tölpel, was interessiert jetzt ein Haus, das ich noch nicht habe. Er räusperte sich.

»Kurz und gut, ich wollte dich fragen …« Bevor er weitersprechen konnte, griff Dorothea nach seiner Hand und sah ihm geradewegs in die Augen.

»Ja, Heinrich, ich will deine Frau werden«, sagte sie mit fester, klarer Stimme und lächelte.

»Ich mag dich, seit ich dich das erste Mal gesehen habe, und ich dachte schon, du rückst nie heraus damit.« Sie stellte sich auf die Zehenspitzen und drückte ihm einen zarten Kuss auf die Wange.

»In guten wie in schlechten Tagen will ich an deiner Seite sein, Henry Astor.« Heinrich nickte ein wenig benommen. So viel Bestimmtheit machte ihm Angst.

Pessinger zögerte nicht lange, als Heinrich Astor an diesem Sonntag um Dorotheas Hand anhielt.

»Das müssen wir feiern!« Er stellte eine Flasche selbst gebrannten Schnaps auf den Tisch. »Ich habe dir immer gesagt, dass ich dich in meinem Geschäft haben will. Nun, dann kommst du eben nicht als Angestellter, sondern als Schwiegersohn und Partner. Hauptsache, du kommst!«

Noch bevor die Hochzeit gefeiert wurde, war Heinrich – Henry – Astor gleichberechtigter Teilhaber in John Pessingers Metzgerei. Wie zuvor nutzte er verschlungene Wege und seine Beziehungen, um günstig Fleisch einzukaufen.

»Henry! Du bist ein Teufelskerl!« Pessinger sah bewundernd auf die Ware, die Heinrich zu erstaunlich niedrigen Preisen anbot und entsprechend schnell verkaufte. »Wo bekommst du solches Fleisch nur immer her?«

»Geschäftsgeheimnis, Schwiegervater«, grinste Heinrich und behielt lieber für sich, dass er wie in vielen Nächten über Land gefahren war, um außerhalb der Stadt billiges Fleisch zu erwerben und es dann zu deutlich höheren Preisen, aber immer noch billiger als die Konkurrenz, in New York zu verkaufen.

Heinrich und Dorothea bezogen eine winzige Wohnung Ecke 1. Straße und Fisher Street. Auf den blitzblank gescheuerten Dielen standen nur die nötigsten Möbel. Ein Tisch, vier Stühle, ein Bett, eine Kommode und ein Schrank. Über dem Herd hatte Heinrich ein kleines Regal angebracht, dort waren ein paar Töpfe, Teller und Becher gestapelt.

»Mehr brauchen wir für den Anfang nicht«, war sich das junge Paar einig, denn nach wie vor arbeitete Dorothea genau wie Heinrich von morgens früh bis abends spät.

Die Sonne stand hoch über New York, der Himmel strahlte in leuchtendem Blau, als Heinrich seinen Bruder am Hafen erwartete. Schon von weitem hatte Johann Jakob das unbeschreibliche Getümmel am Kai wahrgenommen, und je näher das Schiff dem Anlegeplatz kam, umso erstaunter betrachtete er die vielen Menschen, die dort in großer Eile und Geschäftigkeit hin und her liefen. Mit schwankenden Beinen ging er die Treppe hinunter und sah sich um. Gerade fragte er sich, wie er in diesem Gewirr seinen Bruder ausmachen sollte, da sah er ihn einige Meter weiter an einem Pferdewagen stehen. Die Zügel fest in der Hand, suchte Heinrich Astor unter den ankommenden Passagieren nach seinem Bruder.

Ihre Blicke kreuzten sich, doch Heinrich erkannte Johann Jakob nicht und schaute mit ratloser Miene in Richtung des Schiffes, das Johann Jakob soeben verlassen hatte. Noch zwei Schritte, noch einer, jetzt standen sie sich direkt gegenüber.

»Guten Morgen, sind Sie zufällig Herr Heinrich Astor?« Johann Jakob sprach seinen verdutzten Bruder im heimatlichen Dialekt an.

»Ich glaube nicht, was ich hier sehe!«, rang der um Fassung. »Das bist doch nicht du, Nobbele! Das ist doch völlig unmöglich. Du bist ja größer als ich, und breiter allemal. Ich stehe hier schon eine geschlagene Stunde und halte Ausschau nach einem halben Kind, und was sehe ich: einen ganzen Kerl!« Er ließ die Zügel seines Pferdes los und umarmte Johann Jakob.

»Hör auf, so zu drücken! Ich kriege keine Luft!«, japste der und trat einen Schritt zurück. »Du hast dich fast gar nicht verändert. Ein bisschen dicker vielleicht.« Er stupste gegen Heinrichs kleines Bäuchlein. »Aber sonst ganz der Alte, so wie du Walldorf verlassen hast.«

Heinrich lachte glucksend. »Walldorf, mein Gott, wie weit das alles zurückliegt. Komm, ich zeige dir, wie ich jetzt lebe. Das hat mit Walldorf nichts mehr zu tun. Hier sind wir in einer anderen Welt, hier gelten andere Regeln, das wirst du schnell sehen.« Er lud Johann Jakobs Gepäck auf den Wagen und nahm die Zügel wieder auf.

»Los, mein Alter! Heute fahren wir kein Fleisch, heute fahren wir eine wertvolle Fracht«, schnalzte er dem Pferd aufmunternd zu, während Johann Jakob sich neben ihn auf den Kutschbock setzte. Langsam fuhren sie am Ufer des East River entlang. Johann Jakob stand der Mund offen.

»London ist ja nun nicht eben klein«, brachte er schließlich staunend hervor, »aber das hier übersteigt wirklich alles, was ich mir in meinen kühnsten Träumen habe vorstellen können. So viele Geschäfte, so viele Menschen, was tun die denn alle hier?«

Heinrich grinste stolz. »Habe ich es nicht immer geschrieben? Du hast soeben ein Land betreten, wie es auf der Welt kein zweites gibt. Schau dich nur gut um. Auf engstem Raum ist die ganze Welt versammelt. Barbiere aus Italien, Kutschenbauer aus England, Böttcher, Segelmacher, Weber, Gerber, Drucker, Fischer, Uhrmacher aus Irland, Metallarbeiter aus Deutschland. Hier gibt es nichts, was es nicht gibt. Und fast überall arbeiten die Frauen mit, siehst du die da vorne?« Er deutete mit dem Finger auf eine rundliche Frau von etwa 40 Jahren.

»Die hat sechs Kinder und führt ihrem Mann das Putzmachergeschäft. Wenn du da jemals einen Hut kaufen willst, sag, dass du mein Bruder bist, sonst zieht sie dir das Fell über die Ohren, und du zahlst mehr als das Doppelte. Ich kenne außer meiner kaum eine Frau, die so tüchtig ist!« Er schmunzelte und winkte der Putzmacherin freundlich zu.

»Aber das sind ja nicht alles nur Läden, mir scheint, in der

Hälfte der Hütten und Häuser sind Kneipen.« Astor sah einen Mann, der vollkommen betrunken aus einer der kleinen Tavernen torkelte.

»Ja, an Kneipen mangelt es nicht, die findest du an jeder Ecke. In ein paar Tagen zeige ich dir, welche du besuchen kannst und welche du meiden solltest.«

Johann Jakob hob abwehrend die Hände. »Das brauchst du nicht. Ich trinke nicht und ich spiele nicht. Ich bin hergekommen, um Geld zu machen, nicht um es zu versaufen«, sagte er ernst.

»Na, na, gegen einen kleinen Schluck von Zeit zu Zeit wirst auch du nichts einzuwenden haben. Aber deshalb allein geht man am Hafen nicht in diese Häuser. In vielen von ihnen wird die Post für die Kaufleute aus anderen Ländern ausgegeben, außerdem werden hier Arbeitsstellen vermittelt, finden Versteigerungen statt und werden Geschäfte gemacht.« Heinrich zog die Zügel an und brachte das Pferd zum Stehen. Zwei Meter weiter vorne hatten sich ein halbes Dutzend Hunde ineinander verbissen und blockierte die staubige Straße. Er sprang vom Wagen und nahm einen dicken Knüppel von der Ladefläche.

»Diese verfluchten Biester, das wirst du auch noch hassen lernen. Hunde, überall, wo du nur hinschaust. Sie gehören keinem, keiner will sie. Sie streunen durch die Straßen und stören eigentlich immer. Tagsüber muss man sein Fleisch in acht nehmen, nach Einbruch der Dunkelheit beißen sie einem plötzlich aus dem Hinterhalt in die Beine, und nachts jaulen sie so erbärmlich, dass man kein Augen zutun kann.« In zwei Sätzen war Heinrich bei dem kläffenden Hundeknäuel angelangt und trieb die Tiere mit seinem Stock auseinander.

»Ich mache eine kleine Rundfahrt mit dir«, kündigte er an. »Dann lernst du gleich die Stadt ein bisschen kennen.«

Gemächlich setzte sich das Pferd wieder in Bewegung. Sie ließen die bunte Geschäftigkeit des Hafens hinter sich und fuhren Richtung Stadtzentrum. Der siebenjährige Unabhängigkeitskrieg gegen die Briten hatte verheerende Spuren hinterlassen. Überall standen die Ruinen ehemals prächtiger Villen, einst gepflegte Gärten waren von Gestrüpp überwachsen und verkommen. Schuttberge zeugten von Verfall und Elend. Am Ende der Wall Street stand düster das ausgebrannte Skelett der Trinity-Kirche.

»Das war mal das höchste Gebäude der Stadt«, seufzte Heinrich. »Sie haben niedergebrannt, was ihnen in die Finger kam. Es ist erst ein paar Monate her, dass die Briten endlich aufgegeben haben. Obwohl wirklich viel gebaut wird, dauert es halt, bis die Stadt wieder so schön ist, wie sie einmal war.« Er zog die Zügel straff und lenkte das Pferd um eine Ecke.

»Wir sind da! Steig ab, ich helfe dir gleich mit deinen Sachen. Dorothea wartet sicher schon auf uns.«

Sechs   Johann Jakob sah sich um. Vor ihm stand ein sauberes Backsteinhaus, dessen Fenster im Sonnenlicht glänzten. Die dunkelbraune Haustür stand weit offen und gab den Blick auf einen schmalen Flur frei. Er folgte seinem Bruder in den dritten Stock. Kaum eingetreten sah er, dass Heinrichs Wohnung noch kleiner war als Georgs Bleibe in London. Hier werde ich nicht lange bleiben können, dachte er und sah sich in der Stube um.

»Das ist mein Bruder John Jacob«, stellte Heinrich ihn vor. Dorothea streckte ihm die Hand entgegen, sah ihrem Schwager mit offenem Blick in die Augen und hieß ihn herzlich willkommen. Johann Jakob begrüßte sie in seinem rauen Englisch, und Heinrich musste lachen.

»Du sprichst genauso, wie ich noch vor ein paar Jahren gesprochen habe. Wenn du den Mund aufmachst, weiß jeder sofort, dass du nicht von hier bist.«

»Glaub nur nicht, dass man dich für einen echten New Yorker hält«, grinste Johann Jakob, »deine Sprache klingt auch noch zur Hälfte nach Walldorf. Das höre sogar ich. Aber ich sag dir was, das macht gar nichts. Wenn man was zu sagen hat, hören sie einem trotzdem zu!«

Der erste gemeinsame Abend nach so vielen Jahren wurde lang. Dorothea war längst zu Bett gegangen, da saßen die Brüder immer noch beieinander und erzählten sich, was nicht in ihren Briefen gestanden hatte.

»Ich muss jetzt noch ein paar Stunden schlafen.« Heinrich gähnte. »Heute Nacht kannst du natürlich bleiben, aber du siehst ja selbst, hier ist nicht viel Platz. Ich habe aber schon eine Unterkunft für dich gefunden und eine Arbeit fürs Erste auch. Es ist ein Freund von mir, Deutscher wie wir. Er heißt Georg Dietrich, ist Bäcker und wohnt gleich hier um die Ecke. Er hat eine freie Kammer unter dem Dach und sucht dringend einen zuverlässigen Burschen, der seine Backwaren verkauft. Ich dachte mir, das ist doch was für dich. Wenn du das eine Weile gemacht hast, kennst du jede Straße in der Stadt, und für die Sprache ist es auch nicht schlecht.« Er stand auf, streckte sich und ging zu Bett. In einer Ecke der Stube hatte Dorothea das Lager für den Gast hergerichtet. Es bestand aus einem Strohsack, einer kratzigen Wolldecke und einem kleinen Kissen. Johann Jakob war so müde, dass er auch mit dem blanken Boden vorlieb genommen hätte.

Wenige Stunden später brach der Tag an. Heinrich brachte seinen Bruder zu Georg Dietrich, der ihn aufmerksam musterte.

»Sprichst du Englisch?«

Johann Jakob nickte. »Nicht perfekt, aber um zu verkaufen, hat es zumindest in London die letzten vier Jahre gereicht.«

»Na, dann wird es hier auch reichen. Komm, ich zeige dir die Kammer, da kannst du dein Gepäck abstellen, und dann gehen wir in die Backstube. Hast du schon gefrühstückt?«

Johann Jakob verneinte.

»Essen und Kammer hast du frei, aber sehr viel mehr gibt's auch nicht, das ist doch klar, oder?« Georg Dietrich sah ihn herausfordernd an.

»Ja, ja, das ist doch völlig klar«, beeilte sich Heinrich für seinen verdutzten Bruder zu antworten. Johann Jakob ließ sich nichts anmerken. Er hatte sich zwar nicht vorgestellt, mehr oder weniger unentgeltlich zu arbeiten, aber schon nach dem ersten Blick stand sein Entschluss fest, dass es ohnehin nicht für lange sein würde. Erst einmal war wichtig, ein Dach über dem Kopf und einen vollen Magen zu haben. Nach dem Frühstück zog er los. Seine kleine Handkarre war voll beladen mit frischen Backwaren, die verlockend dufteten. Der Verkauf lief wie von selbst. Johann Jakob brauchte die Brote und Brötchen nicht einmal anzupreisen. Kaum bog er um eine neue Ecke, winkten ihn die Passanten zu sich oder riefen ihm schon von weitem zu, er möge haltmachen. Am frühen Nachmittag kehrte er zurück zur Bäckerei. Der Bursche des Bäckers belud den Wagen von Neuem, und Astor machte sich wieder auf den Weg, diesmal in die entgegengesetzte Richtung. Nach der dritten Runde war der Tag vorüber. Frau Dietrich hatte eine Suppe gekocht, und natürlich gab es Brot dazu, aber kein frisches, wie Astor bedauernd feststellte, sondern das, was vom Vortag übrig geblieben war.

Die Dietrichs freuten sich ganz offensichtlich, einen Landsmann bei sich zu haben. Sie lebten schon seit mehr als zwanzig Jahren in New York und waren begierig, Geschichten aus der Heimat zu hören. Astor beantwortet alle ihre Fragen und erkundigte sich seinerseits nach den Lebensbedingungen in der großen Stadt. Der Bäcker bestätigte, was Heinrich ihm schon gesagt hatte.

»Wenn du fleißig und dir zum Arbeiten nicht zu schade bist, kannst du es hier weit bringen.«

Mit jedem neuen Tag erweiterte Johann Jakob seine Strecke. Obwohl New York damals Regierungssitz der USA und ein wichtiges Wirtschaftszentrum war, obwohl am Hafen eine ungeheure Vielfalt an Waren geladen, gelöscht, verkauft und versteigert wurden, waren die Straßen der Stadt in einem erbärmlichen Zustand. Überall, auch in den feineren Gegenden, wühlten Schweine im Abfall, der einfach vor die Häuser gekippt wurde. Asche aus den Öfen, Mist aus den Ställen, Schmutz aus den Küchen, wo immer er mit seinem Handkarren hinkam, suhlten sich die Tiere in stinkenden Haufen. Fließendes Wasser gab es nicht, geschweige denn eine Straßenreinigung oder Laternen, die die unsicheren Wege in Dämmerung und Dunkelheit beleuchteten. War Astor eben noch durch einen Wohn- oder Geschäftsblock gekommen, so lag direkt daneben eine Farm, oder das Gelände wurde plötzlich zum Sumpf und er musste umkehren.

Auf die Dauer, dachte er, werde ich diese Arbeit nicht machen. Aber bevor ich abspringe, muss ich etwas Besseres finden. Längst hatte er an Georg nach London geschrieben und ihn um eine Lieferung von Instrumenten gebeten. Doch London war weit, und bis er die Flöten erhielt, konnte noch eine ganze Weile vergehen.

Auf seinen Wegen beobachtete und betrachtete Johann Jakob die Menschen um sich herum ganz genau. Auch und ganz besonders in den Regionen der Stadt, in denen die wohlhabenden Familien lebten. Ihm gefiel, wie sie gekleidet waren, ihm gefielen die Häuser. Was er sah, stachelte seinen Ehrgeiz an, einer von ihnen zu werden.

Dietrichs Bäckerei befand sich mitten im Geschäftsviertel der Stadt. Nach zwei Wochen kannte Johann Jakob fast alle benachbarten Händler. Denen war der untersetzte, kräftige Gehilfe des Bäckers schnell vertraut. Wann immer er vorbeikam, grüßte er höflich, die Kaufleute grüßten zurück, und man kam schnell ins Gespräch.

»Einer wie du fehlt mir in meinem Laden«, sagte eines Tages ein Mann namens Robert Browne zu ihm. Quäker Browne mochte das Brot am liebsten, wenn es ganz hell gebacken war, und Astor legte ihm jeden Morgen einen Laib nach seinem Geschmack zur Seite.

»Ich bin nicht mit Dietrich verheiratet.« Johann Jakob legte den Kopf schief und lächelte.

»So, bist du nicht?« Browne sah ihn prüfend an. »Wie lange arbeitest du denn schon für ihn?«

»Morgen beginnt die dritte Woche«, lautete die wahrheitsgemäße Antwort.

»Na, wie wäre es denn, wenn du die vierte bei mir anfangen würdest?«

»Das kommt darauf an, was Sie mir anbieten«, entgegnete Astor wie aus der Pistole geschossen und hoffte, dass man ihm die Freude nicht allzu sehr ansah. Browne war Pelzhändler, und Johann Jakob hatte in den vergangenen Wochen immer wieder an das Gespräch auf dem Schiff gedacht. Noch waren keine Instrumente aus London eingetroffen, warum also nicht eine Weile in den Handel mit Fellen schnuppern, vielleicht lohnte es sich ja wirklich. Browne war auf jeden Fall besser gekleidet als Dietrich und trug wie der Mann auf dem Schiff eine schwere goldene Taschenuhr.

»Du bist mir ja ein ganz Pfiffiger. Was werde ich dir wohl

anbieten, ein Bett und was Anständiges zu essen – wie wär's für den Anfang damit?« Browne sah sein Gegenüber forschend an. Astor verzog keine Miene.

»Ein Bett, was zu essen und einen Dollar in der Woche«, pokerte Johann Jakob. »Sonst kann ich auch bei Dietrich bleiben, der ist sehr zufrieden mit mir und wird sich bestimmt nicht freuen, wenn ich ihn verlasse.«

Browne zögerte nicht. »Kost und Logis, einen Dollar in der Woche, und du kannst nächsten Montag bei mir anfangen.«

Johann Jakob wäre am liebsten auf der Stelle mit einem lauten Freudenschrei in die Luft gesprungen. Doch stattdessen besiegelte er den Handel mit einem festen Händedruck und verabschiedete sich.

Noch am selben Abend informierte er Georg Dietrich. Der Bäcker verzog keine Miene.

»Wundert mich nicht. Du bist zu gescheit für die Arbeit, die ich dir anzubieten habe. Sehr anständig von dir, dass du mir ein paar Tage Zeit lässt, einen Ersatz für dich zu finden. Und wenn du mal ein wirklich gutes Brot essen willst – weißt du ja jetzt, wo es das gibt.«

Sieben Montag in der Früh, Browne hatte gerade seinen Laden geöffnet, stand Astor pünktlich vor der Tür. Sein neuer Arbeitgeber hielt sich nicht mit langen Vorreden auf.

»Die Treppe hoch rechts, da ist deine Kammer, bring deine Sachen hoch und dann komm wieder her, du fängst im Lager an.« Draußen schien die Sommersonne, die Vögel zwitscherten, überall auf der Straße waren Menschen, die gut gelaunt ihren Geschäften nachgingen.

Johann Jakob rümpfte die Nase. Das Lager war ein muffiger, dunkler Raum. An den Wänden standen Regale, bis unter die Decke mit gestapelten Fellballen gefüllt. Was in den Stellagen keinen Platz mehr gefunden hatte, hing an großen Metzgerhaken von der Decke.

»Hier vorne sind die Biberfelle, in der Mitte Bisamratten und ganz hinten Otter. Nimm dir jeden Pelz einzeln vor und klopf ihn von beiden Seiten aus. Das wird dir nicht viel Spaß machen, muss aber sein. Erstens verhindert man auf diese Weise, dass die Motten hineinkriechen, und zweitens lernst du so am schnellsten die verschiedenen Qualitäten zu unterscheiden. Die Grundregel ist ganz einfach: Je weicher und glänzender, umso wertvoller und teurer.«

Den ganzen Tag eingesperrt in einem düsteren Verlies? Johann Jakob war alles andere als begeistert, machte sich aber dennoch gewissenhaft an die Arbeit. Stapel für Stapel zog er von den Regalen, löste die Verschnürungen, klopfte die Felle, dass der Staub nur so wirbelte, und legte alles wieder ordentlich an seinen Platz. Nein, Browne hatte recht, Spaß machte diese Arbeit wirklich nicht. Es roch streng, und die Ballen waren schwer. Immerhin besser als Schlachten. Etwa zwei Stunden später kam Browne mit einem Krug frischen Wassers und einem Brötchen. Er trat an den massiven Holztisch, an dem Astor arbeitete.

»Wer arbeitet, muss auch essen, hier«, er reichte Astor das Brötchen, »habe ich eben von deinem Nachfolger gekauft.«

Johann Jakob wischte sich die Hände an der Hose ab.

»Danke, Sir.« Er biss gierig zu. »Sir, ich habe eine Frage. Wie kommt es, dass manche der Biberfelle viel weicher sind als die anderen? Deren Haarlänge ist um die Hälfte kürzer, aber irgendwie fühlen sie sich fettig an, nicht ganz so trocken und staubig.«

Browne zog die Augenbrauen hoch. »Noch keinen halben Tag dran und schon das Wichtigste gelernt«, schmunzelte er.

»Die Felle, die du meinst, sind was ganz Besonderes. Das ist das Winterfell der Biber. Die Indianer tragen es so lange am Körper, bis die langen Haare alle ausgefallen sind und nur noch das wärmende, weiche Unterfell auf dem Leder ist. Vom Tragen wird das Leder geschmeidig, und deswegen kommt es dir fertig vor.«

Zwei Wochen brauchte Astor, dann hatte er jedes Fell einmal in der Hand gehabt und die wichtigsten Kenntnisse von Browne erworben.

»Ich denke, du bist so weit: Morgen kannst du im Laden anfangen«, sagte dieser und sah an Johann Jakobs Gesicht, was für eine Freude er ihm damit machte.

Das Geschäft war klein, aber hell. Browne war ein erfolgreicher Kürschner. Ständig schellte die Türglocke und jemand brachte etwas zur Reparatur, wollte einen Rat oder war auf der Suche nach einem ganz bestimmten Fell in einem ganz bestimmten Farbton. Der Pelzhändler merkte schnell, dass sein neuer Angestellter ein ausgezeichneter Verkäufer war, und hielt sich immer mehr im Hintergrund, wenn Kunden kamen.

Astor widmete sich ihnen mit Leib und Seele, und fast immer gingen sie mit mehr aus dem Laden, als sie eigentlich hatten kaufen wollen. Eine Kundin bediente er besonders gern. Mrs. Cox Todd war eine alte Bekannte von Browne und kam regelmäßig mit ihrer Tochter Sarah. Die beiden Frauen kauften nicht immer, manchmal besuchten sie Browne auch nur, um ein Schwätzchen zu halten. Während Mrs. Cox Todd den Kürschner mit dem neuesten Klatsch aus der Umgebung versorgte, interessierte sich ihre Tochter Sarah mehr für die ausliegenden Pelze.

»Dieser hier ist aber grob«, sagte sie missbilligend, schob

eine Biberhaut zur Seite und befühlte das darunter befindliche Fell. »Das, das ist die Qualität, die angenehm zu tragen ist.« Sie schmiegte ihre Wange an den Pelz.

»Vielleicht ein bisschen warm für diese Jahreszeit.« Sie legte das Fell lächelnd wieder auf den Tisch.

»Sie haben ja bemerkenswerte Kenntnisse, mein Fräulein. Das ist eines unserer besten Felle, Winterbiber«, erwiderte Astor anerkennend. Die junge Frau gefiel ihm. Unter ihrer gerüschten Haube kringelten sich ein paar dunkle Löckchen auf der Stirn, ihre Augen waren wach und klug, die Wangen voll, aber nicht dick. Um den Mund spielte ein energischer Zug, den er äußerst sympathisch fand.

Eines Tages stand Heinrich im Laden. Er trug ein großes Paket auf dem Rücken. Die Blasinstrumente aus London waren endlich eingetroffen. Georg hatte die Lieferung an Heinrich adressiert.

»Das kann ja nur für dich sein«, sagte der, »was sollte Georg mir in dieser Größe schicken?«

Johann Jakob riss das Paket auf und zeigte seinem Bruder die kunstvoll gearbeiteten Flöten und Klarinetten.

»Jetzt sag doch selbst, habe ich dir zu viel versprochen? Sind sie nicht herrlich?«, schwärmte er stolz. »Und sieh nur, die Oboen! Georg ist wirklich ein Meister.«

»Ja, wer Muße für so was hat«, Heinrichs Gesicht zeigte, dass er nicht viel auf Musik gab, »der kann sich sicher daran erfreuen. Aber wer so viel arbeitet wie ich, hat keine Zeit, sich damit zu befassen.« Er wollte eben den Laden verlassen, da traten Mutter und Tochter Todd ein.

»Einen wunderschönen guten Tag, die Damen.« Johann Jakob deutete eine Verbeugung an. Die beiden erwiderten seinen Gruß und schauten neugierig auf die Instrumente.

»Unser John hat offenbar einen Künstler in der Familie.« Browne hielt eine Klarinette in den Händen. »Über diese hier müssen wir nachher mal in Ruhe sprechen. Du sagst mir, was du dafür haben willst, und ich sage dir, was ich dir dafür gebe – mal sehen, ob wir uns einig werden.«

Johann Jakob hörte ihm nur mit einem halben Ohr zu, so beschäftigt war er, Sarah Todd den Mechanismus einer Oboe zu erklären. Sie folgte ihm aufmerksam.

»Mir scheint, Sie kennen sich nicht nur mit Pelzen aus, sondern verstehen auch wirklich etwas von Musikinstrumenten.« Astor lachte.

»Es wäre wohl eine Schande, wenn ich mich nach über vier Jahren, die ich mit meinem Bruder in London in diesem Geschäft gearbeitet habe, nicht damit auskennen würde, oder?«

Die beiden Frauen waren kaum gegangen, da nahm Browne die Klarinette erneut in die Hand.

»Nun, mein Junge, für wie viel gibst du sie einem alten Mann wie mir?«

Astor sah ihn durchdringend an. Sein Gehirn arbeitete fieberhaft. Browne wollte das Instrument haben, so viel stand fest. Es war ein Leichtes, ihm die Klarinette für einen angemessenen, nicht zu hohen Preis zu verkaufen. Aber vielleicht konnte er etwas viel Besseres als Geld dafür bekommen.

»Ich schenke sie Ihnen, Mr. Browne – unter einer Bedingung.«

»Und die wäre?« Der Pelzhändler sah ihn skeptisch an.

»Ich möchte einen Platz in Ihrem Schaufenster und meine Instrumente dort ausstellen. Dann habe ich die Möglichkeit, sie zu verkaufen, während ich hier für Sie arbeite.«

»Aus dir wird mal was, mein Junge, da würde ich jeden Eid drauf schwören. Wenn einer weiß, was zu seinem Vorteil ist, dann du. Abgemacht! Du kannst hier ausstellen und verkaufen, meine Provision ist die Klarinette.« Er strich mit den Fingern liebevoll über das Instrument.

Acht Ende April 1785 hatte Astor knapp ein Jahr in Brownes Laden verbracht. Georgs Instrumente waren längst verkauft, neue bestellt – und Johann Jakob verspürte ein brennendes Gefühl, ähnlich dem, was er empfunden hatte, bevor er Walldorf verließ. Es wurde Zeit, dass etwas geschah. Er war nicht nach Amerika gekommen, um in Brownes kleinem Pelzladen zu versauern und von Zeit zu Zeit eine Flöte aus London zu verkaufen. Er beschloss, bei nächster Gelegenheit mit seinem Arbeitgeber zu reden, doch der kam ihm zuvor:

»John, ich muss etwas mit dir besprechen«, sagte der Pelzhändler. »Wir brauchen neue Felle, du hast im Winter so hervorragend verkauft, dass wir unsere Vorräte aufstocken müssen. Ich möchte, dass du für mich eine Reise unternimmst und dich darum kümmerst.«

Johann Jakob Astor fiel aus allen Wolken. Das war es, darauf hatte gewartet: eine neue Aufgabe, eine Herausforderung! Begeistert packte er eine kleine Tasche und hielt sich bereit, seine erste Handelsreise anzutreten.

»Nur Geduld, mein lieber Junge, so schnell geht es dann doch nicht«, dämpfte Browne seine Unternehmungslust. »Ich muss erst besorgen, was du zum Tauschen brauchst. Oder glaubst du etwa, dass die Indianer dir die Felle schenken?« Astor wurde rot. Daran hatte er nicht gedacht. Natürlich! Seine kleine Tasche würde niemals reichen für all das, was er mitnehmen müsste, um mit den Indianern zu handeln.

Es vergingen einige Wochen, bis Browne ihn mit bunten Stoffen, Tabak und billigen Schmuckstücken ausgestattet hatte. Dann war es endlich so weit. Astor schnallte sich die schwere Kiepe auf den Rücken und brach auf. Strammen Schrittes marschierte er Richtung Norden durch die Stadt. Vorbei an der Battery Street, die gerade mit den Steinen des abgerissenen Fort George zu einer eleganten Promenade ausgebaut wurde. Mit jeder zurückgelegten Meile veränderte sich die Umgebung. Statt der Villen sah er nun einfache Häuser, statt dieser bald nur noch kleine Hütten, und schließlich führte seine Route durch weite Landschaften mit einsam gelegenen Farmen. Das Gelände wurde immer unwegsamer, aber Johann Jakob stapfte tapfer weiter. Jetzt konnte es nicht mehr weit sein, das Gebiet, in dem die Indianer lebten.

Eines Morgens kam er auf eine kleine Lichtung, und tatsächlich, da waren sie, die ersten federgeschmückten Gestalten, mit langen schwarzen Haaren und Pfeil und Bogen in den Händen. Johann Jakob wunderte sich über ihre Kleidung. Die Männer sahen aus, als wollten sie zu einem Maskenball gehen. Kein Stück passte zum anderen. Einer hatte die Reste eines ehemals weißen Hemdes über seinem ledernen Beinkleid drapiert, ein anderer trug statt leichter Mokassins schwere Winterschuhe an den Füßen. Ein dritter war über seinem weichen Lederhemd mit einer viel zu großen Jacke aus grob gewebtem Wollstoff bekleidet. Um die Taillen hatten sie alle bunt bestickte Gürtel geschlungen, aus denen die Griffe blitzender Messer und kleiner Beile ragten. Die Haare wurden ebenfalls von bestickten Bändern gehalten, aus denen hier und da eine Feder ragte. Um den Hals baumelten in verschiedenen Längen geflochtene Lederbänder, auf die imposante Tierzähne, bemalte Holzstücke und kleine Steine gefädelt waren.

Astor setzte sein gewinnendstes Lächeln auf und näherte sich der Gruppe. In angemessener Entfernung setzte er vorsichtig seine Kiepe auf den Boden und begann den Inhalt auf dem taufrischen Gras auszubreiten. Die Indianer umringten ihn neugierig. Einer von ihnen bedeutete Johann Jakob, die Kiepe wieder aufzunehmen und ihnen zu folgen. Astor verstand seine Sprache nicht, doch die Gesten schienen ihm

Der Anfang des großen Glücks: Astor auf einer seiner ersten Reisen zu den Indianern, bei denen er billige Handelsware gegen kostbare Pelze eintauscht. Undatierte Illustration.

freundlich, und so signalisierte er Zustimmung und trabte hinter dem halben Dutzend Männern her. Mehr als zwei Stunden waren sie marschiert, als Johann Jakob zwischen den Wipfeln der dicht stehenden Bäume vereinzelte Rauchsäulen aufsteigen sah. Hier musste das Dorf sein. Neugierig reckte er den Hals – und tatsächlich, da standen kreisförmig angeordnet ein paar niedrige Zelte. Davor saßen Frauen in bunten Gewändern, schwatzten, lachten und waren offenbar damit beschäftigt, eine Mahlzeit zuzubereiten. Überall spielten kleine Kinder, die meisten von ihnen halb nackt, nur mit einem Lendenschurz bekleidet.

Astor stellte seinen schweren Korb in der Mitte des Platzes ab und begann erneut, die mitgebrachten Waren auf dem Boden auszubreiten. Sofort umgab ihn eine Horde Kinder, die mit ihren schmutzigen Fingern alles in die Hand nahmen. Astor ließ sie gewähren. Einer der Männer verschwand in seinem Zelt und kehrte wenige Minuten später mit einem Bündel Felle zurück. Er hielt es Astor fragend entgegen. Der nickte. Darauf gingen auch die anderen Indianer in die Zelte und brachten ihre Pelze.

Ein alter Indianer, offenbar der Häuptling des Dorfes, sprach ein paar Brocken Englisch. Johann Jakob begutachtete die Qualität der Felle und verhandelte, als hätte er sein Leben lang nichts anderes getan. Er tauschte Schmuckstücke gegen Biberfelle, Stoff für Otter, und bunte Perlen gab er für Bisamratte. Eisern nahm er nur die Felle, deren Zustand und Farbe ihm erstklassig schien, und ließ sich nicht erweichen, mehr dafür zu geben, als er für richtig hielt. Nach drei Stunden war das Geschäft getätigt. Die Indianer luden ihn zum Essen ein, doch Astor, mit ihren Sitten nicht vertraut, lehnte nach einem kritischen Blick auf die Speisen dankend ab. Der Blick des Häuptlings verdunkelte sich, und Johann Jakob begriff, dass er einen Fehler gemacht hatte. Er entschuldigte sich wortreich und versicherte, dass er beim nächsten Besuch gerne diese Einladung annehmen würde, heute aber unbedingt noch weiter müsse. Der Häuptling verstand und reichte ihm zum Abschied seine Pfeife. Astor, der in seinem Leben noch nicht geraucht hatte, nahm einen tiefen Zug und sorgte mit dem darauf folgenden Hustenanfall für großes Gelächter.

Mit den erworbenen Pelzen wog die Kiepe um einiges schwerer als zuvor. Aber noch verfügte er über Tauschwaren, und Johann Jakob hatte sich fest vorgenommen, nicht eher zu Browne zurückzukehren, bis er auch die letzte Perle für ein Fell gegeben hätte.

Nach drei Wochen drückte das Gewicht des Korbes seinen starken Rücken fast zu Boden. War schon der Hinweg anstrengend gewesen, so stellte sich der Rückweg als echte Strapaze heraus. Immer der Nase nach suchte Astor Abkürzungen und geriet dadurch auf schlecht markierte Wege. Er wusste, das war gefährlich, denn stets bestand die Gefahr, in feindliches Indianergebiet zu geraten. Wegelagerer und Banditen lauerten hinter dunklen Ecken, um den Händlern ihre Habseligkeiten und wenn nötig auch das Leben zu nehmen. Schlangen, schnappende Hunde – keinen unbedachten Schritt durfte man tun. Johann Jakob war auf der Hut, suchte sich möglichst sichere Schlafplätze. Hier galt es wenigstens nur, sich Wanzen und Flöhe vom Leib zu halten. Am schlimmsten war der Regen, der Kleidung und Schuhe durchnässte und das Gewicht der ohnehin schweren Last verdoppelte. Allen Widrigkeiten zum Trotz brachte Astor seine Felle heil nach New York.

Neun   Browne begutachtete die Felle und war begeistert.

»Ich bin beeindruckt, mein Junge, besser hätte ein alter Hase wie ich es auch nicht machen können. Nicht ein fehlerhafter Pelz darunter! Nie hätte ich gedacht, dass du mit solch einer reichen Beute wiederkommen würdest.« Er dachte einen Augenblick nach. »Ich werde deinen Lohn erhöhen!«

Astor strahlte über das ganze Gesicht.

»Ich werde ein Übriges tun und dich nach London schicken. Dort kannst du zeigen, was in dir steckt und die Pelze teuer verkaufen. Bei der Gelegenheit kannst du auch gleich deinen Bruder besuchen und noch ein paar Instrumente mitbringen, wenn du willst.« Johann Jakob konnte seine Freude kaum verbergen und wäre Browne beinahe um den Hals gefallen.

Die Reise nach London war ein großer Erfolg. Johann Jakob verkaufte die Felle mit enormem Profit und fuhr mit einer stattlichen Ladung verschiedener Blasinstrumente zurück nach New York. Browne ließ ihn Georgs Waren nebenbei verkaufen und verlangte keine Provision für sein Entgegenkommen.

»Der Kerl ist Gold wert. Ich habe noch nie jemand gesehen, der eine solche Gabe hat, zu handeln«, vertraute er seiner Frau an. »Wenn er ginge, wäre das ein echter Verlust für mich. Da halte ich ihn lieber bei Laune und profitiere von ihm. Denn den Hauptgewinn mache immer noch ich.«

Johann Jakob sparte jeden Cent, den er verdiente. Er durchschaute Browne wohl und schmiedete einen festen Plan. Doch noch war es nicht so weit. Alles sollte Hand und Fuß haben – er musste Geduld aufbringen.

Der erste Schritt war nicht schwer. Dank seines neuen Gehaltes konnte Astor die Kammer über Brownes Laden verlassen und ein Zimmer bei Mrs. Cox Todd mieten. Geldmangel hatte sie nach dem Tod ihres Mannes schon vor Jahren gezwungen, aus ihrem Haus in der Queen Street 81 eine kleine Pension zu machen. Sie bot Astor einen ihrer schönsten Räume an.

»Nun, was sagen Sie? Das ist schon etwas anderes als ein Kämmerchen unter dem Dach, nicht wahr? Frühstück und Abendessen sind übrigens im Preis inbegriffen.« Sie stemmte stolz die Hände in die Hüften und sah ihren zukünftigen Logiergast erwartungsvoll an.

»Ich bin sicher, ich werde mich sehr wohlfühlen bei Ihnen. So hell und so gemütlich! Ich glaube, so schön habe ich in meinem ganzen Leben noch nicht gewohnt.« Johann Jakob fand genau die Worte, die seine Vermieterin hören wollte.

In Witwe Todds Pension ging es sehr familiär zu. Morgens wurde in der großen Küche gemeinsam gefrühstückt. Astor liebte es, das weiche Weißbrot in den Milchkaffee zu tunken, bis er es vollgesogen wie ein Schwamm nur noch mit viel Geschick und Unterstützung eines Löffels zum Mund befördern konnte. So gestärkt ließ es sich gut arbeiten. Doch am meisten genoss er das Abendessen. Mrs. Cox Todd und ihre Tochter waren beide ausgezeichnete Köchinnen und sorgten für einen abwechslungsreichen Speiseplan. Nach Tisch widmeten sich die beiden Frauen ihren Handarbeiten. Meistens leisteten ihnen dabei ein oder zwei Pensionsgäste Gesellschaft. Mindestens zweimal in der Woche saß Astor in Mrs. Cox Todds Salon und vertrieb Mutter und Tochter die Zeit mit Geschichten aus seiner Heimat.

»Und so jung wie Sie waren, hatten Sie den Mut, ganz allein in die Fremde zu gehen?« In Sarah Todds Stimme klang Bewunderung.

»Nun, so ganz ins Ungewisse ging ich ja nicht, immerhin hatte ich meinen Bruder in London. Doch was hätte ich sonst tun sollen? In Walldorf bleiben und in die Fußstapfen meines Vaters treten? Nein, das war völlig ausgeschlossen.« Astor schüttelte unwillig den Kopf.

»Und was planen Sie für Ihre Zukunft?« Mrs. Cox Todd ließ ihre Stickerei sinken und sah ihn fragend an.

»Mutter, sei doch nicht so neugierig!« Sarah errötete.

»Nicht doch, Miss Sarah, ich beantworte die Fragen Ihrer Mutter gern«, sagte Astor und fuhr fort: »Ich habe seit Jahren den festen Plan, eines Tages sehr reich zu sein. Lachen Sie nur, es ist so, wie ich es Ihnen sage. Und ich bin ganz sicher, dass es mir gelingen wird. Ich bin der festen Überzeugung, dass es in diesem Land jeder zu etwas bringen kann, wenn er nur will. Vor allem muss man früh, also so gegen neun Uhr, zu Bett gehen.« Er lachte. »Natürlich wird man nicht reich, weil man früh ins Bett geht, aber wer das tut, ist auch früh am Morgen wach und kann tagsüber ordentlich arbeiten. Nur Gauner tun ihre Arbeit nachts, ehrliche Menschen arbeiten am Tag. Die Instrumente meines Bruders verkaufen sich ganz ausgezeichnet, und alles, was ich damit eingenommen habe, habe ich natürlich gespart. Seit drei Wochen gehe ich nach der Arbeit jeden Tag zum Hafen und schaue nach guten und günstigen Fellen, die ich dann kaufe. Sie haben doch sicher die großen Bündel gesehen, die ich erst neulich mit nach Hause gebracht habe?« Mrs. Cox Todd nickte.

»Wenn ich genug beisammen habe, werde ich sie bei meiner nächsten Reise nach London mitnehmen. Ich verkaufe dort die Pelze von Quäker Browne mit großem Gewinn, warum sollte mir das mit meinen eigenen nicht auch gelingen?« Astor sprach mit solcher Überzeugung, dass auch Mutter und Tochter Todd keinen Zweifel am Gelingen des Unterfangens hatten.

Sarah räusperte sich. »Wenn Sie Hilfe brauchen, Mr. Astor, sagen Sie es nur, Sie wissen, dass ich ein gutes Auge für die Qualität von Fellen habe«, sagte sie mit einem verstohlenen Seitenblick auf ihre Mutter. Mrs. Cox Todd nickte bestätigend.

»Nehmen Sie das Angebot meiner Tochter ruhig an. Ich weiß zwar nicht, woher sie es hat, aber sie versteht wirklich etwas von Pelzen.«

Je öfter Johann Jakob mit Sarah zusammen war, umso besser gefiel sie ihm. Eines Abends nach der Arbeit fasste er sich ein Herz und ging zu Heinrich.

»Weißt du, sie ist gerade heraus, hat einen gesunden Menschenverstand, ist sehr fleißig, kocht ausgezeichnet, sieht nett aus, ist sittsam und bescheiden, vielleicht ein wenig zu fromm, aber sonst …«

Sein Bruder unterbrach ihn. »Johann, es ist gut, du brauchst nicht weiter zu sprechen, du bist verliebt! Warum gehst du nicht und machst deinem Fräulein Perfekt einen Antrag?«

»Und was ist, wenn sie mich nicht will?« Astor ver-
schränkte unsicher die Hände. Dorothea, die bisher schweigend zugehört hatte, mischte sich ein.

»Aber John, um das herauszubekommen, wirst du sie
schon fragen müssen. Oder willst du warten, bis sie vor dir
auf die Knie geht?« Bei dieser Vorstellung brachen alle drei
in schallendes Gelächter aus.

»Nein, ihr habt ja recht, bei der nächsten günstigen Gelegenheit werde ich sie fragen. Das Schlimmste, was passieren kann, ist, dass sie ablehnt. Aber vielleicht habe ich ja
Glück – und sie sagt ja!«

Drei Tage später saß er am Abend wieder im Salon. Mrs. Cox
Todd war nicht im Raum, ein neuer Gast forderte ihre Aufmerksamkeit. Astor stand auf und ging zum Fenster.

»Miss Sarah, ich würde Sie gerne etwas fragen.« Er drehte
sich um und sah ihr in die Augen. Sarah lächelte und schwieg.

»Wir kennen uns jetzt schon eine ganze Weile, und Sie wissen, dass ich kein Freund von vielen Worten bin, also frage
ich Sie frei heraus: Sarah Todd, möchten Sie meine Frau werden?« Er schlug unsicher den Blick nieder.

Sarah erhob sich aus ihrem Sessel, ging zwei Schritte auf
ihn zu und nahm seine rechte Hand und sagte leise: »Ja, ich
möchte deine Frau werden.«

Astor umarmte sie und küsste sie unbeholfen auf die
Wange.

»Aber du musst vor allem mit meiner Mutter sprechen.
Ich werde jetzt auf mein Zimmer gehen, und wenn sie zu-
rückkommt, kannst du sie fragen.«

Astors Herz schlug bis zum Hals, als er eine Stunde später bei Mrs. Cox Todd um die Hand ihrer Tochter anhielt.

Witwe Todd machte keinen Hehl aus ihrer Freude.

»Komm her, mein Junge, und lass dich umarmen«, sagte

sie herzlich. »Wenn Sarah einverstanden ist, will ich sie dir gerne zur Frau geben. Ich bin eine gute Menschenkennerin. Herz und Verstand sagen mir, dass mein Kind an deiner Seite gut aufgehoben ist. Ob du eines Tages wirklich so reich wirst, wie du es dir wünschst, weiß nur der liebe Gott allein, aber du wirst deinen Weg machen und immer genug Geld verdienen, um für sie zu sorgen.«

Am 19. September 1785 wurden Johann Jakob Astor und Sarah Todd getraut. Es war eine kleine Feier, und Heinrich Astor wischte sich gerührt die Augen, als sein jüngerer Bruder die Deutsche Reformierte Kirche als verheirateter Mann verließ. Sarahs Mitgift betrug 300 Dollar – Geld, das Johann Jakob, noch bevor er es in den Händen hielt, bereits für den Kauf von Fellen verplant hatte. Von noch größerer Bedeutung war allerdings ihre zahlreiche Verwandtschaft, durch die sie hervorragende Verbindungen zu einflussreichen Familien in der Stadt in die Ehe brachte.

Mrs. Cox Todd hatte ihre Mieter so umquartiert, dass das frisch vermählte Paar zwei mit einer Flügeltür verbundene Zimmer in der Pension beziehen konnte.

»Sieh nur, es ist wie eine richtige Wohnung. Hier haben wir einen Salon, und dort«, Sarah öffnete die Flügeltür, »dort werden wir schlafen.« Sie strahlte. Ihr Mann pfiff anerkennend durch die Zähne.

»Du musst ja den ganzen Tag Möbel hin und her geschoben und umgeräumt haben.« Er nahm sie in den Arm und gab ihr einen Kuss.

Den beiden blieben nur ein paar gemeinsame Wochen, dann schickte Browne seinen erfolgreichen Angestellten erneut nach London. Astor hatte in der Zwischenzeit eine erhebliche Menge eigener Felle erworben, die er allesamt mit auf die Reise nahm.

»Wenn ich zurückkomme, bringe ich Instrumente mit. Du

wirst sehen: Pelze und Musik – wir werden viel Geld verdienen!«, sagte er beim Abschied zu Sarah.

Sie winkte ihm vergnügt nach. Was für ein schönes Gefühl, einen Mann zu haben, der so viel Zuversicht ausstrahlte und so genau wusste, was er wollte. Bis zu seiner Rückkehr führte sie ihr Leben wie bisher, half beim Führen der Pension und saß abends mit ihrer Mutter im Salon.

Eines Abends ließ sie das Strickzeug sinken und blickte ihre Mutter an.

»John wird neue Instrumente mitbringen, wenn er wiederkommt, und ich habe eine Idee, wie ich ihm eine große Freude machen kann. Aber dazu brauche ich deine Hilfe.«

»Wenn ich dir helfen kann, tu ich das gern. Was hast du dir denn ausgedacht?« Witwe Todd sah ihre Tochter aufmerksam an.

»Was würdest du sagen, wenn ich das kleine Lager unten im Erdgeschoss aufräumen und putzen würde? Seit Vaters Tod benutzen wir es nicht mehr. Wir könnten doch einen Laden daraus machen, Johns Instrumente und seine Felle dort verkaufen.«

»Wer soll das denn übernehmen? Vergiss nicht, dass dein Mann bei Browne arbeitet und oft unterwegs ist. Wie soll er da einen eigenen Laden führen?« Zweifelnd zog Mrs. Cox Todd die Stirn kraus.

Sarah entgegnete: »John wird nicht ein Leben lang bei Browne arbeiten. Und für eine Übergangszeit würde ich das Geschäft übernehmen. Noch haben wir keine Kinder – warum soll ich da nicht ein bisschen arbeiten? Andere Frauen tun das auch, und wenn es gut geht, könnte ich dir sogar ein wenig Miete bezahlen.« Ihre Mutter dachte nach.

»Das mit der Miete werden wir sehen, aber deine Idee ist vielleicht gar nicht schlecht – solange deine Zeit nicht so knapp wird, dass du mir in der Küche nicht mehr zur Hand gehen kannst. Fang gleich morgen an, das Lager nach deinen Wünschen herzurichten.« Sarah sprang vor Freude so stürmisch aus dem Sessel, dass sie sich in ihrem Strickzeug verheddere und fast auf ihre Mutter fiel, als sie sich mit einer Umarmung bedanken wollte.

Am frühen Nachmittag des nächsten Tages nahm Sarah einen großen rostigen Schlüssel vom Haken und öffnete die quietschende Tür im Erdgeschoss. Zufrieden registrierte sie, dass die Luft zwar abgestanden, aber nicht nach Schimmel roch. Das bedeutete: Der Raum war trocken und daher sowohl für Instrumente als auch für Pelze geeignet.

Sie machte sich an die Arbeit. Drei Wochen später war aus der verstaubten Rumpelkammer ein freundliches, helles Gewölbe geworden. Der Glaser hatte die zerbrochene, mit Brettern vernagelte Scheibe ersetzt. Ein blank gescheuertes Türblatt auf zwei Böcken diente als Verkaufstisch, an den Wänden standen Regale und Stellagen, die einer der Pensionsgäste aus Holzresten gezimmert hatte. Mrs. Cox hatte ihm dafür eine Monatsmiete erlassen.

Zehn   Im Mai 1786 kehrte Johann Jakob Astor erschöpft, aber glücklich aus London zurück.

»Sarah! Du kannst dir nicht vorstellen, wie erfolgreich ich war. Ich habe unsere Felle teilweise mit einem Profit von bis zu 900 Prozent verkauft. Weißt du, was das heißt?«

Er legte einen Lederbeutel auf den Tisch und löste den Knoten. »Sieh genau hin, das ist bares Geld, ist alles unser Gewinn. Und außerdem habe ich so viele Instrumente mitgebracht, dass ich einen Wagen mieten musste, um sie hierher zu schaffen. Ich fürchte, ich kann sie nicht alle auf ein-mal zu Browne bringen. Entscheide du, wo wir sie lagern.« Er zeigte auf die vielen Pakete. Sarah lächelte schelmisch.

»Also, ich weiß nicht, im Salon möchte ich sie eigentlich nicht haben, aber auf der anderen Seite ist das Schlafzimmer ohnehin so klein, dass sie dort auch nur stören.«

»Aber irgendwo müssen wir sie unterbringen. Ich kann sie schlecht auf der Straße lagern.« Astor runzelte die Stirn, bemühte sich aber um einen verbindlichen Tonfall.

»Ich glaube, ich habe eine Lösung. Komm doch bitte mit herunter und schau, ob du einverstanden bist.« Sie nahm den Schlüssel vom Haken und ging die Treppe hinunter. Johann Jakob folgte ihr.

»Hier sollten deine Flöten, Klarinetten und Oboen gut untergebracht sein, meine ich. Und wenn du mal wieder Felle kaufst, leg sie doch einfach in die Regale. Platz genug hast du hier.« Sie breitete die Arme aus und drehte sich im Kreis, bis ihr Rock wie eine Glocke um sie herum schwang.

»Aber dies hier ist doch viel zu schade als Lager, das ist ja ein richtiges Geschäft!« Astors Stimme schnappte vor Auf-regung über. Sarah lachte.

»Wie schön, dass du das erkennst – genau deswegen habe ich diesen Raum meiner Mutter abgeluchst. Mr. John Jacob Astor, ich heiße Sie herzlich willkommen in Ihrem ersten eigenen Laden!« Sie machte eine tiefe Verbeugung.

»Ich glaube, ich muss mich setzen – mir ist ganz schwin-delig …« Astor fasste sich ungläubig an die Stirn.

»Nichts da mit Setzen! Hier wird in Zukunft hoffentlich so viel zu tun sein, dass zum Sitzen keine Zeit bleibt!« Sarah freute sich über ihre gelungene Überraschung.

Gleich am nächsten Morgen sprach Johann Jakob mit Quäker Browne: »Ein eigenes Geschäft! Das ist immer mein großer Traum gewesen, Sie wissen es. Ich stehe tief in Ihrer

Schuld, Mr. Browne, aber Sie werden verstehen, dass ich diese Möglichkeit nutzen muss.«

Mr. Browne verstand ihn gut und schenkte ihm zum Abschied eine silberne Taschenuhr.

»Eines Tages wirst du dir eine aus Gold leisten können. Bis dahin nimm diese und denk an den alten Browne und seine Pelze, wenn du nach der Zeit siehst. Geh mit Gott, mein Junge, ich wünsche dir allen Erfolg dieser Welt! Ich komme dich bald in deinem Laden besuchen.« Er klopfte Johann Jakob wohlwollend auf die Schulter.

Am 22. Mai 1786 erschien im »New York Packet« eine Anzeige:

»Jacob Astor, 81 Queen Street, zwei Türen vom Haus der Freunde entfernt, hat soeben eine elegante Auswahl an Musikinstrumenten importiert. ... Alles wird zu erschwinglichen Preisen gegen Bargeld verkauft.«

Das Geschäft war kaum eröffnet, schon gaben sich die Kunden die Klinke in die Hand.

»Es läuft noch viel besser, als ich es mir in meinen kühnsten Träumen hätte vorstellen können«, schwärmte Johann Jakob seinem Bruder vor. »Ich habe mit zwei Londoner Klavierbauern Verträge gemacht und bin jetzt deren Agent für Pianofortes und Spinette. Außerdem habe ich mir von Georg einige Violinen schicken lassen. Die feine New Yorker Gesellschaft ist versessen auf beinahe alles, was aus Europa kommt, und bereit, sogar höchste Preise zu zahlen.« Er konnte sein Glück kaum fassen. Heinrich und Dorothea teilten seine Freude.

»Das heißt doch aber, dass du dich mit Indianern und ihren Fellen nicht mehr abgeben musst, nicht wahr?« Sein älterer Bruder lehnte sich zufrieden zurück.

»Keineswegs heißt es das!«, widersprach Astor vehement. »Ganz im Gegenteil: Das eingenommene Geld investiere ich fast ausnahmslos in Pelze. Heinrich, du ahnst nicht, was da für Profite gemacht werden. Wenn du geschickt verhandelst, sind bis zu 1000 Prozent drin. Das ist der Markt, auf dem man reich wird. Ich habe gerade mit Sarah gesprochen. In den nächsten Wochen werde ich meine erste Reise nach Kanada antreten. Montreal, da muss man Pelze kaufen!« Astors Wangen glühten.

200 Dollar hatte er gespart, und Sarahs Mitgift war auch noch nicht aufgebraucht. Johann Jakob Astor nahm das Geld und machte sich auf den Weg nach Kanada.

»Je nachdem wie viele Felle du mitbringst, werden wir einen Teil hier verkaufen, und mit dem Rest fährst du nach London. Was du dort einnimmst, investierst du in Instrumente, und dann werden wir sehen, auf welchem Bein es sich besser steht.« Sarah war nicht nur eine gute Ehefrau, sie erwies sich auch als ausgezeichnete Geschäftspartnerin und vertrat ihren Mann im Laden, während er die kanadischen Flüsse auf- und abwärts fuhr.

Montreal hielt, was die Gerüchte versprachen. Überall boten Indianer ihre Felle an. Astor tauschte, handelte und kaufte. Doch er wollte mehr sehen als nur die Märkte in der großen Stadt. Sicherlich war es noch günstiger, die Pelze im Hinterland zu erwerben, wo die Konkurrenz der Käufer nicht so groß war. Auf seiner Reise schloss er sich immer wieder herumziehenden Trappern an, die ihm zeigten, wie man in der rauen Wildnis überlebte. Es dauerte nicht lange, und er sah aus wie einer von ihnen. Je nach Jahreszeit eine Fellmütze auf dem Kopf, dicke Stiefel an den Füßen und ausgestattet mit Gewehr und Fallen.

Im Herzen blieb Astor jedoch ein Einzelgänger. Am liebsten erledigte er alle Arbeiten selbst. Er suchte die Felle aus, klopfte sie an Ort und Stelle, schützte sie mit Tabakblättern vor Ungeziefer, so wie er es bei Browne gelernt hatte, schnürte schwere Bündel und verlud diese auf Kutschen oder Kanus, die zum nächsten größeren Hafen fuhren. Dort wurden die Pelze gelagert, bis Astor so viel zusammen hatte, dass es Zeit war, zurück nach New York zu fahren.

Sarah empfing ihn strahlend und mit kugelrundem Bauch.

»Höchste Zeit, dass du wieder da bist! Nicht mehr lange, und du wirst ein paar Tage alleine im Laden stehen müssen.« Sie legte die Hände auf ihren Leib.

»Die Hebamme sagt, es kann jederzeit losgehen.« Und tatsächlich, ein paar Tage später, Astor hatte kaum die Fellpakete ausgepackt und in die Regale sortiert, kam Sarah mit einer gesunden Tochter nieder. Johann Jakob betrachtete sie überglücklich.

»Magdalen soll sie heißen, nach meiner Mutter«, wünschte er sich, und seine Frau war einverstanden.

»Was für ein wundervolles Jahr«, jubelte er am 28. Oktober, »wir haben eine Tochter – und bitte sieh dir das an!« Er hielt Sarah einen Batzen Geld entgegen. »Das habe ich heute auf einen Schlag eingenommen. Ich sage dir: Mit Instrumenten kann man wohlhabend werden, aber Pelze werden uns reich machen! Richtig reich! Wir werden ein Haus haben, schöner und größer, als du dir vorstellen kannst. Wir werden Kinder haben, viele Kinder, und jedes wird ein helles Zimmer bewohnen. Wir werden Dienstboten haben. Wir werden ...«

»Vergiss nicht zu atmen«, unterbrach ihn seine Frau amüsiert, »sonst fällst du vor lauter Aufregung tot um, bevor wir irgendetwas haben.« Bereits nach wenigen Tagen hatte sie das Wochenbett verlassen und stand schon wieder im Geschäft, als Heinrich und Dorothea kamen, die Geburt der kleinen Magdalen zu feiern. Der große Tisch in der Küche war festlich gedeckt, und Astor hatte seiner Schwiegermutter Geld für einen ganz besonderen Einkauf gegeben.

»Bring einen ordentlichen Braten und alles dazu, was das Herz nur begehren kann! Heute wollen wir uns etwas leisten!«

Dorothea schaute sehnsüchtig in das geflochtene Körbchen. All ihre Versuche, eigene Kinder zu haben, waren bisher fehlgeschlagen. Doch noch hatten Heinrich und sie die Hoffnung auf Nachwuchs nicht aufgegeben.

Die winzigen Fäuste rechts und links vom Kopf geballt, lag die kleine Magdalen in ihrem Steckkissen und schlief. »Was für ein hübsches Mädchen. Und sieh nur«, Dorothea stieß ihren Mann leicht in die Seite, »sie hat einen richtigen Astorkopf.« Johann Jakob platzte schier vor Stolz.

Während des Essens schwärmte er von Kanada und den Möglichkeiten, die der Handel dort eröffnete. Heinrich verzog missbilligend den Mund.

»Du klingst ja fast, als wolltest du wirklich in den Pelzhandel einsteigen? Warum tust du dir das an? So ein unsicheres Geschäft – und dann die vielen Reisen. Gefährlich, wie man hört. Mach es lieber wie ich, wenn du ein bisschen Geld übrig hast, kauf Land. New York wird immer größer werden. Die Leute brauchen Wohnungen und Häuser. Wer Land hat, kann nur gewinnen.« Johann Jakob lenkte ein.

»Ach, wer weiß schon, was die Zeit bringt«, sinnierte er. »Wahrscheinlich steht man ohnehin besser auf zwei Beinen oder gar auf drei. Vielleicht lässt es sich ja kombinieren, Instrumente, Pelze und ein bisschen Land.«

»Fest steht allerdings, und daran wird nicht gerüttelt: Diese Reise war so erfolgreich, dass ich sie ganz sicher wiederholen werde.«

Sarah nickte: »Du musst bedenken, Henry, dass wir in den letzten Wochen mit dem Verkauf von Johns Fellen fast so viel eingenommen haben wie in den vergangenen zehn Monaten mit den Instrumenten.«

Elf In den folgenden Jahren unternahm Astor regelmäßige Reisen nach Kanada. Ende Juni, spätestens Anfang Juli machte er sich auf den Weg, traf im August in Montreal ein, schloss Geschäfte für enorme Summen ab und kehrte meistens Ende Oktober, Anfang November wieder nach New York zurück. Eines Tages machte er die Bekanntschaft eines Mannes, der von großer Bedeutung für sein Leben werden sollte.

William Backhouse, der berühmteste Pelzhändler Amerikas, fand Gefallen an dem jungen, unbeirrbar aufstrebenden Johann Jakob. Seit 30 Jahren lebte er in New York, sein Bruder Thomas führte die Geschäfte des überaus erfolgreichen Pelzhandels »Thomas Backhouse & Co« in London. Gemeinsam hatten sie es zu erheblichem Wohlstand gebracht.

»Junge, du hast das Zeug dazu! Glaub mir, ich bewege mich seit Jahr und Tag in diesem Gewerbe. Ich weiß, was ich sage. Du kannst die Felle beurteilen, und vor allem kannst du handeln wie kein zweiter. Geh das Wagnis ein. Ich werde dich unterstützen, wo immer ich kann. Als Erstes musst du dein System ändern. Warum wartest du immer, bis du all deine Pelze beisammen hast? Schick sie doch von unterwegs direkt nach Hause. Wenn deine Frau auch nur halb so tüchtig ist, wie du sie schilderst, hat sie die Hälfte verkauft, noch bevor du wieder zurück bist.« Der Vorschlag leuchtete ein – und auch wenn Astor sich schwer tat, seine kostbaren Felle allein auf die weite Reise zu schicken, befolgte der den Rat.

Backhouse behielt recht. Sarah hatte ein ausgezeichnetes Netz von Stammkunden aufgebaut und verkaufte sogar im Hochsommer, was immer ihr Mann schickte. Die Profite waren astronomisch, aber Johann Jakob war noch nicht zufrieden.

»Wir müssen investieren und immer wieder investieren!

Je mehr Felle ich kaufen oder tauschen kann, umso mehr Gewinn machen wir.« Seine Augen leuchteten gierig, und wenn sein Geld nicht ausreichte, lieh er sich den Rest von Heinrich. Dem gefiel das gar nicht.

»Hör endlich auf, mich ständig anzupumpen. Ich weiß, dass du mir alles zurückzahlen wirst, aber ich hasse es, dir Geld für diese stinkenden Felle zu geben.«

»Was du stinkende Felle nennst, wird mich so reich machen, dass dir Hören und Sehen vergeht«, konterte sein Bruder und hielt die Hand auf.

Am 28. Februar 1789 wurde Johann Jakob amerikanischer Staatsbürger.

»Jetzt bist du Bürger dieses Landes, da musst du doch wenigstens ein kleines bisschen eigenen Grund und Boden besitzen.« Heinrich ließ nicht locker und verkaufte seinem Bruder ein paar kleine Grundstücke und Bauparzellen.

»Damit ist wenigstens ein Anfang gemacht«, versuchte er ihn zu überzeugen, »so glaube mir doch, dass dies der bessere Weg ist, das Geld anzulegen.«

»Und was ist, wenn es eine Wirtschaftskrise gibt? Dann bricht der Immobilienmarkt zusammen, erholt sich vielleicht über Jahre hinweg nicht – und das ganze Geld ist beim Teufel. Versteh doch, ich bin Geschäftsmann. Ich brauche flüssiges Geld. Was nutzen mir meine Gewinne, wenn ich sie in Erde und Mörtel stecke? Da kleben sie dann fest, wenn ich sie brauche, um vielleicht das Geschäft meines Lebens zu machen. Nein, ich bleibe bei meinen Fellen.« So verfolgte Johann Jakob eisern seinen Weg.

1790 erblickte eine zweite Tochter das Licht der Welt. Ihre Lebenszeit reichte gerade, um sie nach ihrer Mutter auf den Namen Sarah zu taufen. Das kleine Mädchen starb kurz nach der Geburt. Astor und seine Frau trauerten. Johann Jakob suchte und fand Trost in der Arbeit, Sarah betete.

»Ich habe zwei Kinder verloren und kann mit dir fühlen, aber du musst bedenken, dass das Leben weitergeht. Magdalen braucht dich, dein Mann auch, und du wirst andere Kinder haben«, tröstete Witwe Todd ihre Tochter. Ganz allmählich ebbte der Kummer über den Tod des Säuglings ab, und Sarah führte wieder das Geschäft.

»John, du brauchst Kontakte. Ich bin sicher, dass wir noch viel mehr verkaufen würden, wenn du weitere Kundenkreise erobern könntest. Meine Familie hat gute Verbindungen zu den Freimaurern. Warum gehst du nicht in eine Loge? Wenn ich Mutter bitte, kann sie dir sicher behilflich sein«, schlug sie vor.

Witwe Todd war zwar keine reiche Frau, aber zu ihrer weit verzweigten Verwandtschaft zählten einige einflussreiche Familien der Stadt. Dort pries und lobte sie ihren Schwiegersohn in den höchsten Tönen und verhalf ihm auf diese Weise zu den notwendigen Fürsprechern.

1790 wurde Johann Jakob Astor Mitglied der Freimaurer in der »Holland Lodge No. 8«. Obwohl er nicht über die geschliffenen Manieren der Logenbrüder verfügte, die Sprache noch immer mit derbem Akzent sprach und zu einer Direktheit neigte, die seine Mitmenschen bisweilen irritierte, knüpfte Astor hier wichtige Beziehungen. Er lernte George Clinton, den ersten gewählten Gouverneur von New York und späteren Vizepräsidenten kennen, wurde dessen Neffen DeWitt Clinton, dem späteren Bürgermeister von New York, vorgestellt und traf auf einflussreiche Geschäftsmänner wie Henry Livingston.

»Ich habe es dir doch gesagt: Man muss sich nur an den richtigen Orten aufhalten.« Sarah war fest überzeugt von ihrer Strategie.

»Und weil das so ist, gehen wir morgen zu Mrs. Keese. Du weißt, diese Freundin meiner Mutter, die auch eine Pension hat. Aber ihre ist größer als unsere und liegt Ecke Broadway und Wall Street so zentral, dass sich dort viele Politiker und Anwälte treffen, um ihre Geschäfte zu besprechen. Das sind die Kreise, in denen du verkehren musst, wenn du wirklich viel Geld machen willst.«

Astor vertraute den Instinkten seiner Frau bedingungslos und machte es sich zur Gewohnheit, in regelmäßigen Abständen bei Mrs. Keese einzukehren, um einen Kaffee zu trinken. Einige der Bekanntschaften, die er bei diesen Gelegenheiten machte, sollten sich als sehr wertvoll erweisen. So traf er dort General John Armstrong, der später der Schwiegervater seines zweiten Sohnes wurde, und Senator Aaron Burr, den Führer des radikalen Flügels der Demokratischen Partei von Thomas Jefferson. Astor fühlte sich sofort hingezogen zu dem schillernden Politiker, der wie er keinerlei moralische Skrupel oder Prinzipien kannte.

Burr liebte vornehme Häuser, edle Möbel und teure Weine. Der erfolgreiche Anwalt lebte in Richmond Hill, einer der feinsten Gegenden New Yorks, gab formidable Einladungen und tat alles, um seine Karriere zu fördern.

1800 wurde er Vizepräsident von Thomas Jefferson, und es schien, als sei er durch nichts mehr aufzuhalten. Doch sein aufwendiger Lebenswandel kostete Geld – mehr Geld, als er besaß, und so wandte er sich zwei Jahre später an seinen Freund Astor. Der übernahm zu einem günstigen Preis 200 seiner verpachteten Grundstücke, und Burr war wieder liquide. Einer der entschiedensten Gegner des ehrgeizigen Burr war Alexander Hamilton. Der Gründer und Führer der Föderalistischen Partei trat gegenüber Jefferson für eine starke Bundesgewalt ein und hatte in den Jahren 1789–95 das Amt des US-Finanzministers inne. Er und Burr lagen in ständigem Streit miteinander. Am 11. Juli 1804 endete eine Auseinandersetzung der beiden Männer mit einem Duell, das der 47jährige Hamilton mit dem Leben bezahlte.

Burr musste fliehen, und wieder war es Astor, der ihm aus der Patsche half. Dank seiner finanziellen Unterstützung entkam Burr nach Europa. Er kehrte erst nach New York zurück, als Jahre später Gras über die hässliche Geschichte gewachsen war. Burr eröffnete eine Kanzlei in New York und hieß Astor als einen seiner ersten Mandanten willkommen.

1791 kam in Queen Street 81 ein kleiner Junge zur Welt. Diesmal kannte Astors Freude keine Grenzen.

»Ein Sohn! Ich habe einen Sohn! Was bist du nur für eine wunderbare Frau, dass du das zuwege gebracht hast!« Er drückte das Baby fest an sich.

»Vorsicht! Er ist nicht aus Holz, du erdrückst ihn noch«, mahnte Sarah aus dem Wochenbett.

»Du bist mein Sohn, so ein schöner Knabe«, flüsterte der Vater, »John Jacob Astor II. sollst du heißen, denn ab sofort sind wir eine Dynastie – die Astor-Dynastie!« Sarah hörte es und lächelte.

»Wir brauchen mehr Platz«, entschied Astor. »Zwei Kinder, wir beide und das Geschäft: Es wird zu eng hier.« Er machte sich auf die Suche nach einer neuen Bleibe und kaufte wenige Wochen später ein schmuckes Haus in der Dock Street Nr. 40. Die 8500 Dollar Kaufpreis zahlte er bar.

Über dem Glück der Familie brauten sich dunkle Wolken zusammen. Der kleine John Jacob II. entwickelte sich nicht, wie die Eltern es von ihrer lebhaften Tochter Magdalen gewohnt waren. Manchmal lag er tagelang in seiner Wiege, reagierte auf keinerlei Reize, nahm kaum Nahrung an und starrte mit weit aufgerissenen Augen zur Zimmerdecke. Dann wieder wurde er von unerklärlichen Krämpfen geschüttelt, schrie stundenlang, als quälten ihn unerträgliche Schmerzen, und war durch nichts zu beruhigen, bis er von einer Sekunde zur anderen wieder in Apathie verfiel. Astor rief die besten Ärzte der Stadt an das Kinderbett, doch keiner konnte sagen, was dem Jungen fehlte.

»Haben Sie Geduld«, lautete immer wieder der Ratschlag der Mediziner, »oft wächst sich so etwas aus, und in ein paar Monaten ist alles vorüber.«

Die Ärzte irrten. John Jacob II. wuchs, lernte laufen, begann zu sprechen und war plötzlich immer wieder über lange Zeiträume wie gelähmt. Sein Vater konnte und wollte sich mit der Krankheit und den Zuständen seines Sohnes nicht abfinden.

»Ich werde einen Arzt in Europa auftreiben, der etwas davon versteht. Und bis dahin behandeln wir ihn einfach, als wäre er ein völlig gesundes und normales Kind.« Sarah betete für ihren Sohn. Wenn es ihm schlecht ging, sorgte sie dafür, dass sein Zimmer abgedunkelt wurde, und saß oft an seinem Bett. Da lag er, still, verloren und weinte mit geballten Fäusten und geschlossenen Augen. Sarah sang ihm leise vor, massierte seine Hände und versuchte die verkrampften Finger zu lösen. Wenn er sich beruhigt hatte und eingeschlafen war, stand sie vorsichtig auf und verließ traurig den Raum.

»Eine Unpässlichkeit des Geistes«, hatte der letzte Arzt gesagt. »Sie wird vorübergehen.«

Aber Sarah wusste es besser. Ihr Sohn war schwer krank und würde niemals gesund werden – geschweige denn eine normale Existenz führen können.

Außerhalb des abgedunkelten Kinderzimmers ging das Leben seinen Gang. Sarah kümmerte sich weiterhin um den Laden, ihr Mann reiste nach wie vor regelmäßig nach Kanada und pflegte seine Beziehungen in New York, wenn er zurückkam.

Zwölf Die einflussreichen Politiker der Stadt waren unruhig, denn um die Finanzen des Landes stand es nicht zum Besten. Amerika war hoch verschuldet und stand am Rande des Staatsbankrotts, als sich am 20. Juni 1790 Alexander Hamilton und Thomas Jefferson trafen und einen Vertrag von großer Bedeutung aushandelten.

Innenminister Jefferson erklärte sich bereit, auf die Abgeordneten aus dem Süden einzuwirken, damit diese die Schuldentilgung durch den Staat nicht weiter blockierten. Im Gegenzug zeigte sich Schatzkanzler Hamilton damit einverstanden, die Hauptstadt, nach einer zehnjährigen Übergangsphase in Philadelphia, an den Potomac zu verlegen.

»Das Projekt Philadelphia und Potomac ist schlecht«, erklärte Hamilton später dem enttäuschten Kongressabgeordneten Rufus King, »doch es wird die Staatskasse retten. Bestehen wir aber darauf, in New York zu bleiben, sind wir bankrott.«

Hamilton konzentrierte sich auf seinen Plan. Um den enormen Schuldenberg zu tilgen, den die Regierung übernommen hatte, gab das Finanzministerium 80 Millionen US-Dollar in Staatsanleihen aus und kurbelte damit den Geldverkehr an. Es dauerte nicht lange, und Summen in ungeahnter Höhe flossen nach New York.

Um die umfangreichen Geldgeschäfte abzuwickeln, traf sich eine Gruppe von Händlern regelmäßig unter einem Baum in der Wall Street und notierte auf dem Bürgersteig die neuesten Kurse. Am 17. Mai 1792 versammelten sich etwa 200 Händler unter eben diesem Baum, gründeten einen Berufsverband und legten einen Standardsatz für Kauf und Verkauf von Papieren fest. Damit hatten die Händler faktisch die New Yorker Börse gegründet, und Hamilton hatte, ohne es zu ahnen, den mächtigsten Geldmarkt der Welt ins Leben gerufen.

Vier Jahre später wurde das »Tontine Coffee House« an der Ecke Wall Street und Water Street zum Hauptquartier für die Finanzgeschäfte New Yorks. Der dreistöckige rote Klinkerbau mit den weiß umrandeten, schmalen, hohen Fenstern war im Hochparterre von einer umlaufenden Holzveranda umgeben. Hier beobachteten die Geschäftsleute der Stadt die Kurse und handelten.

Unter ihnen auch Astor, der die Entwicklung der Finanzen mit wachem Interesse verfolgte. Im Laufe der letzten Jahre hatte der Pelzhandel sein Engagement für Instrumente in den Hintergrund gedrängt. Beinahe täglich dachte er darüber nach, wie sich seine Geschäfte noch effizienter und profitträchtiger gestalten ließen.

»Du musst dir Verbündete suchen«, riet Sarah. »Große Ideen brauchen große Leute!« Sie erwartete 1792 ihr viertes Kind, kümmerte sich jedoch mit unverminderter Energie um den Haushalt und das Geschäft.

»Du solltest dich etwas mehr schonen«, mahnte ihr Mann, aber Sarah dachte gar nicht daran.

»Ich bin nicht krank, ich bin schwanger! Und solange mein Bauch mich nicht daran hindert, werde ich weitermachen wie bisher.«

Im achten Monat schließlich zwang sie ihr Zustand, sich von Zeit zu Zeit etwas Ruhe zu gönnen. Es war ein regnerischer Nachmittag. Sarah saß in einem bequemen Sessel am Fenster und war ein wenig eingenickt, als plötzlich Johann Jakob vor ihr stand.

»Lieber, was tust du denn hier um diese Zeit? Solltest du nicht im Geschäft sein? Was ist passiert?« Astor schluckte trocken und holte tief Luft.

»William Backhouse ist tot.« Er kniff die Augen zusammen und sah aus dem Fenster.

»Eben war eine Kundin bei mir, die mit seiner Frau befreundet ist. Vorgestern ist er gestorben. Ich habe den Laden geschlossen. Das ist das mindeste, was ich ihm schulde, nach allem, was er für mich getan hat.«

Sarah nahm seine Hand und drückte sie. »Wir sollten seiner Frau einen Besuch abstatten. Vielleicht braucht sie Hilfe.« Astor nickte.

»Die arme Anna, sie wird verzweifelt sein.« Er drehte sich abrupt um und schaute auf Sarahs Bauch.

»Bist du einverstanden, wenn wir sie zur Patin machen? Und wenn es ein Junge wird, wollen wir ihn William Backhouse nennen?«

Sarah lächelte und nickte zustimmend. »Das wird Anna sehr freuen. So lebt zumindest der Name ihres Mannes weiter.«

Am 19. September 1792 bekam Sarah einen Sohn. Die Witwe Anna Backhouse hielt den Säugling in ihren Armen, als er auf den Namen William Backhouse Astor getauft wurde.

»Er hat so einen großen Kopf, findest du nicht?« Johann Jakob stand vor der Wiege und betrachtete seinen Jüngsten skeptisch. Sarah strich ihrem Mann eine Haarsträhne aus dem müden Gesicht.

»Ich weiß, was du denkst, aber du machst dir zu viele Sorgen. Denk an das, was der Arzt gesagt hat! Das Normale sind immer noch normale Kinder. Wir haben einen kranken Sohn. William ist gesund«, versuchte sie ihren Mann zu beruhigen, »ganz sicher.« Und wirklich, der kleine William entwickelte sich prächtig, und einige Wochen später war auch Astor davon überzeugt, dass dieser Sohn anders als sein älterer Bruder keinerlei Anzeichen einer Störung zeigte.

Das hübsche Haus in der Dock Street Nummer 40 drohte aus allen Nähten zu platzen. Im Erdgeschoss hatte Astor sein Büro eingerichtet, und in den oberen Räumen lebte die Fami-

Johann Jakob Astor, wie er sich selbst gerne sah. Stahlstich von Gilbert Stuart, um 1835.

lie. Gemessen an den Summen, die Johann Jakob inzwischen verdiente und besaß, lebten die Astors noch immer sehr bescheiden. Sie gingen wenig aus, gaben kaum Einladungen und nahmen an den gesellschaftlichen Ereignissen in der Stadt nur selten teil.

Astor besuchte nach wie vor Mrs. Keeses Pension und traf sich regelmäßig mit den Mitgliedern der Freimaurerloge. Hier erfuhr er eines Tages, dass ein gewisser Gilbert Stuart in der Stadt von sich reden machte. Stuart hatte es in London und Dublin als Maler zu Ruhm und Ansehen gebracht und war spezialisiert auf Portraits. Die New Yorker Hautevolee hofierte den exzentrischen Künstler, schließlich hatte er bereits George Washington in Öl verewigt. Wer es sich leisten konnte und etwas auf sich hielt, gab ein Bild bei ihm in Auftrag. So auch Astor.

Stuart hatte die Gabe, seine Kunden nicht nur zu malen, sondern die Charaktere hinter den Gesichtern aufzuspüren und auf die Leinwand zu bannen. Er schickte das fertige Gemälde in die Dock Street. Wortlos betrachtete Johann Jakob Astor sein Konterfei, ging einen Schritt zurück, kniff die Augen zusammen und wandte sich schließlich ab. Was er sah, gefiel ihm nicht. Das Bild zeigte einen Mann mit ehrgeizig verkniffenem Mund, stechendem Blick und harten Zügen.

»Das bin ich nicht!«, beschied er dem Boten. »Nimm es wieder mit und sag dem Meister, ich will ein Bild, auf dem ich mich erkenne. Dieses soll er zurücknehmen und mir ein anderes anfertigen. Und sag ihm gleich, dass ich keinen Cent extra zahle.« Der Junge trug das Werk zurück in Stuarts Atelier.

Kurze Zeit später erhielt Astor ein Portrait, das ihn zeigte, wie er sich sah und gesehen werden wollte – ein freundlicher, leicht untersetzter Herr mit gemütlichem Bäuchlein und liebenswürdig mildem Ausdruck. Starportraitist Stuart erhob keine zusätzlichen Honorarforderungen, sorgte aber dafür, dass die Geschichte in New York die Runde machte.

Dreizehn   Der Pelzhandel florierte. Mit dem Erfolg wuchs auch Astors Vermögen. Er erkannte, dass es nur von Vorteil sein konnte, wenn er seine Kontakte nutzte und sich im eigenen Interesse mit den politischen Gegebenheiten seiner Wahlheimat beschäftigte. Am nächsten fühlte er sich zweifellos der Republikanischen Partei, und so bemühte er sich um eine möglichst enge Verbindung zu deren führenden Persönlichkeiten.

»Sie machen die Gesetze, die mir den Handel erleichtern oder erschweren«, erklärte er Sarah. »Und darum ist es wichtig, gute Beziehungen zu ihnen zu haben und ihnen wenn möglich sogar von Zeit zu Zeit kleine Gefälligkeiten zu erweisen.«

Bei den kleinen Gefälligkeiten, die Astor tatsächlich von Zeit zu Zeit erwies, handelte es sich um nicht unerhebliche Geldbeträge, die er immer wieder zur Verfügung stellte. Politik war ein teures Geschäft. Wer gewählt werden wollte, musste um Wähler werben, und das kostete Geld – mehr Geld, als die meisten Politiker besaßen. So ergab es sich immer wieder, dass sie ihren Freimaurerfreund und geschätzten Geschäftsmann Astor um Hilfe baten.

Am 11. Januar 1795 kam Töchterchen Dorothea auf die Welt und zwei Jahre später ein weiterer Sohn. Astor machte seinem kinderlosen Bruder Heinrich eine große Freude, als er ihn auf den Namen Henry taufen ließ. Sarah verfügte zwar inzwischen über Personal und Hilfe im Haushalt, doch die Erziehung ihrer Kinder gab sie nicht aus der Hand. Mit liebevoller Strenge wurde sie nicht müde, Pflichtbewusstsein, Pünktlichkeit und Gottesfurcht zu predigen.

Wenn ihr Mann unterwegs war, führte sie noch immer die Geschäfte und hatte im Laufe der Jahre eine solche Fertigkeit im Einschätzen der Pelze erworben, dass Astor sich ohne Widerspruch ihrem Urteil unterwarf.

»Sieh dir bitte die Felle an und mach mir eine Kalkulation für die Preise«, bat er sie und legte die verschnürten Ballen auf den Tisch des Ladens.

»Mein Lieber: Kinder, Haushalt und der Laden – ich habe wenig Zeit. Wenn du willst, dass ich diese Arbeit für dich erledige, wirst du mich dafür bezahlen müssen. 500 Dollar die Stunde! Das ist viel, aber die Investition wird sich für dich lohnen.« Sarahs Stimme war fest, ihre Forderung ernst gemeint. Johann Jakob, der jeden Cent umdrehte und unnötige Geldausgaben tunlichst vermied, zahlte, ohne mit der Wimper zu zucken.

Durch den profitablen Pelzhandel war Astor inzwischen ein reicher Mann, aber er wollte mehr.

Der Unabhängigkeitskrieg war kaum zu Ende, da beschloss der Kongress, dass das Land fortan keine Kriegsmarine mehr benötigte. Dieser Beschluss führte dazu, dass die Reeder ihre Schiffe selbst bewaffnen mussten, um sich vor Piraten zu schützen. Astor erkannte die Chance und ergriff sie. Über Nacht erweiterte er sein Warensortiment um ein umfangreiches Angebot an Waffen, wie sie auf Schiffen benötigt wurden.

Das Geschäft mit Kanonen, Gewehren und Pistolen erwies sich als ausgesprochen lukrativ, und mit Anbruch des neuen Jahrhunderts verkündete Johann Jakob seiner Frau voller Stolz:

»Wir besitzen 250 000 Dollar, meine Liebe! Nicht schlecht, wenn man bedenkt, womit wir angefangen haben.«

»Wie ich dich kenne, wird es dabei nicht bleiben«, lächelte Sarah zufrieden.

Aber Astor hatte noch immer nicht genug und suchte weiterhin nach Möglichkeiten, zu expandieren, noch mehr Geld zu verdienen.

»Den Pelzmarkt habe ich inzwischen fest unter Kontrolle. Ich werde ein Monopol schaffen, wie es Amerika noch nicht gesehen hat. Nichts auf der Welt wird mich davon abhalten.«

Er reiste erneut nach Kanada, um den Weg für sein ehrgeiziges Ziel zu ebnen.

Als er im Dezember 1799 zurückkehrte, empfing ihn Sarah mit verweinten Augen und völlig in Schwarz gekleidet. Noch bevor er sie nach dem Grund fragen konnte, stürmten die Kinder in den Salon, um ihren Vater zu begrüßen.

»Wo ist Henry?«, fragte Astor. Das betretene Schweigen der Kleinen wurde vom Schluchzen ihrer Mutter unterbrochen. Es war noch nicht lange her, da war der kleine Henry kurz vor seinem zweiten Geburtstag schwer erkrankt und nach wenigen Tagen gestorben.

Astor schickte die Kinder aus dem Zimmer und umarmte seine Frau. Sarah fühlte, wie seine Tränen auf ihre Stirn tropften. Einige Tage war Johann Jakob wie gelähmt vor Schmerz. Mit versteinerter Miene lief er wie ein Tiger im Käfig durch sein Haus und fand keine Ruhe. Schließlich stürzte er sich in die Arbeit und suchte Ablenkung in einer neuen Herausforderung.

Einige Wochen verbrachte er damit, sich mit Reedern, Kapitänen und Kaufleuten zu beraten, dann informierte er seine Frau:

»Ich brauche neue Absatzmärkte und werde in den Handel mit China einsteigen. Ich denke, es wird ganz einfach sein. Ich belade ein Schiff mit Fellen und verkaufe sie in Kanton. Dann investiere ich die Einnahmen in Tee, Seide und Gewürze. Alles Güter, die hier zu hohen Preisen gehandelt werden.« Sarah war wie immer einverstanden.

Ihr Mann behandelte sie mit großem Respekt wie eine Partnerin, setzte sie stets von seinen Plänen in Kenntnis, und in der Regel hatte sie nichts gegen seine Aktivitäten einzuwenden. Jahre später und nur dies eine Mal musste Astor sich heftige Kritik gefallen lassen.

Am 15. Juli 1816 ging eines seiner Schiffe mit mehr als zwei Tonnen Opium in Kanton vor Anker. Astor hatte das Papaver somniferum im türkischen Smyrna gekauft und versprach sich enorme Profite vom Absatz der Ladung. Die gläubige Sarah war außer sich, als sie davon erfuhr.

»Bist du von Sinnen? Opiumhandel ist verboten! Wenn es das ist, womit du noch reicher werden willst, hast du deine Rechnung ohne mich gemacht! Ich verzichte auf Geld, das aus solch schmutzigen Geschäften kommt!« Ihre Augen funkelten zornig.

Johann Jakob verschwieg geflissentlich, dass bereits ein zweites Schiff auf dem Weg nach Kanton war. Im Februar 1817 lief es im Hafen ein. Fünf weitere Opiumfrachten folgten, bevor verschärfte chinesische Gesetze und Sarahs unablässiger Protest Astor veranlassten, sich trotz der immensen Gewinne aus dem gefährlichen Geschäft zurückzuziehen.

Mürrisch informierte er sie und schloss dieses Kapitel mit den Worten: »Die Gewinne waren gemessen am Risiko ohnehin nicht hoch genug.«

Auch nachdem er sich aus dem Opiumhandel zurückgezogen hatte, schickte Astor weiterhin per Schiff Pelze und andere Waren in den Fernen Osten. Am 29. April 1800 verließ ein Segelschiff mit dem Namen »Severn«, beladen mit Pelzen und Textilien, den Hafen von New York und stach in Richtung Asien in See. Ein Jahr später kehrte die »Severn« mit einer Fracht aus Gewürzen, Seide, Porzellan, Satin und Tee zurück. Astor verkaufte mit hohen Gewinnen und organisierte sofort eine weitere Reise.

Im folgenden Jahr brachte Sarah wieder eine Tochter auf die Welt.

»Sie ist ein wirklicher Sonnenschein, weint fast nie, strahlt immer.« Johann Jakob war völlig vernarrt in die kleine Eliza.

1802 verdiente er so viel Geld im Chinahandel, dass er zustimmte, als Sarah eines Abends einen Vorschlag machte:

»Ich denke, wir sollten aufhören, Instrumente zu verkaufen. Im Verhältnis zu den Pelzen werfen sie wenig ab und binden Geld und Platz, den wir besser nutzen könnten.« Johann Jakob überschlief die Sache einige Nächte, dann verkaufte er seinen Bestand an einen Händler und übertrug diesem auch seinen Kundenstamm. Er behielt jedoch den Laden für seine Felle und die asiatischen Importe. Sarah hatte sich vom Verkauf zurückgezogen, war aber noch immer für die Begutachtung der Pelze und die Preiskalkulationen zuständig. Damit und mit ihren sechs Kindern war sie von morgens bis abends ausgelastet.

»Du brauchst mehr Hilfe«, entschied Astor, »und das heißt, wir brauchen mehr Platz. Ich werde mich nach einem größeren Haus umsehen.«

Er fand das passende Objekt noch im selben Jahr. Durch seine hervorragenden Beziehungen zur New Yorker Geschäftswelt gehörte er immer zu den ersten, die erfuhren, wenn es irgendwo eine günstige Gelegenheit gab. Jetzt bot sie sich in Person von Rufus King. Der erste Senator der Stadt hatte Liquiditätsprobleme und musste seine elegante Bleibe am Broadway verkaufen. Astor bezahlte 27 000 Dollar, ein stolzer Preis, der aber deutlich unter dem eigentlichen Wert des Hauses lag.

Sarah war erneut schwanger und stand kurz vor der Niederkunft. Diesmal war es kein glückliches Ereignis, denn das Kind – ein Junge – wurde tot geboren. Die Mutter verbarg ihre Trauer, verließ das Wochenbett so schnell wie möglich und widmete sich den Umzugsvorbereitungen.

Das Haus Nr. 223 am Broadway war geräumig und vornehm. Die Kinder hatten große Zimmer, sogar ein Garten stand zur Verfügung. Johann Jakob war zufrieden.

»Was kann ein Mann sich mehr wünschen als so eine wunderbare Familie, wie ich sie habe, und die Möglichkeiten, ihnen das alles zu bieten.« Astor wirbelte die kleine Eliza im Kreis herum. »Und dir, mein kleiner Engel, werde ich noch viel mehr bieten. Eines Tages werden wir beide große Reisen unternehmen. Ich werde dir Europa zeigen, du wirst schöne Kleider tragen und einen Prinzen heiraten.« Er setzte das juchzende Kind auf den Boden.

Der Handel mit China nahm Ausmaße an, die selbst Astor so nicht vorausgesehen hatte. 1804 gehörte ihm die »Severn«, und zwei weitere Schiffe, die »Beaver« und die »Magdalen«, befanden sich nach seinen Vorgaben im Bau. Auf den weißen Flaggen prangte ein leuchtend rotes »A«, so sah Astor am Kai seine Dreimaster ein- und auslaufen. Er schmunzelte. Amerika war ein wundervolles Land. Wo sonst auf der Welt konnte ein Junge aus Walldorf, der nur die Dorfschule besucht hatte, in der Welt der Reichen und Mächtigen seinen Platz erobern?

Während des vergangenen Jahrzehnts hatte Johann Jakob nicht nur mit Fleiß, Einsatz und einem ausgezeichneten Gespür für gute Geschäfte sein Geld vermehrt, er hatte sein Vermögen auch auf so sichere Weise investiert, dass es wie von selbst wuchs. Jahrelang hatte sein Bruder Heinrich vergeblich gepredigt:

»Hör doch endlich auf mich! Glaube mir, die Zukunft liegt im Erwerb von Grund und Boden!« Doch erst mit dem neuen Jahrhundert war der Zeitpunkt gekommen, an dem auch Johann Jakob Astor davon überzeugt war, dass es sich lohnte, in Grundstücke zu investieren. Immer mehr Menschen kamen nach New York – Menschen, die Arbeit suchten und ein Dach über dem Kopf brauchten.

»Man kann fast zusehen, wie die Stadt sich ausdehnt. Am meisten Platz ist Richtung Norden, also werde ich im Norden Land kaufen«, beschloss er, »und sehen, was geschieht.« Er erwarb als erstes für 25000 Dollar eine riesige Farm, unterteilte das Land und verkaufte binnen kürzester Zeit ein Dutzend einzelner Parzellen für je 7000 Dollar.

»Das hat sich doch schon mal gelohnt«, rieb er sich vergnügt die Hände und sah sich weiter um. Einmal im Spekulationsgeschäft, zahlte sich Astors Strategie der Vergangenheit in barer Münze aus. Schritt für Schritt war er in die Kreise derer gelangt, die in New York das Sagen hatten. Immer wieder hatte er sich hilfsbreit gezeigt, wenn einem Politiker das Geld ausgegangen war. Und jetzt dankten diese ihm, indem sie ihm Geschäfte anboten, bei denen er nur gewinnen konnte.

So kam 1805 auch Vizepräsident George Clinton ohne Umschweife auf ihn zu.

»Mein lieber Astor, wie Sie wissen, besitze ich einige herrliche Ländereien in Greenwich Village. Ungünstige Umstände zwingen mich, einen Teil zu verkaufen. Noch habe ich mit niemand darüber gesprochen. Ich dachte, ich frage zunächst einmal Sie, ob Sie Interesse daran haben.« Johann Jakob hatte Interesse, und wie im Falle Rufus King griff er die Gelegenheit beim Schopf und erwarb von Clinton für 75 000 Dollar Land, das ein Vielfaches wert war.

»Ich habe dir immer gesagt, dass es wichtig ist, die richtigen Leute zu kennen, und noch wichtiger kann es eines Tages sein, wenn sie einem eine Gefälligkeit schulden«, kommentierte Sarah.

Bis darauf, dass Astor 1806 den Verlust eines Schiffes zu verkraften hatte, das auf der Fahrt nach Livorno von Franzosen aufgebracht worden war, verlief das Jahr ruhig. Astor kaufte Grundstücke, Häuser, ein Theater, ließ renovieren, abreißen, neu bauen, verkaufte mit Gewinn und zog zufrieden Bilanz: Die Geschäfte blühten und gediehen. Sein Vermögen war beinahe auf eine halbe Million Dollar angewachsen.

»Wenn John Jacob II. gesund wäre, wüsste ich nicht, was ich mir noch erträumen sollte.«

Vierzehn Die Kinder wurden allmählich flügge. Als erste verließ Magdalen das Elternhaus.

Magdalen war schon als kleines Kind schwer zu zügeln gewesen. Sie liebte und verehrte ihren Vater über alle Maßen und hatte sich nur schwer damit arrangieren können, dass dieser in den ersten Jahren dem kranken Bruder viel mehr Aufmerksamkeit schenkte als ihr.

Sarah bemühte sich nach Leibeskräften, das temperamentvolle Mädchen zu bändigen. Vergeblich. Wenn Magdalen nicht bekam, was sie wollte, tyrannisierte sie die ganze Familie mit heftigen Wutanfällen, tobte, schrie und zerschmetterte, was ihr in die Quere kam. Während ihre Mutter mit strengen Strafen reagierte, versuchte der Vater Magdalens Ausbrüche zu verhindern, indem er ihr jeden Wunsch von den Augen ablas.

»John, du verwöhnst sie nach Strich und Faden und merkst nicht einmal, dass sie deine Gutmütigkeit von Tag zu Tag mehr ausnutzt!«, protestierte Sarah vergeblich.

1807 übernahm eine britische Flotte die Kontrolle über die dänischen Kolonien. Adrian Bentzon, bis dahin Gouverneur von Santa Cruz, verlor seine Position und ging nach New York. Dort lernte er die 19jährige Magdalen Astor kennen und verliebte sich in sie. Astor zögerte nicht lange, als der junge Diplomat um die Hand seiner Tochter anhielt.

»Die Verbindung ist für beide von Vorteil. Bentzon kann sich mit Magdalens Mitgift etablieren, und unsere Tochter wird mit einem solchen Mann an ihrer Seite Zugang zu den höchsten Kreisen der internationalen Diplomatie bekommen.« Auch Sarah war einverstanden, und so heiratete das Paar am 14. September des Jahres.

Die Ehe stand unter keinem guten Stern, denn Bentzon

musste bald einsehen, dass auch er nicht in der Lage war, seine widerspenstige Frau zu zähmen.

Inzwischen arbeitete Johann Jakob Astor beharrlich weiter an der Realisierung seines Traumes von einer eigenen Firma mit Niederlassungen überall im Land. 1808 war die Zeit gekommen, das Projekt Wirklichkeit werden zu lassen. Im Laufe der Jahre hatte er auf seinen Reisen mehrere feste Handelsposten eingerichtet. In Albany, Baltimore, St. Louis und vor allem natürlich in New York: Überall arbeiteten Agenten für Astor, kauften und tauschten Felle in seinem Auftrag. Damit besaß er zwar eine unangefochtene Position im Pelzhandel, aber er kontrollierte ihn noch nicht ganz. Seine Hauptkonkurrenz war die britische North West Company, ein Unternehmen, das dank ausgezeichneter Strukturen immense Mengen an Pelzen absetzte.

»Ich werde nicht darum herum kommen, eine eigene Firma aufzubauen«, erklärte er Thomas Jefferson und versicherte sich dessen einflussreicher Unterstützung. Jefferson, den Astor vor Jahren durch Aaron Burr kennengelernt hatte, erwies sich als äußerst kooperativ. Er gewährte ihm Sonderrechte und die Erlaubnis, seinen Handel bis zum Pazifik auszudehnen.

Am 6. April 1808 gründete Johann Jakob Astor mit 500 000 Dollar Eigenkapital die Amerikanische Pelzgesellschaft (American Fur Company), um endgültig das Monopol im Pelzhandel an sich zu reißen. Sein Konzept war ebenso einfach wie wirkungsvoll. Offiziell handelte es sich um eine Gesellschaft mit mehreren Teilhabern, in Wirklichkeit gab es nur einen Mann, der das Sagen hatte, und das war er. Astor schloss Verträge mit bis dahin selbstständigen kleinen Händlern, die ab sofort für ihn arbeiteten. Ihr Profit richtete sich nach den Gewinnen oder Verlusten, die sie erwirtschafteten. Dafür erhielten sie von der Firma Lebensmittel und Waren, die sie den Indianern zum Tausch gegen die Felle anbieten konnten. Selbstverständlich waren die Klauseln so abgefasst, dass vor allen anderen Johann Jakob Astor sichere Gewinne einstrich.

Erneut erwies sich als nützlich, dass er sich im Laufe der Jahre so viele einflussreiche Politiker verpflichtet hatte. Es galt eine Vision zu realisieren, und dafür brauchte er Hilfe.

»Ich werde eine ganze Kette von Forts entlang der Ufer des Missouri und des Columbia bauen lassen. Der Hauptstützpunkt soll in Oregon an der Mündung des Columbia entstehen. Dort werden die Pelze aus dem Landesinneren zusammengetragen und dann nach China verschifft. Die Frachter werden in Kanton mit chinesischen Waren beladen, segeln nach Europa, löschen, laden erneut und kommen zurück nach Amerika.« Stolz präsentierte er Jefferson eine Karte, auf der die geplanten Niederlassungen eingetragen waren.

»Den größten Stützpunkt werde ich ›Astoria‹ nennen.« Astor lächelte. »Aber verstehen Sie mich recht, Sir, es geht nicht nur darum, mit den Indianern Handel zu treiben, vielmehr hat mein Projekt den unschätzbaren Vorteil, dass wir das amerikanische Hinterland selbst besiedeln können und es nicht in die Hände der russischen oder britischen Konkurrenz fällt.«

Die patriotischen Worte verfehlten ihre Wirkung nicht. Jefferson war mehr als angetan, und Astor wähnte sich seinem Lebenstraum ein entscheidendes Stück näher. Man würde ihm nicht nur die kommerziellen Konzessionen gewähren, zusätzlich konnte er auch noch auf militärischen Schutz hoffen.

Sohn William Backhouse hatte seinen 16ten Geburtstag gefeiert. Es wurde Zeit, ihm eine angemessene Ausbildung zu ermöglichen. Astor, der nie den Kontakt zu seinen Verwandten in Walldorf verloren hatte und mit seinen Kindern nur Deutsch sprach, entschied, dass William seine Studien in Heidelberg beginnen sollte. Zwei Jahre später schickte er ihn nach Göttingen, wo kein Geringerer als Freiherr Christian Karl Josias von Bunsen sein Mentor wurde.

William Backhouse liebte das Leben in Deutschland. Er ähnelte seiner Mutter, war ein stiller, zurückhaltender junger Mann, der Forschung und Lehre genoss und die Nase am liebsten den ganzen Tag in seine Bücher steckte. An den Geschäften seines Vaters zeigte er wenig Interesse. Noch hatte Astor die Hoffnung, der schwermütige John Jacob II. möge eines Tages doch noch genesen und seine Nachfolge antreten, nicht aufgegeben. So ließ er den zweiten Sohn seinen Neigungen nachgehen, freute sich an den Berichten über dessen gute Leistungen und widmete sich mit Elan seiner neuen Firma. Sarah bekam ihn nur noch selten zu Gesicht.

»John, du bist kaum noch zu Hause«, mahnte Sarah. »Ist es denn wirklich notwendig, so viel Zeit im Büro zu verbringen? Nicht einmal am Sonntag gönnst du dir etwas Ruhe. Ich glaube, der Pfarrer weiß schon gar nicht mehr, wie du aussiehst, so lange bis du nicht mehr in der Kirche gewesen.« Sarah legte sehr viel Wert darauf, ihren calvinistischen Glauben zu praktizieren, und sah nicht gerne, dass Johann Jakob den Gottesdienst so gut wie nie besuchte.

»Ich kann nicht in der Kirche sitzen, irgendetwas schmerzt mich dann immer«, sagte er zu seinen Arbeitern am Dock, die sonntags um ein paar freie Stunden für den Kirchgang baten.

»Wir haben keine Zeit zu verlieren«, lehnte Astor ab. »Die Schiffe müssen überholt werden.« Einer seiner Leute war streng gläubig und bestand darauf, frei zu bekommen. Johann Jakob löste das Problem: »Gut, dann gehst du morgen in die Kirche und betest für uns arme Sünder, die wir hier hart arbeiten. Und wenn der Gottesdienst vorbei ist, kommst du sofort her!« Sorgsam achtete er darauf, dass Sarah davon nichts erfuhr. Sie wäre entsetzt gewesen.

Aus Walldorf kam die Nachricht, dass nach Astors Stiefmutter Christina Barbara am 15. November 1809 nun auch seine Halbschwester Maria Magdalena gestorben war. Sein Vater befand sich in einem katastrophalen Zustand. Er arbeitete so gut wie gar nicht mehr und war im Begriff, das Haus zu vertrinken. Johann Jakob veranlasste, dass der alte Mann regelmäßig finanzielle Zuwendungen erhielt.

Die Risse in Magdalens Ehe wurden durch die Geburt eines gesunden John Jacob nur vorübergehend verdeckt. Die Großeltern freuten sich über das Enkelkind, und Astor war stolz, dass der Knabe nach ihm genannt wurde. Sein Traum von einer Dynastie, die den weltweiten Pelzhandel kontrollierte, nahm Gestalt an.

Mitte 1810 schienen alle Hindernisse aus dem Weg geräumt. Die Amerikanische Pelzgesellschaft war offiziell als Körperschaft anerkannt, eine Vereinbarung über die Gründung des ersten Handelspostens war unterschrieben. Jetzt galt es nur noch ein Schiff auszurüsten, einen fähigen Kapitän zu finden – und die große Expedition zum Columbia River konnte beginnen.

Fünfzehn   »Ich sehe es vor mir! Meine Firma wird dem englischen Pelzhandel in Kanada einen schweren Schlag versetzen. Nicht mehr lange – und Amerika dominiert den Weltmarkt!« Mit diesen Worten zog Astor die Regierung endgültig auf seine Seite.

Im Juli war er 47 Jahre alt geworden. Jetzt, am 8. September 1810, stand er stolz am Kai und sah, wie die »Tonquin« auslief. Das Schiff segelte unter dem Kommando von Leutnant Jonathan Thorn, Mitglied der US-Marine.

»Er hat mehrfach erfolgreich gegen Piraten gekämpft und ist sogar für seine Tapferkeit ausgezeichnet worden. Sollte es unterwegs irgendwelche Schwierigkeiten geben – er wird sie meistern.«

Astor hatte den mutigen jungen Mann persönlich für diese Mission ausgewählt. Mit Thorn segelten 21 Matrosen sowie Händler und einige Pioniere, die an der Mündung des Columbia ein Fort errichten sollten. Die 300 Tonnen schwere »Tonquin« war mit dem notwendigen Material beladen. Geschützt wurde die kostbare Fracht von zwölf gut platzierten Kanonen.

Schon nach wenigen Tagen auf See kam es zu den ersten Spannungen zwischen Thorn und seinen Passagieren. Thorn behandelte sie, als seien sie ihm unterstellt, doch die Männer ließen sich seinen groben Ton und die in ihren Augen sinnlosen Befehle nicht gefallen. Wer um alles in der Welt glaubte dieser Kapitän zu sein, dass er es wagte, ihnen vorzuschreiben, wann sie am Abend die Lichter in ihren Kabinen zu löschen hatten?

Als die »Tonquin« am 25. Dezember Kap Hoorn umsegelte, war der Konflikt in einer Weise eskaliert, dass sich Thorn und einer der Passagiere bereits mit gezückten Waffen gegenübergestanden hatten.

Am 22. März 1811 erreichten sie endlich die Mündung des Columbia. Thorn hatte nur ein Ziel. Er befahl, die Ladung so schnell wie möglich zu löschen, hetzte seine Matrosen bis zur Erschöpfung in kleinen Booten mit der Fracht ans Ufer und wieder zurück, um möglichst bald die Segel hissen zu können.

Endlich war alles an Land, die Passagiere verließen das Schiff und feierten mit einem Freudenfeuer, dass sie Thorn los waren. Als der am nächsten Morgen Anker lichtete, hatten sie schon die ersten Pflöcke in den Boden gerammt. »Astoria« war gegründet.

Thorn lenkte sein Schiff Richtung Norden. Der erste Teil seines Auftrages war erfüllt. Für die Rückreise hatte Astor ihm Töpfe, Eisenwaren, Decken, Perlen und Messer mitgegeben und befohlen, sie bei den Indianern gegen Felle einzutauschen.

»Aber denken Sie daran: Lassen Sie niemals mehr als zwei oder drei Indianer gleichzeitig an Bord«, hatte Astor ihn gewarnt. »Die Eingeborenen sind unberechenbar, und ich will nicht, dass es Ärger gibt.«

Wenige Tage später verpflichtete Thorn einen Indianer, der einige Brocken Englisch beherrschte, als Dolmetscher. Der Mann erklärte sich für ein nicht unerhebliches Salär bereit, dem Kapitän beim Handel mit seinen Stammesgenossen behilflich zu sein. Die »Tonquin« erreichte Vancouver und ging dort vor Anker.

»Dies ist kein guter Platz, um zu bleiben«, gab der Dolmetscher zu bedenken.

»Die Einheimischen haben früher viel und gerne gehandelt. Dabei sind sie immer wieder betrogen worden, und jetzt sind manche von ihnen verärgert und aggressiv. Wir sollten lieber noch ein Stück weiter fahren.«

Thorn lachte ihn aus. »Ich habe ein Dutzend Kanonen an Bord, das sollte wohl reichen, um mit ein paar halbnackten Wilden fertig zu werden«, schlug er die Warnung in den Wind und beleidigte damit den Dolmetscher tief.

Es dämmerte schon, da näherten sich ein paar Kanus dem Schiff. Die Indianer hielten Otterfelle in die Höhe und signalisierten, dass die Pelze zum Verkauf standen.

»Bringt unsere Waren an Deck«, befahl Thorn zwei Matrosen und lud sechs Indianer ein, an Bord zu kommen. Sorgfältig inspizierte er ihre Felle und ließ den Dolmetscher mitteilen, was er dafür zu geben bereit war.

Häuptling Nookamis, ein im Handel mit Weißen erfahrener Indianer, schüttelte den Kopf. Das Angebot war schlecht, der Preis viel zu gering. Er hieß seine Leute die Felle wieder zusammenschnüren, um die »Tonquin« zu verlassen.

Thorn sah, dass sein Versuch, die Felle weit unter Wert zu bekommen, gescheitert war. Wütend trat er gegen einen Haufen Felle. Die Pelze flogen in hohem Bogen über das Deck, eine Otterhaut landete mitten in Nookamis Gesicht. Der Dolmetscher hielt entsetzt die Luft an. Was für eine entsetzliche Schmach für den Häuptling! Thorn ging ohne ein Wort der Entschuldigung in seine Kajüte. Der Dolmetscher betete zu seinem Gott, er möge ihn vor der sicheren Rache der Eingeborenen bewahren. Die Indianer verließen wortlos das Schiff und ruderten mit ihren Kanus an Land.

»Wir sollten sofort aufbrechen«, drängte der Dolmetscher. »Ich habe Ihnen gesagt, dies ist kein guter Platz, und was eben geschehen ist, wird schreckliche Folgen für uns alle haben, wenn wir nicht machen, dass wir fortkommen.«

Thorn sah ihn ärgerlich an. »Ich lasse mir keine Angst einjagen. Du wirst sehen, deine Landsleute kommen wieder, dann werden wir in aller Ruhe mit ihnen handeln. Und wenn es nötig werden sollte, haben wir immer noch unsere Kanonen.«

Am nächsten Morgen kamen die Indianer tatsächlich zurück. Mit freundlichen Gesichtern hielten sie wieder ihre Felle in die Höhe. Thorn ließ sie an Bord kommen. Wieder wurden die Waren auf Deck ausgebreitet, und diesmal zeigte sich der Häuptling bereit, seine Pelze gegen die angebotenen Messer zu tauschen.

»Er hat noch viel mehr Otterhäute«, übersetzte der Dolmetscher. »Und er würde sie Ihnen gerne zeigen.«

Thorn fühlte sich als Sieger. »Immer her damit, sag ihm, er soll sie bringen lassen. Günstiger als für ein paar läppische Messer werden wir nicht an so schöne Felle kommen.«

Innerhalb einer Stunde waren mehr als 200 Indianer an Bord der »Tonquin«. Jeder von ihnen brachte Pelze und tauschte. Plötzlich fiel dem Kapitän ein, was Astor ihm vor der Abfahrt eingeschärft hatte.

Voller Schrecken sah er auf die vielen Männer, die alle ein Messer in der Hand hielten. Messer, die er ihnen persönlich gegeben hatte. Dem Kapitän fuhr der Schreck in die Glieder. Gerade wollte er den Befehl geben, Anker zu lichten, da stießen die Indianer ein mörderisches Kriegsgeschrei aus und stürzten sich auf die Mannschaft.

Binnen Minuten waren 16 der überraschten Männer abgeschlachtet, unter ihnen auch Thorn. Das Schiff hatte keinen Kapitän mehr. Der Dolmetscher sprang von Bord, enterte eines der Kanus und floh an Land. Fünf Matrosen, einer von ihnen schwer verletzt, verbarrikadierten sich in einer Kajüte und hielten sich die Angreifer mit Schüssen vom Leib. Schließlich verließen die Indianer die »Tonquin«. Die fünf Matrosen beschlossen, in der Nacht mit einem Beiboot zu fliehen. Doch der Verletzte war zu schwach und musste zurückbleiben, als sie das kleine Boot im Schutz der Dunkelheit zu Wasser ließen.

Bei Tagesanbruch beobachtete der verwundete Matrose aus einer Luke, dass die Indianer zum Schiff zurückkehrten. »Eure Felle wollt ihr wiederholen und das Schiff plündern«, murmelte er, »aber da habt ihr die Rechnung ohne mich gemacht. Ich werde euch einen feurigen Empfang bereiten.«

Mit letzter Kraft robbte er zum Pulvermagazin und wartete, bis die Feinde an Deck waren, dann zündete er eine

Lunte und sprengte die »Tonquin« in die Luft. An Land erhob sich verzweifeltes Geschrei. Die zurückgebliebenen Indianer und die Frauen mussten hilflos zusehen, wie von der Explosion verstümmelte Körper und das, was vom Schiff noch übrig war, im blutroten Meer versank.

Außer sich vor Wut und Kummer stimmten sie ein infernalisches Klagegeheul an und sannen auf Rache. Da erspähte einer von ihnen das Boot, in dem die vier Matrosen geflohen waren. Die Indianer stürzten sich in ihre wendigen Kanus, nahmen die Verfolgung auf und hatten die Flüchtigen bald eingeholt. Sie brachten die Matrosen an Land und marterten sie unter Qualen zu Tode.

Die Nachricht vom Untergang der »Tonquin« erreichte auch die Astorianer, wie sich die Männer nannten, die an der Columbiamündung täglich am Bau des Forts arbeiteten. Sie bekamen Angst. Was, wenn die Indianer sich für den Tod ihrer Stammesbrüder an ihnen rächten? Ein furchtbarer Gedanke!

»Bis jetzt sind wir gut mit ihnen ausgekommen«, sagte ein Mann namens Duncan McDougall, der von Astor die persönliche Vollmacht hatte, ihn in allen Angelegenheiten zu vertreten.

»Mit den Indianern zu kämpfen hat überhaupt keinen Sinn, sie sind in der Übermacht und würden uns vernichten, bevor wir auch nur einen Schuss abgeben können. Wir müssen etwas anderes versuchen.« McDougall runzelte grübelnd die Stirn und sagte schließlich:

»Ich sehe keine andere Möglichkeit, als mit ihnen zu reden. Wir müssen sie in Schach halten, und ich glaube, ich weiß auch wie.«

Er lud einige Stammeshäuptlinge ein, bewirtete sie großzügig und kam schließlich auf die Explosion zu sprechen.

»Ihr habt uns überfallen, habt unsere Kameraden getötet.

Ihr wolltet unser Schiff plündern, und wir haben alles verloren. Und doch, als gute Christenmenschen möchten wir trotzdem eure Freunde bleiben. Doch solltet ihr andere Absichten haben, muss ich euch warnen.« Er hielt eine kleine Glasphiole in die Höhe.

»Erinnert euch an das Elend, das die Blattern in der Vergangenheit über euer Volk gebracht haben. In diesem Fläschchen habe ich den unsichtbaren Teufel, der die Krankheit auslöst. Ich werde es verschlossen halten, wenn wir friedlich miteinander leben, aber für den Fall…« Er vollendete die Drohung nicht. Die Stammeshäuptlinge waren entsetzt aufgesprungen und einige Schritte zurückgewichen. Sie ließen sich unter einem Baum nieder und berieten.

McDougalls Plan ging auf. Aus Angst vor einer neuen Blatternepidemie schworen die Häuptlinge bei allem, was ihnen heilig war, Frieden mit den Astorianern. Respektvoll verneigten sie sich vor Duncan McDougall und nannten ihn ab sofort »The Great Small-Pox-Chief«.

Der Verlust der »Tonquin« war ein herber Schlag. Johann Jakob Astor zog sich für einige Stunden in sein Büro zurück, als er in New York davon erfuhr. Am Abend setzte er seinen Zylinder auf und ging ins Theater, wo er mit einigen Geschäftsfreunden verabredet war. Staunend sahen die Männer, wie Astor aufrechten Ganges näher kam.

»Ich habe in der Zeitung von der ›Tonquin‹ gelesen«, sagte einer, »es tut mir sehr leid für dich. Aber dass du nach einer solchen Nachricht am Abend dennoch diese Vorstellung besuchst… Ich brächte das nicht fertig.«

»Was erwartest du von mir?«, schnarrte Astor. »Soll ich zu Hause sitzen und über etwas heulen, das ich nicht ändern kann?«

Er war nicht gewillt, sich von dem Verlust entmutigen zu lassen, und schickte stattdessen die »Beaver« nach Astoria.

Mit diesem Schiff und einer Expedition, die über Land unterwegs war, sollten die Astorianer ausreichend Unterstützung für ihre Arbeit erhalten.

Sechzehn England führte einen erbitterten Kampf gegen Napoleon und war fest entschlossen, den Krieg mit allen Mitteln zu gewinnen. Dieses Ziel zu erreichen, griff die britische Marine zu drastischen Maßnahmen und presste wiederholt amerikanische Seeleute in ihren Dienst. Ohnehin verärgert, weil London angeblich indianische Widerständler mit Waffen versorgte, beschlossen die Amerikaner am 18. Juni 1812, gegen Großbritannien zu kämpfen. Vielleicht, so träumte man im Kongress, gelang es ganz nebenbei auch, Kanada zu annektieren. Die Kämpfe, Blockaden und Verbote erschwerten den Handel zu Wasser und auf dem Land.

Johann Jakob Astor nutzte erneut seine politischen Verbindungen und durfte den strengen Regeln zum Trotz nach zähen Verhandlungen endlich ein Schiff Richtung Astoria in See stechen lassen.

Die Männer, die dort noch immer bauten und mit den Indianern handelten, wussten nichts von seinem Coup und fürchteten, schutzlos in die Feindseligkeiten zu geraten. Es bildeten sich zwei erbittert streitende Fraktionen.

Ein Teil der Astorianer plädierte heftig dafür, das Fort nicht aufzugeben, während andere Leib und Leben schützen und sofort in die Heimat zurückkehren wollten. Man einigte sich auf einen Kompromiss: Bis zum Sommer 1814 sollte die Stellung gehalten werden. Danach wollte man über weiteres Vorgehen beraten.

Im Oktober kam das Gerücht auf, ein britisches Kriegsschiff nähere sich der Mündung des Columbia. Voller Angst bereiteten sich die Astorianer darauf vor, ihren Stützpunkt zu verlassen, und begannen mit der Nord-West-Pelzgesellschaft, Astors größtem Konkurrenten, zu verhandeln. Die Zeit drängte. Schließlich verkauften sie das Fort mit allen Pelzen, Baumaterialien und Lebensmitteln für weniger als 60 000 Dollar und traten den Rückzug an.

Die Briten landeten am 30. November. Im Namen des Königs beanspruchten sie das Land am unteren Columbia und gaben Astoria den Namen »Fort George«.

Astor saß in New York und erhielt nur sporadische Berichte von dem, was sich in seiner Siedlung ereignet hatte.

»Lästige Nebenwirkungen des Krieges, das werden wir überstehen«, knurrte er bis zu dem Tag, als ihn die Nachricht vom Verkauf Astorias erreichte. Außer sich vor Wut bekam er einen seiner gefürchteten Tobsuchtsanfälle und schrie: »Solange ich lebe und auch nur über einen Dollar verfüge, werde ich dafür sorgen, dass dieses Unrecht wieder gut gemacht wird!«

Schon am nächsten Tag versuchte er die Regierung dazu zu bewegen, Truppen an den Columbia zu schicken und das Fort zurückzuerobern. Doch niemand teilte seine Einschätzung über die Bedeutung des Stützpunktes, und so blieb er in britischer Hand. Astor musste aufgeben.

Die Niederlage nagte Zeit seines Lebens an ihm. Einem Freund schrieb er: »Der Krieg hat mir große Verluste gebracht, aber vor allem hat er meinen Lebensplan zerstört, mit dem ich alles hätte realisieren können, wovon ich jemals geträumt habe.«

Jahre später engagierte er den Schriftsteller Washington Irving, der die Geschichte des Astoria-Abenteuers aufschrieb. 1836 veröffentlichte er sein Buch »Astoria, or The Enterprise beyond the Rocky Mountains« und landete damit einen Bestseller.

Astor hatte eben seinen großen Traum kaum begraben, da galt es an der heimischen Front einen harten Kampf auszufechten.

Albert Gallatin, seit Jahren ein enger Freund Astors, hatte die 17jährige Dorothea Astor nach Washington eingeladen. Es war das erste Mal, dass Dolly sich außerhalb des Einflussbereiches ihrer Eltern befand.

Im Hause Gallatins lernte sie Oberst Walter Langdon kennen und verliebte sich bis über beide Ohren. Langdon, ein Mann von untadeligem Ruf aus guter Familie, hatte nach Astors Maßstäben ein schweres Manko: Er besaß so gut wie kein Geld. Als Albert Gallatin merkte, was sich zwischen dem Oberst und seinem minderjährigen Gast anbahnte, schrieb er sofort an seinen Freund und bat ihn umgehend nach Washington zu kommen, um den möglichen Mitgiftjäger in seine Schranken zu weisen.

Sarah und ihr Mann waren sich einig, schnelles Handeln tat Not. Astor machte sich sofort auf den Weg, um zu verhindern, was nicht mehr zu verhindern war. Dorothea ähnelte ihrem Vater nicht nur von Gesicht und Statur, sie hatte vor allem seinen Eigensinn geerbt. Sie wollte Langdon heiraten, und niemand würde sie davon abhalten. Noch bevor Johann Jakob in Washington eintraf, brannte sie am 24. September 1812 mit ihrem Geliebten durch.

Das Paar floh nach Portsmouth zu Langdons Familie, traf dort jedoch mit dieser Nacht-und-Nebel-Aktion auf wenig Verständnis. Den dünkelhaften Langdons schien »diese fette deutsche Dolly Astor« trotz ihrer vermögenden Herkunft keine erstrebenswerte Partie. So ließen sich Langdon und seine Braut in New York nieder.

»Sie ist unsere Tochter, und wir können nur noch hoffen, dass sie glücklich mit ihm wird«, versuchte Sarah Astors Zorn vergeblich zu besänftigen.

»Glücklich! Glücklich! Was heißt schon glücklich! Hat mich jemals jemand gefragt, ob ich glücklich bin?«, brüllte Johann Jakob und wurde rot bis unter die Haarwurzeln, als er sah, wie Sarah zusammenzuckte und ihn mit entsetztem Blick fixierte.

»Ich meine: Ein Leben lang habe ich für diese Kinder gearbeitet, was rede ich, geschuftet wie ein verdammtes Maultier, und das alles doch nicht, damit ein dahergelaufener Oberst-ohne-Geld sich mit der Mitgift meiner Tochter den Wanst vollschlägt!« Er stürmte aus dem Zimmer, schlug die Tür hinter sich zu und stapfte wütend an seinen Schreibtisch. Den Mund bitter verzogen und Schweißperlen auf der Stirn, legte er schriftlich nieder, was er für unumgänglich hielt:

Dorothea wurde enterbt und verstoßen.

Über fünf Jahre lang sprach der nachtragende Vater kein Wort mit seiner Tochter.

Die Wogen glätteten sich erst, als er durch Zufall bei einem Freund in einen Kindergeburtstag geriet. Dort traf er auf ein kleines Mädchen, das Dorothea auffallend ähnlich sah. Eine Viertelstunde beobachtete er das Kind, dann ging er auf sie zu und fragte leise:

»Wie heißt du?«

»Sarah Langdon«, lispelte das Kind höflich und erwiderte freundlich seinen Blick. Astor sah sie prüfend an, räusperte sich irritiert und stieß stockend hervor:

»Deinetwegen werde ich deinen Eltern vergeben.«

Er hielt Wort. Dorothea und ihr Mann wurden wieder im Schoß der Familie aufgenommen, und Astor konnte sich im Lauf der Jahre davon überzeugen, dass Oberst Langdon ein aufrichtiger und sehr liebevoller Ehemann war. Dolly gebar vier Jungen und vier Mädchen und führte eine glückliche Ehe. Ihr Vater vergaß seinen Zorn und beschenkte sie mit Häusern und hohen Geldbeträgen.

»Wofür haben wir das alles getan, wenn nicht für die Familie?«, pflegte er zu Sarah zu sagen, die kein Wort über die Vergangenheit verlor.

Nicht nur Dorothea profitierte vom Sinneswandel ihres Vaters, auch Magdalen wurde mit großzügigen Zuwendungen bedacht. Ihre Gemütsschwankungen hatten sich nicht gebessert, und Freunde beobachteten, dass sie ihrem Mann immer wieder das Leben zur Hölle machte. 1813 brachte sie eine Tochter auf die Welt, die nach der Großmutter Sarah genannt wurde. Das kleine Mädchen starb wenige Monate nach der Geburt, und Magdalen versuchte, ihren Kummer mit Alkohol zu betäuben.

Im Elternhaus lebten jetzt nur noch der kranke John Jacob II. und Eliza, die nach wie vor der Liebling ihres Vaters war. Kein Wunsch, den er ihr nicht erfüllte, keine Freude, die er ihr nicht bereitete. Eliza trug kostbaren Schmuck, Kleider aus feinster Seide, bewohnte das schönste Zimmer im Haus und dankte es ihrem Vater mit tiefer Zuneigung und ihrem vergnügten Temperament.

»Sie bringt mit ihrer fröhlichen Natur die Sonne in mein Herz«, beschied er seine fromme Frau, wenn die wieder einmal vor zu viel weltlichem Luxus warnte.

Als Astor in seinem 52sten Lebensjahr stand, rächten sich die Strapazen, die er als junger Mann im Pelzhandel auf sich genommen hatte. Immer wieder litt er unter Schwächeanfällen und Erschöpfungszuständen. Wenn er in den Spiegel schaute, sah er tief liegende Augen, an manchen Tagen von dunklen Ringen umgeben. Sein Haar wurde allmählich schütter, der Mund war streng und schmal.

»Du mutest dir zu viel zu«, mahnte Sarah. »Das bisschen Erholung, das du dir im Sommer auf dem Land in Hellgate gönnst, reicht nicht aus. Vielleicht solltest du dich nach einem Partner umsehen.«

»Ach, Sarah! Wie oft haben wir darüber schon gesprochen. Du weißt es doch am besten, wenn du etwas nur erledigt haben willst, kannst du jemand einstellen, wenn du es gut gemacht haben willst, musst du es selbst machen.«

Doch er spürte längst, dass sie recht hatte. Lange würde er die benötigte Kraft für sein enormes Arbeitspensum nicht mehr aufbringen. Es war Zeit, etwas zu ändern. Aber was? Und vor allem: wie? Er strich über sein Doppelkinn.

Sein ältester Sohn schied aus. Der Zweitgeborene war noch immer in Europa, bereiste die Alte Welt, studierte mit Begeisterung, und der Vater war stolz, dass er ihm dank seines Geldes den Umgang mit der europäischen Elite ermöglichen konnte.

Nach langen Überlegungen entschied er sich, seinem langjährigen Freund Albert Gallatin eine Partnerschaft anzubieten.

Gallatin war ein aufrichtiger, geradliniger Mann. Er hatte es im Laufe seiner über 20jährigen Karriere als Diplomat und Politiker, unter anderem als Jeffersons Finanzminister, zu hohem Ansehen gebracht. Selbst seine politischen Feinde waren sich einig: Albert Gallatin war integer und über jeden Zweifel erhaben.

Astor legte die Zahlen seines Imperiums aus Landbesitz, Pelzhandel, Aktien, Im- und Exporten offen und bat den Freund, die Verantwortung dafür in Zukunft mit ihm gemeinsam zu tragen. Gallatin war gleichermaßen gerührt und geschmeichelt, lehnte aber ab.

»Du weißt, dass ich kein Geschäftsmann bin – und wenn ich noch so lange als Schatzminister gedient habe: Das ist etwas anderes! Ich kann nicht leisten, was du von mir verlangst.« Enttäuscht sah Johann Jakob ein, dass er eine andere Lösung finden musste.

»Du hast einen Sohn, der seit Jahren die besten Universitäten Deutschlands besucht. Ich denke, es wird Zeit, ihn zurückzuholen und in deine Firma einzuführen.« Sarah war fest davon überzeugt, dass William Backhouse über alle Fähigkeiten verfügte, die für diese Aufgabe notwendig waren.

TEIL ZWEI

BESCHEIDENHEIT IST EINE ZIER

Eins   Am Weihnachtsabend 1814 hatten Briten und Amerikaner ihre Friedensverhandlungen erfolgreich abgeschlossen, dennoch dauerten die Kämpfe bis in den Januar des folgenden Jahres. Obwohl Astor wusste, dass englische Schiffe die amerikanischen Häfen noch immer blockierten, befahl er seinem Sohn, die Heimreise anzutreten.

William Backhouse war 23 Jahre alt. Er liebte Europa, liebte seine Bücher und besonders die Reisen, die offiziell Studien- und Bildungszwecken, inoffiziell aber vor allem seinem Vergnügen dienten. Der Ruf seines Vaters kam ganz und gar ungelegen, aber William Backhouse war ein folgsamer Filius, der dem Patriarchen niemals den Gehorsam verweigerte. Wenige Wochen später traf er in New York ein.

Seit den frühen Morgenstunden war Sarah auf den Beinen, um die Rückkehr ihres Sohnes gebührend vorzubereiten. Als er in der Tür stand, starrte sie ihn einen Augenblick fassungslos an. Aus dem halbwüchsigen Knaben, den sie vor einigen Jahren in die Fremde geschickt hatten, war ein erwachsener Mann geworden. Größer als sein Vater, die braunen Locken nach der neuesten Mode geschnitten und sehr elegant gekleidet, stand er vor seiner Mutter und breitete die Arme aus.

»Du bist ein wirklicher Gentleman geworden, ganz wie

dein Vater es sich immer gewünscht hat«, flüsterte sie und versuchte die Tränen zurückzuhalten. »Wie bin ich glücklich, dich wieder zu Hause zu haben.«

Astor verbat sich jede Sentimentalität und ließ seinem Sohn wenig Zeit für die Umstellung.

»Morgen kommst du mit mir ins Büro, ich werde dir unsere Angestellten vorstellen, und dann erkläre ich dir, wie du dich einzuarbeiten hast.«

William Backhouse erwies sich als fleißig und gewissenhaft. Obwohl er bis dahin nie mit Bilanzen, Zahlenkolonnen, Kalkulationen und Umsätzen konfrontiert gewesen war, lernte er schnell und beherrschte bald die Grundzüge dessen, was Johann Jakob von ihm erwartete.

Charakterlich hätten Vater und Sohn kaum unterschiedlicher sein können. Während Astor noch immer alles und sofort wollte, für seine Ziele notfalls auch mit dem Kopf durch die Wand ging und nichts vom Ehrgeiz der früheren Jahre verloren hatte, war William ein bedächtiger, fast scheuer junger Mann, der jeden Sachverhalt gründlich und von allen Seiten betrachtete, bevor er eine Entscheidung fällte. Astor beobachtete ihn mit Skepsis.

»William wird nie Geld verdienen, aber er wird auch nie welches verlieren. Wenn John Jacob nicht gesund wird, ist und bleibt er mein Nachfolger. Er ist mein Fleisch und Blut, also werde ich ihn nach Kräften unterstützen, bis er so weit ist, dass er die Firma alleine führen kann.« Und er gab das Steuer nicht aus der Hand.

All die Jahre, die er nun schon in Amerika lebte, hatte Johann Jakob den Kontakt zu seinen Verwandten in Deutschland und England gepflegt. Acht Geschwister, Halbgeschwister und Neffen kamen in den Jahren 1811–1815 nach New York, alle mit der Hoffnung, Johann Jakob werde ihnen bei der Gründung einer neuen Existenz behilflich sein.

»Ich hasse Schnorrer und Faulpelze«, fauchte Astor und gab nur denen Geld, die bereit waren, hart dafür zu arbeiten.

Im April 1816 starb in Walldorf Metzgermeister Astor im stolzen Alter von 92 Jahren. Johann Jakob las die Nachricht und blickte nachdenklich auf den Brief.

»Seit einer halben Ewigkeit will ich nach Deutschland, die Verwandten besuchen«, sagte er zu seinem Sohn, »und nie habe ich Zeit gehabt. Ich muss etwas ändern.« Er blickte ihn an. »Ich will, dass du in Zukunft noch härter arbeitest, noch mehr Zeit im Büro verbringst, damit du so bald wie möglich wirklich Verantwortung übernehmen kannst.«

William Backhouse gehorchte. Und seine Freunde spotteten: »Er sitzt an seinem Schreibtisch und rührt sich nicht vom Fleck, ganz so, als hätte sein Vater ihn zu lebenslangem Nachsitzen verdonnert.«

Am 8. Juni 1816 wurde William Backhouse der offizielle Partner seines Vaters, die Firma hieß jetzt »John Jacob Astor & Son«.

Als ausgesprochen nützlich erwies sich, dass er mehrere Semester Jura absolviert hatte und seinen akademisch geschulten Verstand zu nutzen wusste. Kaum zwei Jahre später schickte der Vater ihn bereits durch ganz Amerika, wenn es galt, die Interessen des Familienimperiums zu vertreten. Williams Manieren waren vollendet – wo immer er hinkam, war er ein gern gesehener Gast und Gesprächspartner.

Die New Yorker Gesellschaft spekulierte neugierig darüber, welches glückliche Mädchen den wohlerzogenen Erben des Astorvermögens wohl eines Tages an die Kette legen würde. Doch William Backhouse machte zunächst keine Anstalten, sich an eine der jungen Damen aus der High Society zu binden. Pflichtbewusst und zurückgezogen lebte er im Haus seiner Eltern und verließ New York nur, wenn sein Vater eine Reise anordnete.

»Ich will, dass du in der kommenden Woche nach Albany fährst. Im Haus des Richters Ambrose Spencer ist eine Besprechung anberaumt. Es geht um Gesetze, die den Kauf von Grundstücken betreffen. Du wirst uns vertreten.«

Wie überall wurde William auch im Haus des Richters herzlich aufgenommen.

»Ich lasse Ihnen gleich Ihr Zimmer zeigen und hoffe, dass Sie sich bei uns wohlfühlen. Ruhen Sie sich ein wenig aus, denn heute Abend erwarten wir Gäste. Schließlich sind Sie doch nicht nur zum Arbeiten gekommen, nicht wahr?« Mrs. Spencer lächelte ihren Gast gewinnend an.

An diesem Abend lernte William eine junge Dame kennen, die sein bis dahin sehr abgeschiedenes Privatleben von Grund auf veränderte. Margaret Armstrong war die Tochter von General John Armstrong, der seinem Land im Krieg von 1812 als Heeresminister gedient hatte. Seine Frau Alida Livingston Armstrong stammte aus einer der ersten Familien des Landes.

Margaret war keine Schönheit, hatte aber einen so außergewöhnlich zarten Teint, dass William sie zeitlebens »Peachy« nannte. Mit ihrer Pfirsichhaut und ihrem bescheidenen, aber durchaus bestimmten Auftreten eroberte sie sein Herz, und für ihn stand außer Frage: die oder keine.

Astor stand der Wahl seines Sohnes mit gespaltenen Gefühlen gegenüber. Die Armstrongs waren zwar eine berühmte Familie, aber Geld hatten sie nicht.

»Er ist doch noch jung – muss es denn ausgerechnet dieses Mädchen sein? Ich würde mir eine bessere, wie soll ich sagen, etwas geschliffenere Partie für William wünschen«, knurrte er.

»John, mach nicht den Fehler, den du schon bei Dolly gemacht hast. Margaret ist eine fromme, gut erzogene junge Frau. Vergiss nicht, wie es bei uns am Anfang war. Wir hatten kein Geld, und was den Schliff betrifft ...«, Sarah sah ihn von der Seite an, »... John, ich bitte dich!« Astor senkte den Blick und schmunzelte.

»Du meinst, ich soll lieber still sein, wenn es um gesellschaftlichen Schliff geht, nicht wahr? Meine Liebe, ich weiß, dass meine Manieren nicht perfekt sind. Ich bin geradeheraus, sage, was ich denke, und habe keine Lust, auf meine alten Tage zu lernen, wie man einfache Sachverhalte in komplizierte, diplomatische Wortblumen packt.« Er bohrte ostentativ mit dem Zeigefinger in seinem rechten Ohr.

»Auf der anderen Seite: Niemand weiß besser als ich, dass es Dinge gibt, die man sich auch mit noch so viel Geld nicht kaufen kann, und Schliff gehört dazu. Versteh doch! Ich will, dass unsere Kinder in den ersten Häusern verkehren!«

»John! Hör auf! William ist so schüchtern, wir sollten froh sein, dass er sein Herz an ein Mädchen wie Margaret hängt!«

Astor beriet sich mit seinen Anwälten und ließ sie einen Vertrag aufsetzen. »Natürlich soll sie im Fall der Fälle abgefunden werden, aber es muss sichergestellt sein, dass sie ihre Finger nicht auf das Vermögen legen kann.«

Seine Skepsis rührte vor allem daher, dass die Ehe seiner Tochter Magdalen inzwischen Brüche aufwies, die wohl nicht mehr zu kitten sein würden.

Was Magdalen betraf, so war diese Entwicklung zwar bedauerlich, aber sie gefährdete nicht seinen Dynastie-Traum, denn die Mädchen würden ein zwar angemessenes, aber im Verhältnis doch geringes Erbe erhalten. Anders verhielt es sich bei William. Ihm würde, wenn John Jacob II. nicht doch noch durch ein Wunder genas, der Löwenanteil des Vermögens zufallen.

Die Anwälte machten sich ans Werk und klügelten eine Abmachung aus, die sowohl für den Erbfall als auch für den

Fall einer Trennung die finanziellen Ansprüche der zukünftigen Mrs. Astor regelte. Nachdem die Braut eingewilligt und unterschrieben hatte, dass sie auf das Astorerbe verzichten und sich mit einer Abfindung zufrieden geben würde, stimmte Johann Jakob der Verbindung zu.

1818 führte ein stolzer William Backhouse Astor seine Braut Margaret Armstrong vor den Altar der Trinity Church.

Johann Jakob ließ es sich nicht nehmen, das neue Zuhause des Paares persönlich auszusuchen und zu kaufen. Reiche und vornehme New Yorker bevorzugten die Gegend unterhalb der Chambers Street, aber die besten Adressen lagen ohne Zweifel im Bereich Battery Street, Broadway und Cortlandt Street. Dort fuhren an den Sonntagen die schnittigsten Kutschen spazieren – dort sollte sein Sohn leben.

Er fand eine elegante Villa im hellen, gepflegten Viertel zwischen Broadway und White Street. Die Häuser der Nachbarschaft – eines schöner als das andere und alle von kunstvoll arrangierten Gärten umgeben. Die Bürgersteige wurden von emsigen Dienstboten sauber gehalten. An jeder Ecke standen Wasserpumpen, und die Milch wurde sogar geliefert.

Peachy war tief beeindruckt und bedankte sich überschwänglich bei ihrem Schwiegervater.

»Du wirst es nicht bereuen und sehen, dass ich ihm eine gute Frau sein werde«, sagte sie mit fester Stimme. Astor nickte, strich ihr über die zarte Wange und wandte sich an seinen Sohn:

»Du beherrschst jetzt alles, was du brauchst, um die Firma anständig zu leiten. Ich habe beschlossen, mich ein wenig zurückzuziehen. Ich möchte reisen, solange es meine Kraft noch erlaubt, meinen Bruder Melchior noch einmal sehen, Paris, Rom und die Schweiz besuchen. Du wirst ab jetzt die

Geschäfte führen, und wenn du meine Hilfe brauchst, stehe ich dir im Hintergrund zur Verfügung.« Er klopfte William Backhouse auf die Schulter. Doch so fest er sich auch vorgenommen hatte, ihm die Leitung der Firma zu übertragen, Johann Jakob konnte nicht loslassen. Tatsächlich war es so, dass William sich in den folgenden Jahren zwar um die Firma kümmerte, aber er führte sie nicht. Sein Vater behielt sich alle Entscheidungen vor und traf sie wie bisher meist im Alleingang.

Zwei   »Feste Regeln machen einen Mann reich.« Diese Devise hatte Johann Jakob seinem Sohn immer wieder eingebläut, und William Backhouse hielt sich daran. Fast sklavisch folgte er täglich dem gleichen Ablauf. Früh am Morgen stand er auf und erledigte seine persönliche Post, noch bevor er pünktlich um 9.00 Uhr frühstückte. Ebenso pünktlich traf er eine Stunde später im Büro ein. Dort arbeitete er den ganzen Tag und ging am Abend zu Fuß nach Hause. Er, der sein Studium so sehr geliebt, gerne gelesen und gelernt hatte, widmete sich jetzt mit Fleiß und Energie der väterlichen Firma.

William war ein ausgesprochen sparsamer Mensch. Akribisch überprüfte er jede Rechnung, immer auf der Suche nach einer Möglichkeit, etwas ein bisschen billiger zu bekommen, hier oder dort ein paar Cent gut zu machen.

Ein Geschäftsmann schilderte einen Besuch im Astorbüro: »Ich ging in sein Büro, und er sah mich an, stellte aber keine Frage. Es war eindeutig meine Sache, zu sagen, warum ich zu ihm gekommen war und was ich wollte. Und vor allem war es meine Sache, das in möglichst kurzen Worten zu tun. Dann antwortete er in der gleichen Kürze. Es schien, als wäre jedes Wort mindestens einen Dollar wert, und deshalb ging er sparsam damit um.«

Zeit war Geld – und Geld durfte man nicht vergeuden.

Auch im Privatleben drehte William jeden Cent zweimal um. Jede Form von Verschwendung war ihm ein Gräuel, auch die kleinste Ausgabe wurde mehrmals auf ihre Notwendigkeit geprüft. Normalerweise fuhren wohlhabende Männer mit eleganten Kutschen durch die Stadt oder legten die Wege auf dem Rücken edler, herausgeputzter Pferde zurück. Nicht so William Backhouse, der immer zu Fuß unterwegs war. Mit Erstaunen nahm seine Umgebung zur Kenntnis, dass der junge Herr Astor, der doch über so viel Geld verfügte, manches Mal in abgewetzten Hosen und abgetragenen Schuhen sein Haus verließ.

»William, bitte! So kannst du nicht gehen.« Peachy rümpfte missbilligend die Nase. »Diese Hose ist so dünn, dass man beinahe durchsehen kann. Oder legst du es vielleicht darauf an, dass dir mitleidige Seelen ein paar Cent zustecken? Wenn das so ist, bis du allerdings passend gekleidet.«

»Aber sie ist nicht kaputt!«, protestierte William, während er mürrisch die Treppe hinauf ging, um sich umzuziehen.

Johann Jakob war überzeugt, dass er sich vollkommen auf seinen Sohn verlassen konnte, und tat noch im selben Jahr, was er angekündigt hatte: Er ging auf Reisen.

Drei Jahre zuvor hatte Adrian Bentzon seine Frau Magdalen verlassen. Nach der Trennung konsumierte die ohnehin schwierige Magdalen noch mehr Alkohol als zuvor. Sarah Astor sah mit Entsetzen, dass die Zustände im Haushalt ihrer Tochter mehr und mehr außer Kontrolle gerieten. Um ihren achtjährigen Enkel vor den Exzessen seiner Mutter zu schützen, nahm sie den Jungen so oft wie möglich zu sich.

»John, was hältst du davon, nicht nur Eliza, sondern auch den kleinen Bentzon mitzunehmen, wenn du nach Philadelphia und Washington fährst? Ich glaube, ein Klimawechsel würde ihm guttun, und er ist so ein lieber, wohlerzogener Kerl. Er wird dir sicher keinen Kummer machen.« Sarah schaute ihren Mann erwartungsvoll an. Der zögerte nicht.

»Das ist eine ausgezeichnete Idee. Wir werden sicher viel Spaß miteinander haben.« Astor liebte seinen Enkel über alles und freute sich auf die Reise mit seiner inzwischen 18jährigen Tochter Eliza und dem Knaben.

Erste Etappe der Reise sollte Baltimore sein.

»Wir werden höchstens eine Woche dort bleiben. Ich habe lediglich ein paar Besprechungen, und ihr könnt euch amüsieren, solange ich arbeite. Wenn ich alles erledigt habe, fahren wir weiter.«

»Grandpa, wo fahren wir denn danach überhaupt hin?« Der kleine Bentzon schob seine Hand vertrauensvoll in die seines Großvaters.

»Das sage ich dir immer dann, wenn wir aufbrechen, ja? Wir machen eine große Überraschungsreise. Wir fahren mit verschiedenen Kutschen und mit dem Schiff und mit noch einem Schiff, erst auf dem Fluss und dann sogar auf dem Meer. Und erst, wenn du alles gesehen hast, was ich dir zeigen möchte, kehren wir nach New York zurück.« Astor lächelte seinen Enkel an.

»Eine große Überraschungsreise – so etwas habe ich noch nie gemacht«, sagte dieser andächtig und kletterte aus der Kutsche.

Für die Dauer des Aufenthaltes hatte Johann Jakob ein vornehmes Haus in Baltimore gemietet. Während er seinen Geschäften nachging, kümmerte sich Eliza um Bentzon.

Anfang Februar 1818, drei Tage nach ihrer Ankunft, ereignete sich eine Tragödie, von der sich die Familie lange nicht erholte. Astor versank danach in einer tiefen Depression. Hilflos seinem Kummer ausgeliefert, versuchte er den schweren Schicksalsschlag in Worte zu fassen und schrieb an einen Freund:

»Ich war gerade dabei, mich für das Abendessen umzuziehen. Bentzon saß an der Haustür, es muss so gegen fünf Uhr am Nachmittag gewesen sein. Ein 17jähriger Junge kam vorbei. Er trug Schlittschuhe und überredete Bentzon, ihn zu begleiten. Bentzon kann kaum fünf Minuten fort gewesen sein, als ich es bemerkte. Ich rannte sofort los, Eliza auch, aber wir sahen ihn nirgends. Bevor wir herausfanden, wo er hingegangen war, waren er und der andere Junge bereits ertrunken. Niemand hatte sie auf dem Eis gesehen, und wir trafen, als wir nach ihm suchten, einen kleinen Jungen, der beobachtet hatte, in welche Richtung die beiden gegangen waren. Bentzon war in seinem Leben noch nie auf dem Eis gewesen, und bevor ich ihn finden konnte, war er ertrunken.«

Zurück in New York schrieb er einen Monat später an Albert Gallatin: »Das große Unglück, das mich ereilt hat ... bereitet mir Schmerzen, die über das hinausgehen, was ich beschreiben kann.«

Astor gab sich die Schuld an der Katastrophe, war wie gelähmt und kämpfte monatelang mit dem erlittenen Schock. Seine ohnehin labile Tochter Magdalen verwand den Tod ihres Sohnes nicht und verfiel vollends dem Alkohol.

Sarah trug Trauer und suchte nach Mitteln und Wegen, ihren Mann zu trösten.

»John, es hat doch keinen Sinn, dass du im Haus herumschleichst wie ein Schatten deiner selbst. Das macht Bentzon nicht wieder lebendig. Du wolltest doch schon lange nach

Europa und schauen, ob du dort nicht vielleicht einen Arzt findest, der unserem Sohn helfen kann. Warum nimmst du nicht ihn und Eliza und schaust, ob jemand etwas für ihn tun kann?«

Drei   Am 2. Juni 1819 stach die »Stephania« in See, an Bord der Millionär, seine Tochter Eliza und sein seelisch instabiler Sohn John Jacob II. Ein letztes Mal wollte der Vater das Unmögliche möglich machen und hoffte auf Hilfe von europäischen Ärzten. Nach einem halben Jahr Untersuchung und Behandlung in Paris wichen alle Illusionen der bitteren Erkenntnis, dass auch in der Alten Welt keine Wundermittel existierten. John Jacob II. wurde in Begleitung eines Pflegers zurück nach Amerika geschickt.

Schweren Herzens beugten sich die Eltern dem, was Fachleute ihnen rieten, und gaben ihren Sohn in ein exklusives Heim für psychisch gestörte Menschen. Für ein Jahresgehalt von 2000 Dollar engagierten sie Mr. Chaplin, einen ausgebildeten Pfleger, der sich gemeinsam mit seiner Frau Hannah rund um die Uhr um den kranken Sohn kümmerte.

Die Europareise führte Vater und Tochter nach Rom, Neapel, Florenz und Mailand. Johann Jakob Astor zeigte seiner Tochter die schönsten Städte Europas, und nach einem mehrere Monate währenden Aufenthalt in der Schweiz führte er sie schließlich zu den deutschen Wurzeln der Familie: Sie besuchten seinen Bruder Melchior. Eliza Astor war sehr beeindruckt von Onkel Melchior und Tante Verona, die mit ihren beiden Töchtern in der moravischen Siedlung von Neuwied ihr gottgefälliges Leben führten. Von dort ging es nach

Paris, noch einmal in die Schweiz und schließlich im Mai 1822 über England zurück nach Amerika.

Hier hatte sich inzwischen einiges verändert. Die geschiedene Magdalen schien sich gefangen und ihrem Leben doch noch eine erfreuliche Wende gegeben zu haben. Am 9. März 1820 heiratete sie einen Engländer namens John Bristed. Die Ehe war in aller Eile geschlossen worden, und genau sechs Monate später, am 9. Oktober 1820, war für jedermann klar, warum: Magdalen brachte einen gesunden Sohn zur Welt. Der kleine Charles Bristed war ein außergewöhnlich hübsches und aufgewecktes Kind. Kaum hatte er den knapp Zweijährigen das erste Mal gesehen, war Johann Jakob völlig vernarrt in den heiteren, liebenswerten Jungen. Der tröstete den Großvater langsam über den Verlust des kleinen Bentzon hinweg.

Magdalens zweite Ehe war noch kürzer als die erste. Anderthalb Jahre nach der Hochzeit entschied der friedliebende und äußerst umgängliche John Bristed, dass er die Launen und Ausbrüche seiner Frau nicht länger ertragen könne, und verschwand in seine Heimat England. Magdalen ertränkte auch diesen Schicksalsschlag im Alkohol. Weder die Bitten ihrer Mutter noch die Drohungen ihres Vaters konnten sie zur Vernunft bringen.

Johann Jakob Astor blieb ein Jahr bei Frau und Familie in New York. Dann geschah etwas, das aus Sicht der Eltern eine erneute Reise notwendig machte.

Wieder war es Sarah, die den Anstoß gab. »Eliza hat sich verliebt«, teilte sie ihrem Mann knapp mit.

Astor fiel aus allen Wolken. Seine Prinzessin, sein Liebling, sein Ein und Alles – sollte ihr Herz verschenkt haben? Und er, der Vater, hatte nichts davon gemerkt! Nach einer Schrecksekunde fing er sich und fragte: »Wer ist es?«

Sarah sah ihn eine Weile schweigend an. Sie wusste, dass Johann Jakob hochfliegende Pläne für seine Tochter hatte, und sie wusste auch, dass Elizas Auserwählter nicht in diese hochfliegenden Pläne passte.

»Er heißt Eleazar Parmly, ein wohlhabender Zahnarzt mit ausgezeichnetem Leumund, der nebenbei ganz entzückende Gedichte schreibt.« Astor zog die Augenbrauen zusammen.

»Gedichte also, ja? Ein Zahnarzt, der Gedichte schreibt? Das ist doch kein Mann für Eliza. Und diesmal brauchst du gar nicht versuchen, mich umzustimmen. Es wird weder einen zahnziehenden Dichter noch einen dichtenden Zahnzieher in dieser Familie geben!« Astors Entschluss stand fest. Elizas Wahl fand keine Gnade vor seinen Augen.

»Das kommt überhaupt nicht infrage!«, polterte er los. »Eine ausgedehnte Reise, da bin ich ganz sicher, wird ihr die Flausen aus dem Kopf treiben. Und ich werde die Gelegenheit nutzen und einen geeigneten Kandidaten finden.«

Eliza war eine kluge junge Frau. Sie erinnerte sich daran, wie zornig ihr Vater auf die eigenmächtige Gattenwahl ihrer Schwester Dolly reagiert hatte. Sie fügte sich dem Willen ihres Vaters, schlug sich ihren Angebeteten aus dem Kopf und harrte der Dinge, die ihr Vater und das Schicksal für sie bereithielten.

»Mach dir keine Gedanken«, sagte Johann Jakob beim Abschied zu Sarah und küsste sie auf die Stirn. »Du wirst sehen, schon während der Überfahrt vergisst sie diesen Dentisten, und bevor wir zurückkommen, schlägt ihr Herz für einen anderen.«

In Europa bewegten sich Vater und Tochter in den vornehmsten Häusern. Ob in Den Haag, Amsterdam, Paris, Hannover oder Frankfurt: Der reiche Astor und die unverheiratete Eliza wurden überall warm empfangen. Man gab

Bälle und Diners zu ihren Ehren, organisierte Opernbesuche und Theateraufführungen zu ihrer Zerstreuung.

Den Dezember 1823 verbrachten die beiden in Genf. Vielleicht war die lange Reise ein wenig zu strapaziös gewesen, vielleicht setzte ihm auch nur die Kälte zu, Johann Jakob Astor fühlte sich nicht wohl.

»Liebster Vater, du kränkelst jetzt schon mehr als zwei Wochen. Ich denke, wir sollten einen Arzt konsultieren«, mahnte Eliza zum wiederholten Male und hatte endlich Erfolg.

»Mr. Astor, auch wenn Sie es nicht gerne hören: Sie sind vollkommen erschöpft«, stellte der Arzt fest. »Ich rate dringend zu Ruhe und Erholung. Das Klima hier ist genau richtig für Sie. Bleiben Sie eine Weile, meiden Sie die Strapazen des Herumreisens und schonen Sie sich, dann sind Sie schnell wieder auf den Beinen.«

Zur Überraschung Elizas befolgte Astor den Rat des Arztes. Er kaufte eine kleine Villa am Genfer See und beschloss, sich dort für ein paar Monate niederzulassen. Es dauerte nicht lange, und Astor hatte sich erholt.

»Schluss mit dem Herumliegen, mir geht es gut. Heute Abend gehen wir beide aus«, sagte er zu Eliza, die sich fürsorglich um ihn gekümmert hatte.

Die Nachricht von der Genesung des reichen Gastes aus Übersee verbreitete sich wie ein Lauffeuer. Einladungen flatterten eine nach der anderen ins Haus. Astor und Eliza folgten ihnen beinahe allabendlich.

»Vater, es wird jeden Abend später, und die Ärzte haben gesagt, du sollst dich ausruhen.« Eliza sah ihn besorgt an.

»Es geht mir gut«, wehrte Astor ab. «Ich amüsiere mich prächtig. Mach dir keine Gedanken – ich sage rechtzeitig Bescheid, wenn es mir zu viel wird.«

Stets hatte er den Zweck seiner Reise im Kopf. Schließlich

war es sein erklärtes Ziel, einen passenden Mann für Eliza zu finden, und das konnte nur gelingen, wenn man sich aus dem Haus begab.

Seine Rechnung ging auf. Eines Abends hatten die Gastgeber einen Freund der Familie eingeladen und ihn bei Tisch an Elizas Seite platziert. Baron Vincent von Rumpff war ein sehr gut aussehender Mann von 35 Jahren, hatte als Diplomat viel von der Welt gesehen, verfügte über beste Beziehungen und hervorragende Manieren. Eliza verliebte sich. Diesmal war ihr Vater einverstanden und machte von Rumpff die Entscheidung um einiges leichter, als er eine Mitgift von 300 000 Dollar ankündigte.

»Im Frühling werden wir unsere Reise fortsetzen. Warum begleiten Sie uns nicht eine Weile?«, lud er seinen zukünftigen Schwiegersohn ein.

Rumpff nahm gerne an. Ziel der Reise war Paris, wo Baron Rumpff bei Hof bestens eingeführt und wohl gelitten war.

Astor hatte sein Ziel erreicht. An der Seite dieses Mannes würde seine kleine Eliza in fürstlichen Logen sitzen und vielleicht sogar an königlichen Tischen speisen. Strahlend begleitete der Brautvater seine Tochter am 10. Dezember 1825 zum Altar.

Eliza hatte inzwischen so viel Zeit in Europa verbracht, dass sie sich darauf freute, mit ihrem Mann in Paris zu leben. Trotzdem gab es Tränen, als Johann Jakob drei Monate später die Heimreise antrat.

»Du wirst mir fehlen«, schluchzte sie an seiner Schulter. Astor hatte einen Kloß im Hals und räusperte sich.

»Du mir auch, meine Kleine, aber New York ist ja nicht auf einem anderen Stern«, tröstete er sie. »Du kommst mich besuchen, und ich dich.« Er löste sich behutsam aus ihrer Umarmung.

Schon im folgenden Jahr reisten Baron von Rumpff und

seine Frau nach Amerika. Sarah war entzückt von ihrem Schwiegersohn.

»Was für ein wunderbarer Mensch! Ein richtiger Aristokrat«, seufzte sie ein ums andere Mal bewundernd. »Jetzt fehlt nur noch ein Stall voll gesunder Kinder und dein Glück ist perfekt, nicht wahr?« Eliza nickte. Ein Hauch von Trauer überflog ihr Gesicht.

»Es hat noch nicht sollen sein, Mutter, aber glaube mir, nichts wünsche ich mir mehr, als wie Dorothea mindestens ein Dutzend Kinder zu haben.«

Das Schicksal wollte es anders. Auch nach Jahren war im Hause Rumpff noch kein Nachwuchs in Sicht. Eliza wurde immer stiller.

Vier William Backhouse und Peachy lebten ein bescheidenes Leben auf hohem Niveau. Angemessener Luxus war selbstverständlich, Protz verpönt. Beide waren fromm, lasen gerne und blieben zur Freude von Johann Jakob auch den Beweis der gegenseitigen Zuneigung nicht schuldig. Nachdem 1819 Tochter Emily geboren worden war, folgten in den nächsten Jahren weitere sieben Kinder, von denen eine kleine Sarah und ein Säugling namens Robert früh starben.

Trotz der stets wachsenden Kinderschar war das Familienleben ruhig und diskret. Der Nachwuchs hatte zu parieren.

Bei Tisch durften die Kinder nur sprechen, wenn sie etwas gefragt wurden. Lautes Lachen war im Haus verboten. Peachy legte großen Wert darauf, dass die Farben der Kleidung immer dezent und gedeckt waren. Der Vater verlangte unbedingten Respekt und Gehorsam und bestand darauf,

William Backhouse Astor setzt frühzeitig auf Grundstückseigentum und Wohnungsbau. Gewissensbisse wegen der desaströsen Zustände in den Mietshäusern kennt er nicht.

dass seine Kinder allabendlich der Reihe nach zum Gutenachtkuss antraten, sich danach verbeugten und rückwärts den Raum verließen.

»Kinder darf man sehen, aber nicht hören«, war Williams Parole.

»Versuch aber bitte nicht, ihnen das Atmen zu verbieten. Das könnte gefährlich werden!« Peachy, der die Strenge ihres Mannes manches Mal zu weit ging, verzog spöttisch den Mund.

William Backhouse entwickelte sich zunehmend zu einem ungeselligen Patriarchen. Er ging selten aus und machte sich nichts aus Abenden im Theater. Mit stechenden Blicken aus den kleinen, zusammengekniffenen Augen und mit seinem strengen, unerbittlichen Schweigen herrschte er über die Familie.

Nur der lebhaften Emily gelang es von Zeit zu Zeit, ein Lächeln auf sein Gesicht zu zaubern. Peachy fügte sich in ihr Schicksal. Sie hatte einen der reichsten Männer des Jahrhunderts geheiratet und dennoch nicht das große Los gezogen.

»Wie gerne würde ich öfter ausgehen«, beklagte sie sich leise, »aber William hasst Bälle und Dinnereinladungen. Es ist ihm alles zu frivol und glamourös.«

Auch wenn es dem Hausherrn widerstrebte, kamen die jungen Astors nicht umhin, ihren Platz in der New Yorker Gesellschaft einzunehmen. Gezwungenermaßen gaben sie von Zeit zu Zeit Einladungen für wichtige Geschäftspartner und die Geldaristokratie der Stadt. Selbstverständlich erschienen die Geladenen vollzählig zu diesen Anlässen, auch wenn sie sich insgeheim einig waren, dass es amüsantere Veranstaltungen gab. Die Abende im Haus des Paares galten als steif und langweilig. William trank nie mehr als ein Glas Wein und sprach nur über Geschäfte. Seine Frau war eher eine bemühte als unkomplizierte Gastgeberin. Da half auch nicht, dass livriertes Personal von vergoldetem Geschirr servierte.

»Anderwärts unterhält man sich besser«, war die gängige Meinung der Hautevolee.

»Der Hausherr von New York«, wie er in der Stadt genannt wurde, hatte einen Lebensinhalt – den Kauf von Grundstücken. Wenn auch nicht mit dem Weitblick seines Vaters gesegnet, verstand es William Backhouse durchaus, günstige Gelegenheiten zu finden und für sich zu nutzen.

»Kaufe Ackerland und warte, bis daraus Bauland wird«, lautete eines der Erfolgsrezepte Johann Jakobs I., und sein Sohn hielt sich daran.

Unbeirrbar erwarb er Grundstück um Grundstück und spekulierte darauf, dass die Zeit für ihn arbeitete.

New York wuchs jeden Tag. Der Strom von Menschen, die ein Dach über dem Kopf suchten, nahm kein Ende. Die Stadt baute Zufahrtsstraßen, Kanäle, installierte Straßenbeleuchtungen und machte damit auch abseits gelegene Parzellen zu begehrtem Land. Was er einmal in seinen Besitz gebracht hatte, gab William Backhouse nur ungern wieder her. Statt zu verkaufen, verpachtete er seine Grundstücke.

Sein Vater hatte das ebenso einfache wie lukrative Prinzip entwickelt. Die Pächter waren verpflichtet, pro Grundstück ein mindestens zweistöckiges Haus zu bauen, alle Reparaturen, Abgaben und Steuern zu zahlen – und das Astor-Imperium kassierte. 15 bis 20 Prozent Gewinn jährlich waren die Regel. Wenn der Pachtvertrag erlosch oder der Pächter nicht pünktlich bezahlte, fiel das Gebäude an die Firma der Astors.

William Backhouse war ein frommer Mann, dennoch focht es ihn nicht im Geringsten an, dass auf seinem Besitz ausbeuterische Mietverhältnisse herrschten, wie sie Amerika bis dahin nicht gekannt hatte.

Die Kritiker waren sich einig: »Diese Behausungen sind ein Übel – schlimmer als der Krieg.« Acht Dollar im Monat musste man für ein Zimmer bezahlen, in dem es oft nicht einmal ein Fenster gab. Immer wieder erstickten Säuglinge oder alte, kranke Menschen in der fauligen, unventilierten Luft der beengten Räume. Wer sich beschwerte, wurde sofort auf die Straße gesetzt, denn draußen warteten Tausende auf einen Platz in den elenden Unterkünften.

Um alle Kosten zu decken und selbst noch daran zu verdienen, gab es nur einen Weg: Ein Pächter musste zusehen, dass er so viele Menschen wie möglich in seine Häuser pferchte, und dafür sorgen, dass diese möglichst hohe Mieten zahlten. Von außen betrachtet sahen die Fassaden meist noch einigermaßen passabel aus, doch drinnen herrschten oft unmenschliche Zustände.

In den vier bis sechs Stockwerke hohen Häusern waren ursprünglich pro Etage vier Wohnungen für je eine Familie geplant gewesen. Doch die Welle der Immigranten machte diese Planung sehr schnell zu einem Luxus, den sich kaum jemand leisten konnte. Es dauerte nicht lange, und in jeder Wohnung lebten auf engstem Raum mehrere Familien.

Reparaturen und Pflege kosteten Geld, also versuchten die Pächter, diese Ausgaben möglichst zu vermeiden. Die Folge war, dass die Wohnungen verfielen. Aber noch mit den heruntergekommensten Behausungen ließ sich Geld machen. Hier lebten die Ärmsten der Armen und bezahlten horrende Preise dafür, dass sie in einem Eckchen ihr Lager aufschlagen durften. Wem dafür das Geld fehlte, der schlief für drei Cent pro Nacht im Hausflur. Ein Plätzchen hier war im Winter immer noch besser als die Straße.

Auf den Straßen kämpften hungrige Kinder und frei-laufende Schweine um alles, was sie an Essbarem aus den Müllbergen ergattern konnten. Wenn es regnete, wurden die Abfälle zu einem stinkenden Matsch, der die engen Gassen unpassierbar machte.

In beinahe jedem Haus gab es im ersten Stock ein Zimmer, das in einen Schnapsladen umfunktioniert worden war. Der Handel mit Alkohol florierte, denn viele der verzweifelten Mieter versuchten Hunger und Elend im Gin zu ertränken.

Die Pächter wussten um die Zustände in ihren Häusern, verschlossen Augen und Ohren und steckten die Köpfe in den Sand. Ganz gleich, wie laut die Pfarrer von den Kanzeln wetterten: Kein Pächter kam auf den Gedanken, etwas zu unternehmen.

Nach 21 Jahren erlosch der Pachtvertrag. Die Pächter hatten dann genau zehn Tage Zeit, alles, was sie gebaut hatten, abzureißen und den Schutt zu entsorgen – oder sie mussten mit ansehen, wie ihre Häuser unentgeltlich in den Besitz der Astors übergingen.

William Backhouse Astor war nie arm gewesen und verstand die Armen nicht.

»Sie sind mittellos, oft krank, meistens dumm und immer erbärmlich! Sie betreten das Land, verlangen sofort Essen, Kleidung, ein Dach über dem Kopf und ständige Unterstützung. Sie strömen in die dreckigsten, verseuchtesten Viertel und betrinken sich, statt etwas an ihrer Lage zu ändern. Mein Vater ist mit so gut wie gar nichts in diesem Land angekommen. Er hat hart gearbeitet, und er hat es zu etwas gebracht. Jeder hat hier die gleiche Chance! Warum also bringen es diese Leute zu nichts? Weil sie zu faul und bequem sind, hart zu arbeiten.«

Wenn er durch die Stadt flanierte und an seinen Grundstücken vorbeiging, war es, als trüge er Scheuklappen.

»Ich helfe nur denen, die es verstehen, sich selbst zu helfen«, lautete das Credo des Eigentümers. So hatte er es von seinem Vater gelernt und übernommen.

Und noch etwas hatte Johann Jakob seinem Sohn mitgegeben. William hatte schnell begriffen, wie wichtig es war, gute Beziehungen zu den Politikern der Stadt zu pflegen.

Das Interesse daran beruhte auf Gegenseitigkeit, denn auch die Politiker wussten, wie hilfreich es sein konnte, in Wahlzeiten reiche Freunde zu haben. So kam es nicht von ungefähr, dass Bürgermeister Fernando B. Wood sich alle Mühe gab, seinen Freund William Backhouse Astor nach Kräften zu unterstützen.

Wood, 1812 in Philadelphia, Pennsylvania geboren, war als junger Mann nach New York gekommen und hatte sich erfolgreich im Schiffshandel etabliert. Als Mitglied der Tammany-Gesellschaft nutzte er diese Organisation als Vehikel für seinen politischen Aufstieg. 1854 wurde er zum Bürgermeister von New York gewählt und drei Jahre später für eine weitere Amtszeit bestätigt. Wood war für seinen korrupten Führungsstil bekannt, doch die politischen Manöver des Bürgermeisters interessierten Astor nicht, solange sie dazu führten, dass der Wert seines Besitzes stieg. Eine Hand wusch die andere. Wood überließ Astor kostbares Land im Hafenviertel für wenig Geld und sorgte dafür, dass die Steuern ein erträgliches Maß nicht überstiegen.

Als Wood 1856 zur Wiederwahl antrat und sich heftigen Angriffen seiner Gegner ausgesetzt sah, standen seine Freunde zu ihm und unterzeichneten ein Empfehlungsschreiben. Auch Astor stellte sich an Woods Seite, der die Wahl mit so prominenter Unterstützung, wie zu erwarten, gewann.

Wood revanchierte sich, indem er seinem Freund den Block zwischen der 12. und 13. Straße für einen Spottpreis überließ. Die Stadt expandierte weiter, und wenig später war der Wert dieses Grundeigentums auf mehrere Millionen Dollar angewachsen.

Fünf Ausgerechnet die sanitären Verhältnisse in New York, die ihn auf seinem Grund und Boden nie interessiert hatten, waren Anlass dafür, dass William Backhouse beschloss, sich nach einer neuen Bleibe für die Familie umzusehen.

Unerbittlich zeigten sich die ersten schlimmen Folgen von New Yorks rasantem Wachstum. Heftig und mit fatalen

Konsequenzen hatten bereits zwei Gelbfieber-Epidemien den südlichen Teil der Stadt in Angst und Schrecken versetzt. Die Zahl der Erkrankten und Todgeweihten stieg stetig. Vor allem die Ärmsten der Armen waren betroffen und mussten sich zusätzlich gefallen lassen, dass man ihnen selbst die Schuld für das Elend gab.

»Strafe Gottes für liederliches Verhalten!«, tönten diejenigen, denen es besser ging, und niemand wollte hören, was New Yorks Gesundheitsminister formulierte:

»Es gibt einige Gründe für die Zahl der Todesfälle, doch keiner scheint so im Vordergrund zu stehen wie die beengten und schmutzigen Lebensumstände eines großen Teils unserer Bevölkerung, und mit Bedauern müssen wir feststellen, dass es in unserer Stadt viele gewinnsüchtige Grundeigentümer gibt, die Mittel und Wege finden, eine möglichst große Zahl von Menschen auf möglichst geringem Raum einzupferchen!«

Im Hause Astor ignorierte man diese Erkenntnis und schuf bessere Bedingungen nur für die eigene Familie.

Wer es sich leisten konnte, floh aus den dicht besiedelten Distrikten und suchte nach Haus oder Wohnung im vermeintlich sichereren Norden. Beinahe über Nacht wurde aus dem bis dahin eher ländlichen Greenwich Village ein Wohnviertel für wohlhabende New Yorker. Auch William war kurz davor, sich mit Peachy und den Kindern dort niederzulassen, da bot ihm das Schicksal plötzlich ungeahnte Möglichkeiten.

Mit 79 Jahren starb Heinrich Astor. Der Metzger hatte bis ins hohe Alter sein Geschäft geführt und stets regen Anteil an der Familie seines Bruders genommen. Wegen der eigenen Kinderlosigkeit hatten er und seine Frau jahrelang verwaiste Mädchen bei sich aufgenommen, ihnen eine Ausbildung ermöglicht und dafür gesorgt, dass sie angemessen verheiratet wurden. Doch keiner ihrer Schützlinge war dem Paar so ans Herz gewachsen, dass er als Erbe infrage gekommen wäre. Von allen Neffen und Nichten war ihnen der ernsthafte und besonnene William immer der liebste gewesen. Henry setzte ihn als Haupterben ein und hinterließ ihm über eine Million Dollar.

»Ich bin auf den Namen seiner Frau getauft, und er vermacht mir nicht einen Cent«, murrte seine Schwester Dorothea – Dolly – Astor, aber das Testament sprach eine eindeutige Sprache.

Der enorme Betrag versetzte William zum ersten Mal in seinem Leben in die Lage, eine von seinem Vater unabhängige Entscheidung zu treffen. Doch bevor er etwas entschied, tat er, was von ihm erwartet wurde, und konsultierte Johann Jakob I.

»Mit Henrys Geld möchte ich im Norden der Stadt entweder ein Haus kaufen oder bauen. Was rätst du mir, in welche Gegend soll ich mich orientieren?«

Astor brauchte nicht lange, um eine Lösung zu präsentieren.

»Ich sage dir, mein Sohn, was wir tun werden. Uns gehören eine ganze Menge Grundstücke am Lafayette Place. Such dir eins aus und bau ein schönes, geräumiges Haus darauf. Ich werde das Gleiche für Dorothea tun. Und die anderen Grundstücke verkaufen wir nur an ausgewählte und wirklich reiche Kaufleute und Bankiers. Damit stellen wir sicher, dass ihr eure Kinder in einer anständigen Nachbarschaft großziehen könnt.«

William und Peachy waren gerade in ihr neues großes rotes Backsteinhaus gezogen, da wurde nebenan die Villa von Dorothea und Oberst Langdon fertig gestellt. Gemeinsam mit seinem Sohn verkaufte Astor die umliegenden Grundstücke an handverlesene Interessenten, und binnen kurzer

Zeit galt es als so vornehm, am Lafayette Place zu wohnen, dass Passanten halbe Sonntage auf den Bürgersteigen verbrachten, um einen Blick auf die Astors oder ihre feinen Nachbarn zu erhaschen.

Aber auch am Lafayette Place war die Luft in den Sommermonaten glühend und stickig. Keine noch so hohe Mauer, kein noch so großer Garten konnte vor den in der Hitze grassierenden Krankheiten schützen. Wer es sich leisten konnte, floh in ein Haus auf dem Land, möglichst am Hudson, wo immer ein frisches Lüftchen wehte.

Nördlich von New York, umgeben von fruchtbarem Land, lag Peachys Elternhaus. Ein idealer Platz, um Juli und August außerhalb der Stadt zu verbringen.

»Dort habe ich meine glücklichsten Kindertage verbracht.« Peachy geriet regelmäßig ins Schwärmen, wenn sie daran dachte. Ihr Schwiegervater witterte die Chance als Erster und nahm seinen Sohn beiseite.

»Warum bieten wir dem alten Armstrong nicht an, uns sein Anwesen zu verkaufen? Es ist doch groß genug für euch alle. Ihr könntet dort die Sommerfrische verbringen, und er kann weiterhin wohnen bleiben bis ans Ende seiner Tage. Aber danach gehört es dir und deiner Frau, und ihr müsst euch nicht mit ihren Brüdern wegen des Erbes herumärgern.«

William war höchst angetan von der Idee seines Vaters. Es dauerte nicht lange, und General Armstrong überschrieb seinem Schwiegersohn das Anwesen für 50 000 Dollar und lebenslanges Wohnrecht. Als seine Söhne von dem Geschäft erfuhren, tobten sie vor Wut, doch an der Gültigkeit der Vereinbarung gab es keinen Zweifel. Der Landsitz der Armstrongs gehörte ab sofort den Astors.

Peachy gab ihrem neuen Besitz nach einem Gedicht ihres Lieblingsschriftstellers Walter Scott den Namen »Rokeby«, und Astor rieb sich zufrieden die Hände. So machte man Geschäfte!

Noch immer war Johann Jakob I. weit davon entfernt, sich völlig aus der Firma zurückzuziehen. Er war überzeugt, dass sein Sohn niemals in der Lage gewesen wäre, ein Vermögen aus dem Nichts zu schaffen, wie er es getan hatte, aber er wusste auch, dass William Backhouse den Familienbesitz gewissenhaft verwaltete und vermehrte.

Dessen Hauptinteresse galt den Grundstücken und Häusern, die er und sein Vater im Laufe der Jahre erworben hatten. Doch noch war die Amerikanische Pelzgesellschaft eine der tragenden Säulen des Astor-Imperiums. Der Handel mit Fellen warf nach wie vor hohe Profite ab und wollte sorgfältig kontrolliert sein.

Längst verboten strenge Gesetze, Alkohol in die Territorien der Indianer zu bringen, die Eingeborenen damit betrunken zu machen und sie in diesem Zustand bei Geschäften zu übervorteilen. Der Alkohol, den die Indianer bekamen, war gepanscht und billig. Etwa zehn Liter Schnaps wurden mit einem Vielfachen an Wasser gestreckt, dann tüchtig mit rotem Pfeffer gewürzt und mit Tabakblättern gefärbt. Pro Liter brachte das Gebräu dem Verkäufer zwischen fünf und zehn Dollar. William Backhouse und sein Vater umgingen die Vorschriften, indem sie im Gebiet der Pelzgesellschaft eine eigene Destillation errichteten.

»So kann uns niemand an den Karren fahren! Wir schaffen ja kein ›Feuerwasser‹ zu den Indianern, wir brennen es einfach an Ort und Stelle – und das ist nicht verboten.« Johann Jakob war stolz auf seine Idee. Nicht nur dass seine Agenten die betrunkenen Indianer betrogen, am Verkauf des Alkohols verdiente die Firma zusätzlich etwa 50 000 Dollar jährlich.

Vater und Sohn wussten genau, welch verheerende Folgen

ihr Tun für die Indianer hatte, doch beiden ging Profit vor Moral. Und so ignorierten sie die Proteste ihrer Kritiker: »Die Amerikanische Pelzgesellschaft ist die größte Ansammlung von Gaunern, die die Welt je gesehen hat.«

Tagein, tagaus brütete William über Büchern und Bilanzen. Am Abend verließ er pünktlich sein Büro und setzte sich zu Hause an den gedeckten Tisch, um mit der Familie zu speisen. Peachy überwachte die Erziehung ihrer Kinder mit fürsorglicher Strenge und hatte besonders zu ihren Töchtern ein liebevolles und enges Verhältnis.

Emily, die älteste, war und blieb der Liebling beider Eltern. Erfrischend unbekümmert und immer guter Laune genoss sie das Leben einer Tochter aus bestem Hause und amüsierte vor allem ihren Vater mit ihrem fröhlichen Temperament.

Der 1822 geborene John Jacob III. war ein eher stiller Junge, der von Kindesbeinen an auf die dynastische Nachfolge vorbereitet und entsprechend streng erzogen wurde. Es folgten im Zweijahresabstand die Schwestern Laura Eugenia und Mary Alida, folgsame Mädchen, die stets um ihres Vaters Aufmerksamkeit bemüht waren. Zu ihrem Kummer verteilte William Interesse und Zuneigung in ungleicher Weise. Während er sich gerne mit der vergnügten Emily und John Jacob III. beschäftigte, beachtete er seine anderen Kinder kaum.

1830 kam William Backhouse junior zur Welt. Ein Knabe mit liebenswürdigem Charakter, aber weder mit großer Ernsthaftigkeit noch mit einem ausgeprägten Hang zur Arbeit begabt. Seine Rolle in der Familie war keine glückliche, denn Emily war die Favoritin und der ältere Bruder John Jacob III. als Dynast geboren. William Backhouse junior unternahm mehrere vergebliche Versuche, seinen Platz in der Geschwisterreihe zu finden, und entschied sich schließlich für ein Leben, das sich diametral von dem seines Vaters unterscheiden sollte.

Am Ende des selben Jahres gebar Peachy einen kleinen Henry. Ähnlich wie sein Bruder William Backhouse junior rang auch er um die Beachtung seines Vaters. Als ihm diese nicht im gewünschten Maß zuteil wurde, wählte er die Rolle des schwarzen Schafes und verwirrte die Familie mit einer ganzen Reihe von Eskapaden, die später dazu führten, dass er partiell entmündigt wurde.

Sechs 1832 unternahm Johann Jakob Astor seine letzte große Europareise und besuchte unter anderem seine Töchter Dolly und Eliza.

Zwei Jahre zuvor hatte Eliza New York ohne ihren Mann besucht. In Paris herrschten unsichere Zeiten, und Baron Vincent von Rumpff hatte darauf bestanden, dass seine Frau sich zu ihren Eltern begab, bis die politische Lage stabil und wieder unter Kontrolle wäre.

Just als es so weit war, kam Dolly Astor mit ihrem achten Kind nieder und litt heftig unter den Folgen der schweren Geburt. So gerne Eliza zurück zu ihrem Mann gereist wäre, in dieser Situation war ihr Platz an der Seite der Schwester. Liebevoll führte sie den Haushalt, kümmerte sich um die Kinder und pflegte Dolly so lange, bis diese wieder auf den Beinen war. Als die Ärzte zur völligen Genesung einen Luftwechsel empfahlen, hatte Eliza eine Idee.

»Warum kommst du nicht mit mir und den Kindern nach Paris? Platz ist genug, und wir hätten eine Menge Spaß miteinander. Denk nur an die vornehmen Einladungen, die Bälle,

Blick auf New York und den Broadway mit Börse, Trinity Church, Fulton Ferry, United States Hotel, St. Paul's, Astor-House. Ansicht von 1849.

die Theaterabende. Es ist alles so elegant bei uns, du wirst es lieben und kannst bleiben, bis du wieder ganz gesund bist.« Dolly war begeistert. Eine Saison in Paris – was für ein verlockender Gedanke! Das Gepäck der beiden füllte drei Kutschen, als sie zum Hafen fuhren.

»Wie zwei Prinzessinnen mit Gefolge«, lachte Eliza und nahm den kleinen Charles Bristed an die Hand.

»Und du bist mein Prinz.« Sie drückte den Jungen an sich und warf Dolly einen bedeutungsvollen Blick zu. Gemeinsam hatten sie entschieden, den Sohn ihrer Schwester Magdalen mitzunehmen.

Magdalen war inzwischen so schwer alkoholkrank, dass sie sich nicht mehr um ihr Kind kümmern konnte. An Leib und Seele zerrüttet starb sie im selben Jahr, 1832, im Alter von 44 Jahren.

Charles Bristed fühlte sich wohl und geborgen in der

Schar seiner Cousins und Cousinen und genoss wie diese die Schiffsreise nach Europa. Mit an Bord waren Kindermädchen, Gouvernanten und natürlich Dollys Gesellschafterin Phoebe Maybe.

Ein paar Monate Paris waren geplant gewesen, Dolly war längst vollständig wieder hergestellt, doch die Schwestern mochten sich nicht voneinander trennen.

»Kannst du dir vorstellen, wie einsam es hier wird, wenn ihr abreist? So habe ich wenigstens deine Kinder, wenn ich schon selbst keine haben kann«, seufzte Eliza, die sich inzwischen schweren Herzens damit abgefunden hatte, dass ihre Ehe kinderlos blieb.

Die Verbindung mit Vincent von Rumpff hatte sich nicht so glücklich entwickelt, wie Eliza gehofft hatte.

»Natürlich ist er nett zu mir, behandelt mich freundlich und mit Respekt, aber die Innigkeit, wie du sie mit deinem Langdon hast, die fehlt bei uns ganz einfach.« Eliza nahm eine abgegriffene Bibel zur Hand, die sie fast immer in der Nähe hatte.

Aus der fröhlichen, munteren Astor-Tochter, die so gerne auf Bällen tanzte und das Theater ebenso liebte wie eine Einladung zum Diner, war im Laufe der Zeit eine ernsthafte, gottesfürchtige junge Frau geworden, die allen weltlichen Vergnügungen entsagte. Die fromme Phoebe Maybe war es, die den Anstoß zu der Veränderung gegeben hatte.

»Sie haben ein mildtätiges Herz, und Sie haben die Möglichkeit, viel Gutes zu tun«, schlug sie vor. »Wenn es keine eigenen Kinder sind, für die Sie da sein können, warum helfen Sie nicht denen, die Ihrer Hilfe bedürfen?«

Eliza wurde Mitglied im Zirkel der Herzogin von Broglie. Hier kamen gesellschaftlich hochrangige Damen zusammen, die sich regelmäßig zu Gebet und Bibelstudium trafen und der Wohltätigkeit widmeten. Sie funktionierte ihre Villa am

Genfer See zu einer Schule um. Kinder aus armen Familien wurden hier kostenlos unterrichtet. Aus Amerika ließ sie Bücher kommen und gründete eine Bibliothek für die Kinder von Briten und Amerikanern, die in der französischen Hauptstadt lebten. Das alles überstieg natürlich ihre eigenen finanziellen Mittel um ein Vielfaches, aber Johann Jakob Astor sah, dass diese Tätigkeit seine geliebte Tochter glücklich machte, und unterstützte sie großzügig, wann immer sie ihn darum bat.

Sieben   Während der Abwesenheit seines Vaters saß William Backhouse nach wie vor täglich im Büro. Immer wieder trafen Briefe aus Europa ein. Auch aus der Entfernung sparte Johann Jakob Astor nicht mit guten Ratschlägen und versuchte auf diese Weise, das Imperium unter Kontrolle zu behalten. William Backhouse trug es äußerlich mit Fassung, beschwerte sich aber häufig bei seiner Frau:

»Er wird immer pingeliger, nichts kann ich ihm recht machen. Seit Jahren arbeite ich jetzt für ihn, und noch immer hat er das Gefühl, er muss die Zügel straff in der Hand halten.« Mürrisch öffnete er einen der zahlreichen Briefe seines Vaters.

Während seiner langen Abwesenheit unterhielt Johann Jakob stets einen intensiven Briefwechsel mit der Familie.

»Unsere kleine Sarah Langdon wird heiraten«, schrieb ihm seine Frau, »und es wäre schön, wenn du es einrichten könntest, anlässlich ihrer Hochzeit nach Hause zu kommen.«

Der Patriarch buchte eine Passage auf dem nächsten Schiff

und kehrte nach anderthalb Jahren zurück. Die Reise auf der »Utica« stand unter keinem guten Stern, denn kaum hatte sie abgelegt, wütete ein gewaltiges Unwetter über dem Meer. Das Schiff tanzte wie eine Nussschale auf den schäumenden Wellen, und Astor fürchtete um sein Leben.

»Kehren Sie um! Kehren Sie sofort um!«, schrie er den Kapitän an und bot ihm 1000 Dollar, wenn er den Kurs änderte und ihn wieder an Land brächte. Der Kapitän sah keinen Grund, den Wunsch seines verängstigten Passagiers zu erfüllen, und steuerte unbeirrt die »Utica« weiter in Richtung Amerika. Astor tobte.

»Haben Sie nicht gehört? Ich will zurück an Land – und zwar sofort!«, forderte er aufgebracht. »Ich zahle Ihnen 10 000 Dollar, wenn Sie auf der Stelle umkehren und den nächsten Hafen anlaufen.«

10 000 Dollar war eine Summe, die den Kapitän umdenken ließ. »Haben Sie das Geld bei sich?« fragte er.

Astor verneinte. »Ich stelle Ihnen einen Wechsel aus, den ich sofort einlöse, wenn wir in Sicherheit sind.« Er ging in seine Kabine und kam mit dem unterschriebenen Papier zurück.

»Das kann kein Mensch entziffern«, protestierte der Kapitän. »Entweder, Sie schreiben den Wechsel noch einmal neu, oder wir müssen ihn von einem Zeugen beglaubigen lassen.« Astor, der insgeheim gehofft hatte, auf diese Weise um die Zahlung des enormen Betrages herumzukommen, weigerte sich.

»Ich bin doch kein Dummkopf«, knurrte der Kapitän, der Astors Absicht durchschaute, und hielt seinen Kurs bei.

Am 4. April 1834 landete das Schiff wohlbehalten im New Yorker Hafen. William Backhouse erwartete seinen Vater am Kai, umarmte ihn, brachte aber kein Wort heraus.

»Was ist denn das für eine Begrüßung?« Astor sah seinen

Sohn fragend an. »Was machst du für ein Gesicht? Ist etwas passiert? Hast du Verluste gemacht?«

William Backhouse schüttelte den Kopf. Nur mühsam konnte er die Tränen zurückhalten.

»Mutter ist gestorben, vor einer Woche«, murmelte er unglücklich. Astor erstarrte.

»Sarah ist tot? Aber das ist doch nicht möglich, das kann doch gar nicht sein! Ich habe doch gerade noch einen Brief von ihr bekommen.« Ungläubig starrte er seinen Sohn an.

»Es ging ganz schnell. Sie hat nicht lange gelitten. Das Herz, sagen die Ärzte – es hat einfach aufgehört zu schlagen.« William Backhouse rang um Fassung.

Wie in Trance bestiegen die beiden Männer die wartende Kutsche und fuhren schweigend nach Hause.

Fast ein halbes Jahrhundert waren er und Sarah verheiratet gewesen, und auch wenn er oft für viele Monate auf Reisen gegangen war, hatten sie doch immer Kontakt gehalten, war sie eine feste Größe in seinem Leben gewesen. Ihre sanfte, bestimmte Klugheit, ihre freundliche Strenge, ihr frommes Wesen – Johann Jakob Astor wusste nicht, wie er ohne seine Frau weiterleben sollte.

»Das Haus ist so leer.« Das war alles, was er sagen konnte. Dann ging er in Sarahs Zimmer, setzte sich auf ihr Bett und weinte.

William Backhouse, seine Frau und alle Enkelkinder kümmerten sich liebevoll um Astor, besuchten ihn regelmäßig und bemühten sich, ihm die schwere Zeit zu erleichtern. Aus Paris traf wenig später Dolly ein, die sich sofort auf den Weg gemacht hatte, um ihrem Vater beizustehen.

Die nächsten Wochen verbrachte Johann Jakob in völliger Zurückgezogenheit. Sein Privatsekretär Fitz-Gene Halleck und Lieblingsenkel Charles Bristed leisteten ihm Gesellschaft, aber Astor sprach kaum mit ihnen. Familie und Freunde machten sich große Sorgen um den einst so tatkräftigen, starken Mann.

»Ich habe so viel verloren, meine Frau ist tot, meine Tochter ist tot, ich fühle mich, als würde ich ihnen bald nachfolgen.« Mit düsterer Miene starrte Astor vor sich hin. Zwei dunkle Monate vergingen, dann straffte er eines Tages die Schultern und rief Halleck zu sich.

»Das Leben geht weiter, muss irgendwie weitergehen. Ich habe nachgedacht und eine Entscheidung gefällt. Ich werde die Pelzgesellschaft verkaufen und mich nur noch mit Grund und Boden beschäftigen. Die große Zeit des Pelzhandels ist vorbei. Auch in den besten Revieren von einst gibt es kaum noch erstklassige Ware. Sollen sich andere damit herumärgern. Ich will nicht den Rest meines Lebens damit verbringen. Stattdessen werde ich ein Hotel bauen, wie es Amerika noch nicht gesehen hat. Ich habe in Europa in so wundervollen Häusern logiert – warum nicht von allen das Beste zusammennehmen und hier in New York bauen?«

Johann Jakob Astor hatte seine Depression überwunden.

Noch im selben Jahr begann er mit dem Bau des »Astor House«, das das feinste, vornehmste und luxuriöseste Hotel seiner Zeit werden sollte. Um Platz für seinen Traum zu schaffen, mussten zunächst eine ganze Reihe von Häusern, darunter auch sein eigenes zwischen Broadway, Barclay und Vesey Street, abgerissen werden.

Dolly und William waren entsetzt. »Aber warum denn das Haus, in dem ihr, du und Mutter, so lange gelebt habt?« Astor bedeckte sein Gesicht mit den Händen.

»Eben weil wir dort so lange gelebt haben. Ich kann hier nicht mehr sein. Sie schaut mich aus jeder Ecke an. Das ertrage ich nicht.«

»Und wo willst du in Zukunft wohnen?« William sah seinen Vater besorgt an. Astors Blick hellte sich auf.

»Du vergisst, dass ich immer noch Hellgate habe. Ich denke, ein Witwer wie ich kann durchaus eine Weile da draußen am East River leben und über die weiten Wiesen auf das Wasser schauen. Auch wenn wir das Anwesen fast nur im Sommer genutzt haben, ist es mit wenigen Handgriffen so herzurichten, dass ich dort auch in kühleren Monaten leben kann. Und zweitens«, jetzt lächelte er, »zweitens gehört mir ein wunderschönes Grundstück am Broadway 485. Dort will ich mir ein Stadthaus ganz nach meinen Vorstellungen bauen.«

Als erstes machte sich Astor daran, den ganzen Block, der sein ehemaliges Wohnhaus umgab, zu kaufen.

»Ich brauche Platz für mein Hotel. Ein einzelnes Grundstück reicht da nicht aus.« Viele Nachbarn wollten sich nicht mit dem Gedanken anfreunden, dass in der vornehmen Wohngegend ein Hotel entstehen sollte. Manches Mal zogen sich die Verhandlungen in die Länge. Aber letztendlich war es nur ein Mann, der sich entschieden weigerte, sein Haus zu verkaufen.

»Alles hat seinen Preis, auch dieses Grundstück.« Davon war Astor überzeugt und blieb hartnäckig, bis er schließlich seinen Willen durchgesetzt hatte. Der Nachbar machte ein gutes Geschäft, denn Astor musste 60 000 Dollar zahlen, das Doppelte von dem, was der Komplex wert war. Doch auch nachdem der Vertrag unterschrieben war, zog der Mann nicht aus. Alles war für den Abriss vorbereitet, und die irritierten Bauarbeiter fragten Astor, was sie tun sollten.

»Fangt einfach an, die Bude abzureißen, und wenn ihr schon da seid, demoliert mal als erstes die Treppe.« Dieser Entschlossenheit musste auch der widerspenstige Nachbar weichen, und bald darauf stand kein Stein mehr auf dem anderen.

Das prunkvolle »Astor-House« begeistert prominente Gäste von Abraham Lincoln bis zum Prinzen von Wales, den späteren König Edward VII.

Binnen kürzester Zeit entstand ein mehrstöckiges Hotel mit 300 Zimmern und 17 Bädern.

»Ich finde, dass zehn Badezimmer auch gereicht hätten«, murrte Astor, ließ sich aber überzeugen, noch ein paar mehr zu installieren. Das Mobiliar der Zimmer wurde aus schwarzem Walnussholz gefertigt, das Ultimum an Eleganz der Zeit. In jedem Zimmer stand ein Waschgeschirr mit kostenloser Seife. Ein Mann wurde nur dafür eingestellt, den Besuchern Hüte und Mäntel abzunehmen, ein anderer putzte die Schuhe der Gäste. In den unteren Etagen wurden Läden an fünf Schneider, einen Barbier, einen Perückenmacher, einen Juwelier und zehn andere Geschäftsleute vermietet.

Die Speisekarte des exklusiven Restaurants war dazu angetan, auch den verwöhntesten Gaumen zu erfreuen. Geschmorte Nieren in Champagnersauce, Schweinshaxen,

Kalbsbraten, Geflügel und Desserts von herausragender Qualität. Die Weinkarte präsentierte allein 16 verschiedene Sherrys und 20 Madeiraweine.

1836 wurde das prächtige Gebäude eröffnet und war vom ersten Tage an ein beliebter Treffpunkt für Politiker und berühmte Persönlichkeiten, die New York besuchten – unter ihnen Abraham Lincoln, Jefferson Davis, Jenny Lind, Edgar Allan Poe und der Prinz von Wales, der später als Edward VII. den britischen Thron besteigen sollte. Sie alle waren begeistert vom kostbaren Interieur und außergewöhnlichen Service des Hauses. Charles Dickens berichtete allerdings entsetzt, dass draußen vor der eleganten Treppe, die zum Eingangsportal führte, gewöhnliche Hausschweine in den Abfällen wühlten.

Astor verpachtete das Hotel, und die Pächter verlangten zwei Dollar pro Nacht und Zimmer – damals eine so ungeheure Summe, dass der Herausgeber des »New York Herald« seine Mitarbeiter anwies, jeden ankommenden Gast zu notieren.

Er sah voraus: »Jeder, der zwei Dollar pro Tag für ein Zimmer bezahlen kann, muss einfach wichtig sein, und wir werden die Auflage steigern, wenn wir über diese Leute schreiben.«

Acht   Seit jeher hatte Johann Jakob Astor einen regelmäßigen Lebensrhythmus eingehalten, und auch jetzt, nachdem ihn der Tod seiner Frau einige Monate aus der Bahn geworfen hatte, führte er sein Leben wieder in einem fest geregelten Tagesablauf.

Nach dem Frühstück ging er in sein Büro und besprach das anstehende Tagesgeschäft mit William, dessen Schreibtisch ein Zimmer weiter stand. Anders als sein Sohn, der bis zum Abend blieb, ging Astor meist gegen 14.00 Uhr nach Hause, um dort gemeinsam mit Halleck und seinem Enkel Charles pünktlich um 15.00 Uhr das Mittagessen einzunehmen. Anschließend trank er ein Glas Bier und spielte drei Partien Schach. Ein kleines Nickerchen gab ihm die Kraft, am späten Nachmittag ein Pferd satteln zu lassen und durch die Stadt zu reiten.

Diese Ausritte nutzte er häufig, um seinen ältesten Sohn zu besuchen. John Jacobs II. Zustand hatte sich nicht gebessert. Seine Stimmung schwankte wie eh und je zwischen lähmender Lethargie und heftigen Ausbrüchen. Nach dem Ableben ihres Mannes hatte Hannah Chaplin ihn noch einige Jahre gepflegt, bis auch sie 1822 starb und das Pflegeheim geschlossen wurde. Johann Jakob entschied, seinen Sohn gut versorgt mit Arzt und Pfleger in einem Privathaus unterzubringen.

Er kaufte ein geräumiges Anwesen mit einem großen Garten, der von einer hohen Mauer umgeben war, um den kranken John Jacob II. vor den Blicken Neugieriger zu schützen. Die Astors waren inzwischen in New York so berühmt, dass es immer wieder taktlose Menschen gab, die an der Mauer hochkletterten, um einen Blick auf den »verrückten Astor« zu werfen.

»Dass sich die Leute nicht schämen, derartig lüstern mit dem Leid anderer umzugehen«, empörte sich Astor und hob zornig die Faust.

Die Abende verbrachte Johann Jakob häufig im Theater, manchmal lud er auch Gäste zu sich ein. Aber am meisten genoss er, wenn seine Enkelin Emily ihn besuchte und ihm vorsang. Das Mädchen mit den rotblonden Haaren, den klaren blauen Augen und der reizenden Figur nahm das Leben von der sonnigen Seite.

Früh hatte Peachy erkannt, dass ihre Älteste die Anlage zu einem schönen Koloratursopran hatte, und diese Begabung gefördert. Wenn Emily für ihn sang, saß ihr Großvater mit geschlossenen Augen in seinem tiefen Sessel und lauschte ihrer glockenklaren Stimme.

»Wenn du eines Tages heiratest und mir einen netten jungen Mann präsentierst, schenke ich dir ein Haus zur Hochzeit. Aber nur eines, das hier in der Nähe ist, damit du mich weiterhin besuchen und mir vorsingen kannst«, scherzte er. Emily lachte und wurde rot.

»Grandpa, ich heirate überhaupt nur, wenn ich in deiner Nähe bleiben kann«, gab sie vergnügt zurück.

»Charles und du, ihr seid die Freude meines Alters. Was für ein Glück, dass ich euch habe!« Astor sah aus dem Fenster. Er liebte sie alle, seine Enkelkinder, aber diese beiden waren anders als die anderen. Sie brachten ihm aufrichtige Zuneigung entgegen, hatten keine Furcht vor ihm, wussten ihn zu nehmen, auch wenn er manchmal ruppig oder zornig war.

Die anderen – er ließ sie im Geiste Revue passieren – die anderen schienen ihm doch oft zu verwöhnt von ihren Eltern, zu erpicht darauf, das Geld auszugeben, das er so mühsam erarbeitet hatte. Und wie sie ihn dann ansahen, wenn er mit ihnen sprach. Als käme er von einem fernen Stern und hätte nichts mit ihnen zu tun. Aber wer hatte immer alles bezahlt? Die luxuriösen Häuser, die seidenen Kleider, die erstklassigen Hauslehrer, die Studienreisen nach Europa? Er, Johann Jakob Astor, war es noch immer, der ihnen all das ermöglichte. Letztendlich lebte die ganze Familie von seinem Geld, und sie lebten alle gut davon, sehr gut!

William, das musste er zugeben, William war die einzige

Ausnahme. Er führte die Geschäfte inzwischen sehr ordentlich und hatte eine gute Nase für günstige Grundstückskäufe. Manchmal hatte er aber auch einfach Glück. Astor dachte an die Nacht, in der das große Feuer so viele Häuser zerstört hatte. Da hatte das Schicksal William Backhouse und mit ihm der Firma wirklich in die Hände gespielt.

Die Katastrophe hatte sich in der Nacht vom 16. auf den 17. Dezember 1835 ereignet. In diesem bitterkalten Winter brach der größte Brand aus, der je in New York gewütet hatte. Der East River war so fest zugefroren, dass man zwischen Manhattan und Brooklyn hin und her laufen konnte. Die Feuerwehrleute taten ihr Bestes, doch das Löschwasser wurde zu Eis, bevor es die Flammen erreichte. Das Feuer verwüstete ganze Viertel. Die Häuser, fast alle aus Holz gebaut, brannten wie Zunder. Viele von ihnen standen auf Grundstücken, die zum Astor-Imperium gehörten. Die Bewohner waren verzweifelt, denn sie hatten das Land gepachtet und den Bau ihrer Häuser selbst finanziert. Jetzt waren die oft armseligen Hütten nur noch Schutt und Asche, aber der Grund und Boden gehörte nach wie vor der Firma Astor.

Erst nach zwei Tagen war das ganze Ausmaß der Katastrophe sichtbar. Die Versicherungen bezifferten den Schaden auf 25 Millionen Dollar und gingen eine nach der anderen Bankrott. Astor verlor keinen Cent. Wer kein neues Haus bauen konnte, musste das Grundstück an die Firma zurückgeben. William führte eine lange Warteliste von liquiden Pächtern, die nur darauf warteten, einen Vertrag mit ihm abzuschließen.

Neun   Dorothea und William lebten zwar Tür an Tür am Lafayette Place, kamen aber nicht gut miteinander aus. Immer wieder beschwerte sich Dolly in den Briefen an ihre Schwester Eliza über die Sturheit des Bruders:

»Er hat nichts im Kopf als seine Geschäfte, geht mit ernster Miene und gewichtigen Schritten umher. Wenn es nicht wenigstens Emily von Zeit zu Zeit gelänge, ihn aufzuheitern, würde man ihn wohl niemals lächeln sehen.«

Eliza pendelte zwischen Paris und der Villa in Genf, die Astor Jahre zuvor gekauft und ihr geschenkt hatte. Ihre Bibliothek für ausländische Kinder war zu einer großen Angelegenheit geworden. Von kleinen Städten in der Provinz bis zu Metropolen wie Brüssel, Neapel, Florenz und St. Petersburg, überall wurden ähnliche Lesesäle eröffnet, bat man um Elizas Rat. Die Schule in Genf wuchs mit großer Geschwindigkeit. Auf Elizas Kosten wurden die Kinder im Sommer mit Kutschen, im Winter mit Schlitten aus den entlegensten Ecken abgeholt und zum Unterricht gebracht. Eliza ging völlig in Organisation und Perfektion ihres geliebten Projekts auf.

1838, kurz vor ihrem 38sten Geburtstag, zwang eine hochfiebrige Infektion die engagierte Frau, ihre Arbeit ruhen zu lassen. Das Krankenlager in der Schweiz war nur von kurzer Dauer. Wenige Tage später starb Eliza Astor von Rumpff.

Der Tod seiner geliebten Tochter war für Johann Jakob ein Schlag, der ihn völlig aus der Bahn zu werfen drohte. Wochenlang haderte er mit dem Schicksal, wusste in seiner Verzweiflung nicht ein noch aus. Von seinen Kindern lebten jetzt nur noch John Jakob II., Dorothea und William.

»Ich habe schon zu viele geliebte Menschen verloren«, seufzte er. »Was ist das für ein Leben, wenn man die, die einem am liebsten sind, zu Grabe tragen muss?« Traurig saß er in seinem vierstöckigen Haus am Broadway, und es schien, als hätte er jegliche Freude am Leben verloren. Sekretär Halleck und Enkel Charles kümmerten sich hingebungsvoll um ihn, und noch einmal – wenn auch langsam – heilte die Zeit die Wunden des 75jährigen.

Astor überwand auch diese Depression, und einige Monate später gab er wieder Einladungen für die Hautevolee New Yorks. Broadway Nr. 485 galt als eine der ersten Adressen der Stadt, und der Hausherr scheute keine Kosten, um zu beweisen, dass der Ruf berechtigt war. Alle vier Stockwerke waren mit kostbarsten Kunstwerken und erlesensten Möbeln aus Europa ausgestattet. Die Diners waren ein Fest für Auge und Gaumen. Austern mit Moselwein, ausgelöster Truthahn in delikater Soße, gefülltes Rinderfilet, Entenrücken. In Gesellschaft aß Astor gerne, viel und gut. Und er war überglücklich, wenn Charles und Emily bei diesen Anlässen an seiner Seite waren.

Emily Astor hatte vor einigen Monaten einen jungen Mann namens Samuel Ward kennengelernt und sich bis über beide Ohren in ihn verliebt.

»Grandpa, ich wünsche mir so sehr, dass er dir gefällt, denn wenn er dir nicht gefällt, kann ich ihn nicht heiraten, nicht wahr?« Sie drückte ihrem Großvater einen Kuss auf die Wange.

Sam Ward war der Sohn eines bekannten Bankiers und kam aus einer angesehenen Familie. Der intelligente junge Mann erkannte schnell, dass es nicht nur darum ging, den Vater der Braut von seinen Qualitäten zu überzeugen, sondern dass vor allem der mächtige Großvater großen Einfluss auf sein Schicksal haben würde. Mit Esprit und Phantasie gelang es ihm, Johann Jakob I. auf seine Seite zu ziehen.

William Backhouse und Peachy waren ebenfalls einverstanden mit der Wahl ihrer Tochter, und so heiratete Emily Astor 1838 ihren Samuel Ward. Astor hielt sein Versprechen und schenkte seiner Enkelin ein Haus in der Bond Street zur Hochzeit. Die Bond Street, eine der vornehmsten Adressen New Yorks, hatte es zu diesem Zeitpunkt durch ihre wohlhabenden Anrainer bereits zu sprichwörtlicher Berühmtheit gebracht. In der Stadt galt das geflügelte Wort: »Sag dem Kaufmann, dass du in der Bond Street wohnst, und es wird kein Problem mit dem Anschreiben geben.«

Emily war glücklich. Kein Jahr nach der Hochzeit wurde sie von ihrem ersten Kind entbunden. Das kleine Mädchen wurde nach der Großmutter auf den Namen Margaret getauft. Die kleine Maddie gedieh prächtig, und drei Jahre später kam Emily mit einem Sohn nieder.

Mutter und Kind infizierten sich mit Kindbettfieber, und wenige Wochen nach der Entbindung trug Samuel Ward beide zu Grabe. Die ganze Familie trauerte mit ihm.

»Wir werden dir Maddie abnehmen. Sie kann bei uns leben, wir werden sie lieben wie unsere eigenen Kinder, und du kannst sie jederzeit sehen«, boten William und Peachy ihrem Schwiegersohn an. Ward besuchte seine Tochter regelmäßig im Haus der Großeltern, die Sam nach wie vor sehr schätzten. Doch die Zuneigung schwand von einem Tag auf den anderen, als dieser eine neue Frau kennenlernte, sie bald darauf heiratete und ihr das Haus überschrieb, das Emily und er zur Hochzeit geschenkt bekommen hatten. Die Astors, allen voran Johann Jakob I., waren außer sich. Böse Worte fielen, und schließlich gab es außer erbitterten Briefen keinerlei Kontakt mehr zwischen den Parteien. Leidtragende war Margaret, die ihren Vater so gut wie nicht mehr zu Gesicht bekam.

William Backhouse und seine Frau trauerten lange um den Verlust ihrer Tochter. Doch während der Vater seinen Kummer nach Astor-Art mit Arbeit betäubte, zog sich Peachy völlig in sich zurück. Sie sprach nur noch wenig, erwähnte den

Namen Emily nie mehr und kleidete sich fortan in lange schwarze Kleider. Ihre beiden jüngeren Töchter, die 17jährige Laura und ihre 15jährige Schwester Mary Alida, zwang sie ebenfalls in dunkle Gewänder und unternahm mit beiden jeden Tag lange Spaziergänge auf den Straßen New Yorks. Die Sitte der Zeit wollte, dass Passanten, die dem düsteren Trio begegneten, seufzend ihr Beileid bekunden mussten.

»Sie trauern alle mit uns«, schluchzte Peachy dann und hüllte sich wieder in ihre schwarzen Schleier.

Drei Jahre nach Emilys Tod heiratete Laura einen jungen Mann namens Franklin Hughes Delano. Die New Yorker Klatschbasen waren sich einig, dass die nicht besonders attraktive Astor-Tochter einen phantastischen Fang gemacht hatte. Delano galt als ausgesprochen gut aussehend und kam aus einer achtbaren Familie.

Sowohl Johann Jakob I. als auch William waren entzückt über die gute Partie und überboten sich gegenseitig mit ihren Hochzeitsgeschenken. Bei New Yorks Kaffeekränzchen erzählte man sich nach der Hochzeit, der Großvater habe seiner Enkelin nicht nur einen Scheck über eine Viertelmillion Dollar übergeben, sondern ihr auch noch ein Haus am Lafayette Place geschenkt. Dort wohnten inzwischen so viele Familienmitglieder, dass der Platz an der nächsten Straßenecke kurzerhand in Astor Place umbenannt wurde.

Alida Astor verliebte sich in einen Engländer. Böse Zungen behaupteten, dass John Carey junior nur nach Amerika gekommen sei, um eine reiche Braut zu finden. Wenn dem so war, hatte er eine gute Wahl getroffen, denn auch Alida brachte eine stattliche Mitgift in die Ehe.

Im Haus ihrer Großeltern wuchs die kleine Maddie zu einem besonders hübschen Mädchen heran. Nachdem Laura und Alida verheiratet waren, konzentrierte sich Peachy ganz auf die religiöse Erziehung ihrer Enkelin. Mehrmals täglich standen Bibelstudium und Gebete auf der Tagesordnung, und Maddie wurde zu einer frommen, jungen Frau.

Als die Zeit gekommen war, heiratete sie John Winthrop Chanler, einen Tammany-Politiker, dessen Vorfahren aus dem Süden kamen.

»Er ist, das muss ich zugeben, ein hübscher Bursche, und Charme hat er auch«, urteilte William Backhouse, »für meinen Geschmack ist er vielleicht ein wenig zu exzentrisch, aber mir scheint, dass er unsere Maddie wirklich liebt.«

Die Großeltern stimmten der Verbindung zu. Die Ehe war ebenso glücklich wie fruchtbar, endete jedoch tragisch. Maddie schenkte elf gesunden Kindern das Leben, bevor sie 37jährig einer Lungenentzündung erlag. Wenig später starb auch ihr Mann.

John Jacob III. wurde Vormund der Chanler-Waisen. Eine Familie aus elf Kindern zu betreuen überstieg jedoch sowohl seine Kraft als auch die Kapazitäten seiner Frau, so übernahm die Verantwortung für den Haushalt eine ältere unverheiratete Cousine der Kinder. Unter Astors Vorsitz verwaltete eine Gruppe von Treuhändern das Erbe. Sam Ward, der Großvater der Chanler-Kinder, war nicht unter den Verwaltern. Nach Maddies Tod hatte es eine letzte große Auseinandersetzung zwischen ihm und den Astors gegeben. Nicht mehr als 1000 Dollar jährlich wurden ihm in Maddies Testament zugesprochen, und Ward, der mit einer wesentlich höheren Summe gerechnet hatte, tobte. Daraufhin sorgte der strenge John Jacob III. dafür, dass Ward seine Enkel kaum noch sehen durfte.

Zehn Als seine ältere Schwester Emily starb, war John Jacob III. knapp 20 Jahre alt. Früh hatte William Backhouse ihn auf die Rolle des Dynasten vorbereitet, und Johann, wie er zu Hause gerufen wurde, schien alle Voraussetzungen dafür mitzubringen.

»Ich möchte, dass du einen Teil deiner Studien in Deutschland absolvierst«, teilte ihm sein Vater mit. John Jacob III. kam diesem Wunsch nur zu gerne nach.

William Backhouse erinnerte sich noch gut an seine eigene Studentenzeit und bestand darauf, seinem Sohn einen Begleiter zur Seite zu stellen. Joseph Green Cogswell, ein gebildeter, in Harvard graduierter Mann, war seit Jahren ein enger Bekannter der Familie und schien der Richtige für diese Aufgabe.

Cogswell hatte einen Lebenstraum, für den er bereit war, beinahe alles zu tun. Er träumte von einer großen Bibliothek in New York und hatte sich in den Kopf gesetzt, das Geld dafür von den Astors zu bekommen. Als William Backhouse ihn engagierte, seinen Sohn nach Göttingen zu begleiten, sah sich Cogswell einen Schritt näher bei der Familie und damit einen Schritt weiter in seinen Bemühungen.

Nach zwei Jahren kehrten die beiden zurück. Cogswell wurde reichlich entlohnt, und John Jacob III. vertiefte seine Studien an der juristischen Fakultät von Harvard. Um praktische Erfahrungen zu sammeln, schickte ihn sein Vater ein weiteres Jahr in ein Anwaltsbüro. Erst dann wurde der junge Mann für reif und fähig befunden, 1843 in das Familienunternehmen einzutreten.

Im Laufe der Jahre ließ William Backhouse seinem Sohn immer freiere Hand. Johann durfte eigenmächtig Verhandlungen führen und erwies sich als umsichtiger Geschäftsmann. Er machte es sich zur Angewohnheit, stets eine relativ hohe Summe baren Geldes verfügbar zu halten.

»Man weiß nie, wann man einen guten Kauf tätigen kann«, erklärte er einem seiner Angestellten. »Und ich will in der Lage sein, bei einem Schnäppchen sofort zuschlagen zu können.«

Auf diese Weise mehrte er den Grundbesitz der Familie und unterzeichnete einige Abschlüsse, auf die sogar sein Großvater stolz war.

Je älter sein Vater wurde, umso mehr Verantwortung übernahm Johann im Management der Firma. Was den Erwerb von Grundstücken betraf, bewies er eine glücklichere Hand, als sie sein Vater jemals gehabt hatte. Als Besitzer der Ländereien war er ein wenig liberaler als William Backhouse, fühlte sich aber im Wesentlichen der Familientradition verpflichtet.

»Ich werde kein Land verkaufen. Ich werde auch keine Mietshäuser bauen. Ich werde nur eines tun: Ich werde das Land weiterhin für die Dauer von 21 Jahren verpachten.«

Wie sein Vater hielt Johann nicht viel von den Häusern, die auf Astor-Land wie die Pilze aus dem Boden schossen, und so war es nicht weiter verwunderlich, dass er sich strikt weigerte, eine Brandversicherung abzuschließen.

»Es ist billiger, von Zeit zu Zeit einen ganzen Häuserblock durch ein Feuer zu verlieren, als regelmäßig die Versicherungsprämien zu zahlen«, erklärte er Freunden und erzählte begeistert eine Anekdote aus der Familie:

»Als ganz junger Mann kam mein Vater eines Tages nach Hause und schrie aufgeregt: ›Vater, Vater, eines unserer Häuser in der Bowery Street brennt!‹ Grandpa hielt den Blick fest auf den Boden seines Arbeitszimmers gerichtet und antwortete nicht. Mein Vater wiederholte die in seinen Augen schreckliche Nachricht. Mein Großvater bückte sich und hob etwas auf, dann sah er seinen Sohn an: ›Jetzt, nachdem ich die Fünfdollarnote gefunden habe, die mir heruntergefallen war, kannst du mir alles über dieses Haus erzählen. Aber vergiss nie, ein Geldschein in der Hand ist wichtiger als ein Haus in Schutt und Asche.‹« John Jacob III. grinste und wiederholte kichernd: »Man stelle sich vor, fünf Dollar in der Hand – wichtiger als ein ganzes Haus!«

William Backhouse war sehr zufrieden mit der Entwicklung seines Sohnes und ahnte nicht, dass dieser nichts auf der Welt so langweilig fand wie Bilanzen, Mieteinnahmen, Grundstückskäufe. Was seines Großvaters und Vaters Lebensinhalt war, ödete ihn an. Klug genug, das nicht zu zeigen, lebte er nach einer einfachen Regel: »Arbeite hart, aber reduziere die Stunden auf ein Minimum.«

Gemeinsam betraten Vater und Sohn das Büro um 9.00 Uhr. John Jacob III. arbeitete bis Mittag, um nach dem Essen noch einmal bis 15.00 Uhr seinen Pflichten nachzugehen. Dann schloss er die Tür hinter sich, während sein Vater nicht vor dem Abend nach Hause ging. Der Sohn erledigte seine Arbeit anders, aber erfolgreich, denn das Vermögen wuchs weiter, und William fand nichts auszusetzen.

New York veränderte sich nach wie vor in atemberaubender Geschwindigkeit. Täglich brachten mehr als 40 Schiffe je bis zu 700 Einwanderer. Mit wackeligen Beinen und voller Hoffnung auf ein besseres Leben verließen sie die feuchten, stickigen Laderäume der Frachter, um meist wenig später in ebenso feuchten und stickigen Häusern ein überfülltes Zimmer zu beziehen.

Überall in der Stadt wurden Häuser gebaut, abgerissen, brannten nieder und wurden neu errichtet. Aus dem einst beschaulichen, ruhigen Städtchen war Mitte des 19. Jahrhunderts eine pulsierende Metropole geworden.

Kaufen, verpachten, verkaufen, neu kaufen und für den privaten Bedarf bauen – das waren die Haupttätigkeiten der

Astors. Jeder gewonnene Dollar wurde wieder in Grundstücke investiert.

»Am besten ist immer, wenn man an die Eckgrundstücke herankommt«, schärfte William seinem Sohn ein. »Das sind die begehrtesten, da wird zuerst gebaut.« Er fügte hinzu:

»Aber wir haben Zeit… New York wird immer weiter wachsen, die Menschen werden immer mehr Platz brauchen. Wir können gar nicht verlieren.«

Es kam vor, dass unbebaute Astor-Grundstücke über Monate, manchmal sogar Jahre in Gegenden lagen, die längst an die Zivilisation angeschlossen waren. Doch Williams Strategie erwies sich immer als richtig. Für jedes Stück Land kam der Tag, an dem ein Pächter die notwendigen Arbeiten übernahm und den Wert damit für das Astor-Imperium steigerte.

Das lukrative System der Firma änderte sich auch in der dritten Generation nicht. Die Astors kauften Grundstücke und verpachteten sie mit der Auflage, dass die Pächter das Land auf eigene Kosten zu bebauen hatten. Wie die Häuser aussahen und was sich in ihnen abspielte, interessierte die Grundbesitzer nicht.

Wie William kam es auch John Jacob III. nicht in den Sinn, etwas an den immer noch schrecklichen Zuständen in den Mietskasernen auf ihren Grundstücken zu ändern. Er hatte gelernt, die Häuser als Einkommensquelle und nicht als Ort menschlicher Tragödien zu sehen. Seine Feinde, und deren hatte er eine ganze Reihe, behaupteten, er sei ein ebenso rücksichtsloser Geschäftsmann wie sein Großvater und Vater.

Immer mehr Pächter bauten Häuser nicht zu Wohnzwecken, sondern vermieteten sie für viel Geld an Menschen, die darin arbeiteten. Fabrikarbeit wurde von strengen Gesetzen reglementiert, um diese zu unterlaufen, funktionierten vor allem kleine Handwerker ihre Wohnungen zu Werkstätten um, in denen sie gleichzeitig mit ihren Familien lebten. Diese Vorgehensweise war am Rande der Legalität, brachte aber enorme Profite für die Pächter, die ihrerseits entsprechend an die Astors zu zahlen hatten. Niemand kam auf die Idee, auch nur einen Cent der eingenommenen Gelder in die Sauberkeit der Straßen oder den Erhalt der Häuser zu investieren.

Wenn der Sommer kam und die Luft in der Stadt heiß und stickig wurde, stieg die Todesrate in den Armenvierteln noch immer drastisch. Männer und Frauen schliefen auf Dächern und Fensterbrettern, um nicht in den schwülen, unbelüfteten Kammern zu ersticken. Viele von ihnen stürzten auf die Straße, wo sie mit gebrochenem Genick liegen blieben, bis sich jemand ihrer erbarmte.

50 »Sommerärzte« waren im Juli und August rund um die Uhr im Einsatz, um wenigstens Säuglinge und Kleinkinder in den Elendsvierteln notdürftig medizinisch zu versorgen. Dennoch mussten die Totengräber in diesen Monaten Überstunden machen. Viele Eltern wussten sich nicht anders zu helfen, als ihre verstorbenen Kinder bei Nacht einfach auf die Straße zu legen, um auf diese Weise die Kosten für das Begräbnis zu vermeiden. Die Stapel der kleinen Särge ragten oft meterhoch, wenn das Wohlfahrtsschiff zweimal in der Woche zum außerhalb gelegenen Stadtfriedhof fuhr.

Nach wie vor strömten Abertausende in die Stadt, um dort ihr Glück zu machen. Häuser entstanden in Rekordgeschwindigkeit – wie sie aussahen oder das Stadtbild prägten, war nicht von Interesse.

Große Teile von New York verkamen zu hässlichen und verwahrlosten Vierteln. An Ecken und Kreuzungen verpesteten Müllberge die Luft, die kleineren Straßen waren eng und schmutzig. Der Ausverkauf machte auch vor ehemals begehrten Gegenden wie Greenwich Village nicht Halt. Bankiers und Geschäftsleute verließen ihre Villen und zogen in elegante Stadthäuser in der Fifth Avenue zwischen der 33. und 34. Straße.

Selbstverständlich befanden sich hier zu gegebener Zeit auch die Häuser von John Jacob III. und seinem jüngeren Bruder William Backhouse junior.

»Ich habe das blaue Blut meiner Mutter und die Millionen meines Vaters«, pflegte Johann Jacob III. zu sagen und gefiel sich in der Rolle des ersten Aristokraten seiner Familie.

Fast 1,90 Meter groß, mit üppigem Bart, grauen Augen und militärisch aufrechter Haltung, war er eine imposante Erscheinung. Seine Distanziertheit und seine steifen, wenn auch vollendeten Manieren machten es seiner Umgebung nicht leicht, nähere Beziehungen mit ihm aufzunehmen. Innerhalb der Familie wusste man, dass er eigentlich ein umgänglicher Mensch war, der die von Vater und Großmutter Sarah geerbte Scheu auf diese Weise zu kaschieren versuchte. Außenstehende empfanden ihn oft als Furcht einflößend, und so war es kein Wunder, dass John Jacob III. nicht viele Freunde hatte und sich vor allem mit dem anderen Geschlecht schwer tat.

Eine der seltenen Ausnahmen war Charlotte Augusta Gibbes, ein junges Mädchen, das er aus der Nachbarschaft von Kindesbeinen an kannte. Augusta kam aus einer stolzen Familie aus South Carolina, deren Angehörige behaupteten, Nachfahren eines britischen Königs zu sein, und die sich am Lafayette Place niedergelassen hatte. Die zierliche, blonde Miss Gibbes war eine kleine, energische Person, die es verstand, ihre Umgebung mit großem Charme in ihren Bann zu ziehen. So auch den zurückhaltenden John Jacob III.:

»Ich bin sicher, dass sie dein Wohlgefallen erregen wird,

Grandpa. Sie ist nicht nur hübsch, sie ist auch noch klug. Seit ich sie näher kenne, spüre ich ein starkes Zwiegefühl.«

Johann Jakob I. sah seinen Enkel aus zusammengekniffenen Augen an. Wohlgefallen erregen, Zwiegefühl! Er schüttelte missbilligend den Kopf. Was für eine alberne, geschwollene Sprache benutzte dieser Bengel nur! Warum konnte er nicht in einfachen Worten sagen, dass ihm das Mädchen gefiel? Astors schmaler Mund öffnete sich nicht, als er fast unmerklich nickte und damit seine Zustimmung gab.

1846, der Bräutigam war gerade 24 Jahre alt, wurde die Hochzeit im Haus der Brauteltern gefeiert. Die exklusive Gästeliste ließ keinen Zweifel daran, dass hier zwei illustre junge Leute den Bund für ihr Leben schlossen.

»Was für ein schönes Paar«, seufzte Peachy zufrieden und sah stolz auf ihren hochgewachsenen Sohn, der seine zierliche Frau um einiges überragte.

»Augusta ist zweifellos eine ganz besondere Frau«, bemerkte William Backhouse. Dem überaus sparsamen Schwiegervater gefiel vor allem, dass sie so vorsichtig mit Geld umging und keineswegs zu Prunk und Protz neigte. Hinzu kamen eine starke Persönlichkeit und ein ebenso starker, unkonventioneller Wille. Augusta besaß eine umfangreiche Sammlung von Gewehren, die sie liebte und bei jeder sich bietenden Gelegenheit präsentierte. Schon auf der Hochzeitsreise bestand sie darauf, ein Wettschießen mit ihrem Mann zu veranstalten, und bewies dem perplexen Astor-Erben, dass sie wesentlich besser zielen und treffen konnte als er.

Langweilige Damenkränzchen waren nichts für sie. Augusta spielte Tennis, Golf und begleitete ihren Mann beim Segeln. Die feine Gesellschaft New Yorks wusste nicht recht, wie sie mit der extravaganten Dame umgehen sollte, zumal sich Augusta auch noch von einer anderen Seite präsentierte.

Es war ihr gleichgültig, auf welche Weise das Astor-Vermögen verdient worden war. Sie interessierte das Geld nur, um Gutes damit zu tun. Wo immer Hilfe benötigt wurde, war Augusta zur Stelle, um sie zu gewähren.

John Jacob III. brauchte eine Weile, um sich mit dem Engagement seiner Frau abzufinden. Ein echter Astor – wenn er auch nicht so geizig war wie sein Großvater, so war er doch sehr sparsam und drehte jeden Cent dreimal um, bevor er ihn ausgab. Die pragmatische Augusta fand einen Weg, um ihrem Mann den Einstieg in die Wohltätigkeit zu erleichtern. Nach einem opulenten Dinner mit vielen Gästen nahm sie ihn bei der Hand und führte ihn zu seinem Erstaunen in die Küche.

»Sieh nur, was alles übrig geblieben ist. Wir können diese Mengen niemals im Leben verbrauchen. Es wird alles verderben. Ich denke, wir sollten es einpacken lassen und den Patientinnen des Frauenkrankenhauses schicken.« John Jacob III. stimmte zu, und Augusta sorgte dafür, dass ab sofort die Reste jedes Festmahls ähnliche Verwendung fanden.

»Ein paar Essensreste abzugeben ist nun wirklich keine Kunst. Es muss viel mehr geschehen für die Armen in dieser Stadt!« Sie ging mit offenen Ohren und Augen durch die Welt, und was sie hörte und sah, entsetzte sie.

Die Straßen waren voll von obdachlosen und armen Kindern. Wenn diese Kinder überhaupt noch Familien hatten, so lebten sie in Baracken, ohne Luft und Licht. Armut und Hunger zwangen vor allem die Jungen auf New Yorks Straßen, wo sie bettelten und stahlen.

Knaben, die verwaist oder aus Armut von zu Hause weggelaufen waren, wurden von skrupellosen Schuften mit einer warmen Mahlzeit geködert und systematisch zu Dieben ausgebildet. Wer sich nicht geschickt genug anstellte, lief Gefahr, mit heißen Eisen tiefe Wunden in die Arme gebrannt zu bekommen. Die Verletzungen wurden mit Säure verätzt, bis sie anschwollen und eiterten. In diesem erbarmungswürdigen Zustand wurden die Jungen auf die Straße geschickt, um zu betteln statt zu stehlen.

Wer nicht bettelte oder stahl, musste hart für sein Geld arbeiten. Nicht mehr als zehn Stunden täglich mit einer Pause von 45 Minuten, so schrieb es das Gesetz vor. Kinder unter 16 Jahren durften nur beschäftigt werden, wenn sie lesen und schreiben konnten. Mit diesen Vorschriften sollten vor allem die Kinder der Immigranten vor Ausbeutung geschützt werden. Hunger und Armut in New York kannten keine Vorschriften, und so sah die Realität anders aus.

In den Wohnungen ihrer Eltern wurden schon die Kleinsten gezwungen, von Tagesanbruch bis in den Abend zu nähen, zu bügeln und zu waschen. Wer dann erschöpft ein wenig Schlaf suchte, konnte froh sein, sich ein Bett mit drei oder vier anderen teilen zu dürfen. Meist hieß es, sich auf dem blanken Boden in einer Ecke zusammenzukauern und dort bis zum Morgen zu verharren.

Charles Loring Brace, ein Mann der Kirche, hatte es sich zur Lebensaufgabe gemacht, diesen Kindern zu helfen. Bereits Anfang 1852 hatte der seinerzeit 26jährige Brace in New York die Children's Aid Society (CAS) gegründet, und er verfolgte seither konsequent sein Konzept. Unermüdlich propagierte er seine Überzeugung:

»Wenn wir den Kindern helfen, helfen wir der Gesellschaft. Junges Leben ist noch formbar, wer sie aus ihrer unverschuldeten Misere rettet, bewahrt die Gesellschaft vor einer gefährlichen Klasse von Kriminellen.« Brace war der Ansicht, dass Hilfe nur dann Sinn machte, wenn sie den Hilfsbedürftigen zur Selbstständigkeit verhalf.

»Suppenküchen, in denen nur Suppe ausgeteilt wird, machen die Bäuche voll und träge. Diese Kinder benötigen

Alternativen zu ihrem trostlosen Dasein. Wir müssen ihnen eine Perspektive schaffen, ihnen ermöglichen, nützliche Mitglieder dieser Gesellschaft zu werden.«

Brace gründete Heime für obdachlose Knaben, organisierte sonntägliche Treffen für seine Schützlinge, Abendschulen und Berufsschulen. Doch all das kostete Geld – mehr Geld, als die Regierung geben wollte und konnte. Um Spenden zu bekommen, hielt Brace Vorträge und verfasste Zeitungsartikel, Bücher, Flugblätter und Briefe.

»Wirklich ändern können wir das Leben dieser Kinder nur, wenn es gelingt, sie in einer Familie unterzubringen! Am besten auf dem Land oder in einer Kleinstadt, wo ein junger Mensch ungefährdet heranwachsen und Erfahrungen sammeln kann. Sie müssen heraus aus ihrem Umfeld, heraus aus New York, in gute christliche Familien!« Seine Aufrufe wurden gehört.

Im Westen des Landes gab es eine ganze Reihe von Familien, die gerne bereit waren, Stadtkinder bei sich aufzunehmen. Von dem Arrangement profitierten beide Seiten, denn die Farmer und Viehzüchter konnten immer helfende Hände gebrauchen. Im Gegenzug versprachen sie, die Kinder mit allen Rechten, Pflichten und Verantwortungen wie ihre eigenen zu behandeln.

Augusta Astor hörte von dem Projekt »The Orphan Train Movement« und war begeistert:

»John! Stell es dir bitte bildlich vor! Ganze Züge voller Waisenkinder, die in ein besseres Leben fahren«, schwärmte sie ihrem Mann vor. John Jacob III. vermochte den Enthusiasmus seiner Frau zwar nicht zu teilen, ließ sie aber gewähren.

In den folgenden Jahren sorgte Augusta dafür, dass mehr als 1 500 Knaben auf Farmen im Mittleren Westen geschickt wurden, wo sie die Chance auf eine Ausbildung und ein besseres Leben erhielten. Nicht selten tauchte sie persönlich auf dem Bahnsteig auf und kontrollierte, ob die Jungen die von ihr gespendeten Mäntel, Handschuhe, Schals und festes Schuhwerk auch erhalten hatten. Dann fegte die kleine, schmale Dame mit dem großen Hut und einem überdimensionalen juwelenbestückten Kreuz an einer langen Kette durch die Reihen und bestand darauf, dass keiner der Knaben die Stadt ohne eine Bibel in der Hand verließ.

Nur am Sonntag zog sie sich zurück. Der Sonntag war heilig, ein Tag der Einkehr. Innerhalb der Familie achtete Augusta streng darauf, dass die Kirche besucht, die Bibel gelesen und gebetet wurde. Zwischen Morgen- und Nachmittagsgottesdienst war kein Sport erlaubt, kein Spiel, nicht einmal ein Spaziergang.

»Der Sonntag ist der Tag des Herrn«, pflegte sie zu sagen, »und so wollen wir ihn auch gestalten.« Sie glaubte fest an die Existenz der Hölle und war sicher, dieser so zu entrinnen.

Zwei Jahre nach der Hochzeit brachte sie 1848 einen Sohn zur Welt. William Waldorf Astor blieb Einzelkind und war als Erbe des Astor-Vermögens auserkoren, die Dynastie im Sinne seines Vaters fortzuführen. Von Kindesbeinen an wurde der empfindsame, sensible Junge der Familientradition gemäß erzogen.

Elf   Nach einem arbeitsreichen Leben erntete Johann Jakob Astor I. in seinen letzten Jahren die Früchte und gönnte sich endlich das Leben eines Millionärs. Er verbrachte viel Zeit auf seinem Landsitz Hellgate, trug teure Anzüge, prächtige silberne Schnallen auf seinen Schuhen und die feinsten Pelze. Wenn er Einladungen gab, wurde an nichts gespart, doch im tiefsten Inneren hasste er verschwenderisches Verhalten noch immer.

Mit ihm lebte sein Enkel Charles Astor Bristed. Der Sohn der verstorbenen Magdalen hatte 1844 auf Wunsch des Großvaters den Mittelnamen Astor angenommen. Er liebte und verehrte den Patriarchen und ließ sich auch als erwachsener Mann noch gefallen, wenn dieser ihn bisweilen rügte.

»Du hast schon wieder mehr Butter auf dem Teller, als du essen kannst!«, knurrte Astor manches Mal beim Frühstück und schüttelte verärgert den Kopf. Dann lächelte Charles seinen Großvater an und gelobte Besserung.

Außer Charles wohnte inzwischen auch Joseph Green Cogswell im Haus. Im Laufe der Jahre hatte er seine Position als Freund der Familie zu festigen verstanden und war seit 1839 Astors Gesellschafter und Privatsekretär.

»Er ist mein Mädchen für alles, erledigt meine Post, liest mir vor und vertreibt mir die Zeit«, pflegte Johann Jakob I. die Funktion Cogswells zu beschreiben.

Cogswell verfolgte noch immer den Plan, New Yorks größte Bibliothek zu errichten, und gab nicht auf, Johann Jakob I. von deren Notwendigkeit zu überzeugen.

Das Alter hatte Astor verändert. Er wusste, dass ganz New York ihn als herausragenden Geschäftsmann respektierte, aber er wollte mehr als das, und Cogswell bestärkte ihn darin.

»Sehen Sie, Sir, es wird doch Ihrer Person nicht gerecht, wenn sich alle Welt eines Tages nur an Ihre Geschäfte erinnert. Sie sollten etwas schaffen, etwas Bleibendes, das Ihren Namen trägt und für immer mit Ihnen in Verbindung gebracht wird.«

»Ach Cogswell, hören Sie schon auf!«, winkte Astor ab. »Ich weiß doch genau, wo dieses Gespräch hinführt. Sie wollen mir wieder Tausende aus den Taschen ziehen, damit Sie endlich Ihre Bibliothek bauen können.« Er konnte aber nicht leugnen, dass ihm die Idee gar nicht so schlecht gefiel, wie er tat.

Körperliche Schwäche zwang ihn 1837, das Reiten aufzugeben. Mehrmals war er vom Pferd gefallen und hatte sich bei den Stürzen schmerzhafte Verletzungen zugezogen.

»Es hat mir so viel Freude bereitet, nachmittags durch die Stadt und ihre Umgebung zu reiten und nach neuen Grundstücken zu suchen«, bedauerte er. »Es ist ein Jammer, dass ich nicht mehr zu Pferde sitzen kann!«

Jetzt, da er gezwungen war, seine Tage im Haus zu verbringen, verfiel Johann Jakob Astor zunehmend und zog sich immer mehr zurück. Charles und Cogswell schirmten den gebrechlichen alten Mann von der Außenwelt ab, nur selten kamen Gäste, um ihm Gesellschaft zu leisten. Auf der Straße vor seinem Haus versammelten sich täglich noch immer neugierige Passanten und hofften, wenigstens einen Blick auf den berühmten, sagenhaft reichen Mann werfen zu können. Gelegenheit dazu gab es nur noch selten, denn Johann Jakob ging kaum noch aus. Manchmal unternahm er im Winter, dick vermummt in weiche Pelzdecken, eine Schlittenfahrt. An einem frostigen Januartag wurde er beobachtet:

»Ein gebeugter, schwächlicher, aber kräftig gebauter alter Mann, bärtig, eingehüllt in kostbare Pelze mit einer großen Hermelinmütze auf dem Kopf, gestützt, geführt, fast die Treppen hinunter getragen. Auf diese Weise halfen ihm ein Dutzend Bedienstete und Freunde vorsichtig in einen phantastischen Schlitten. Dort wurde er in dicke Felldecken gewickelt, um auszufahren. Vor den Schlitten waren prächtige Pferde gespannt, und oben saß ein Kutscher mit Peitsche.« Dergleichen Auftritte führten zu wilden Spekulationen.

»Immer wieder wird getratscht«, ärgerte sich Cogswell, wenn er hörte, wie die Gerüchte um den prominenten Millionär blühten. Mal hieß es, er wäre geistig völlig verwirrt, was ganz und gar nicht der Fall war, denn Astor war bis zu seinem letzten Atemzug bei glasklarem Verstand. Dann wieder hörte man, er könne keine feste Nahrung mehr zu sich nehmen und ernähre sich deshalb von der Brust einer Amme. Oder jemand wusste zu berichten, dass Johann Jakob I. nicht mehr laufen könne und sich von seinen Dienern in einer Felldecke hin und her werfen lasse, um auf diese Weise den Kreislauf in Schwung zu halten. Tatsache war, dass aus dem einst so mächtigen Mann ein körperlich hinfälliger Greis geworden war.

In sich zusammengefallen saß er bei Tisch, hinter ihm ein Diener, der sofort zur Stelle war, wenn dem alten Herrn die Gabel oder ein Stück Fleisch zu Boden fiel. Das Sprechen fiel ihm schwer, die Stimme war dünn und heiser.

Cogswell kümmerte sich rührend um seinen Arbeitgeber, der seine Dienste bisweilen Tag und Nacht in Anspruch nahm.

»Ich weiß jetzt schon – das wird wieder eine Nacht, in der ich nicht schlafen kann«, sagte Johann Jakob Astor und seufzte: »Cogswell, ich möchte, dass Sie mir Gesellschaft leisten.«

Dann setzte sich der Freund und Privatsekretär an Astors Bett und führte Diskussionen über das Leben, den Tod und die Unsterblichkeit, bis einem von beiden die Augen zufielen. Unsterblichkeit war Astors Lieblingsthema.

»Ein ganzes Leben habe ich hart gearbeitet, und was wird bleiben, wenn ich nicht mehr bin? Ein paar Grundstücke, ein paar Häuser, Kinder und Enkel.« Mürrisch zog er die Decke ein wenig höher.

»Was bleibt, hängt ganz von Ihnen ab, Sir«, ergriff Cogswell wieder die Gelegenheit. »Schaffen Sie etwas, das über New Yorks Grenzen hinaus für Aufsehen sorgt, und Sie werden der Welt in Erinnerung bleiben.« Mit dem Argument der Unsterblichkeit kam Cogswell seinem Ziel Schritt für Schritt näher. Aber noch war Johann Jakob I. nicht bereit, die hohen Kosten für den Bau einer Bibliothek zu übernehmen.

»Nun hören Sie endlich auf, Cogswell! Sie sollen Ihre Bibliothek ja haben«, knurrte er bitter, »aber Sie müssen es schon mir überlassen, den Zeitpunkt zu bestimmen.« Und Cogswell wartete weiter.

Anfang des Jahres 1848 war Johann Jakob Astor kaum noch in der Lage, sein Bett zu verlassen.

»Alt werden ist schrecklich«, klagte er. »Mein Verstand funktioniert noch einwandfrei, aber der Körper macht nicht mehr mit, und das ist entsetzlich!«

William Backhouse verbrachte jede freie Minute bei seinem Vater.

»Du bist ein guter Junge, das hat auch deine Mutter immer gesagt. Was gäbe ich darum, wenn ich noch einmal so jung und stark wäre, wie du es bist. Aber jetzt bin ich kaputt, es ist Zeit, dass ich mich aus dem Staub mache.« Astor sah seinen Sohn aus trüben Augen an. William Backhouse nahm seine Hand und lachte leise.

»Vater, auch ich bin kein junger Mann mehr und spüre bereits die ersten Zipperlein. Aber sag mir, was würdest du tun, wenn du noch einmal jung und stark wärst?« Johann Jakob I. atmete tief ein, dann straffte er für einen Augenblick die abgemagerten Schultern und hob leicht den Kopf.

»Wenn ich noch einmal jung wäre, würde ich jeden Quadratzentimeter von Manhattan kaufen, der für Geld zu haben ist!«, sagte er mit fester Stimme und sank zurück in die Kissen.

Am Morgen des 29. März 1848 starb Johann Jakob

Astor I. wenige Monate vor seinem 85sten Geburtstag in den Armen seines Sohnes. William Backhouse ließ den Leichnam in seinem Haus aufbahren und organisierte eine imposante, ergreifende Trauerfeier. Johann Jakob I. Astor wurde am 1. April 1848 auf dem Friedhof der Episkopalkirche beigesetzt. Der obere Teil des Sarges war offen, sodass die Trauergäste einen letzten Blick auf den Verstorbenen werfen konnten.

Einen Tag später ging William Backhouse in das Haus seines Vaters und erfüllte einen seiner letzten Wünsche. »Ich will nicht, dass irgendwelche Neugiernasen in meinem Privatleben herumschnüffeln«, hatte Astor gesagt. »Sorg dafür, dass nach meinem Tod alle persönlichen Papiere und Unterlagen vernichtet werden!« William Backhouse verbrannte 15 Kisten voller Schriftstücke.

Die Nachricht von Astors Tod verbreitete sich wie ein Lauffeuer. Amerikanische und kanadische Zeitungen würdigten ihn als den wahrscheinlich größten Kaufmann seiner Zeit, wenn nicht aller Zeiten, aber es gab auch kritische Stimmen. So stand im »Herald« zu lesen, dass mindestens zehn Millionen Dollar seines Nachlasses dem amerikanischen Volk gehörten, denn Astor habe sein Geld nicht aus eigener Kraft, sondern durch die wachsende Industrie des Landes gemacht. Eine brennende Frage einte alle Schreiber: Wie viel mochte Johann Jakob Astor wohl hinterlassen haben?

Schätzungen schwankten zwischen 25 und 150 Millionen Dollar, hauptsächlich in Grundstücken und Häusern.

William Backhouse war 56 Jahre alt und endlich Alleinherrscher über das gewaltige Finanzimperium, das er schon seit mehr als zwei Jahrzehnten steuerte.

Johann Jakob I. hatte schon vor Jahren ein sorgfältig durchdachtes Testament aufgesetzt und dabei niemanden vergessen. Seine Kinder, Neffen, Nichten, Enkel – alle wurden bedacht, allerdings mit sehr unterschiedlichen Summen. Den Löwenanteil erhielt sein Sohn und Nachfolger William Backhouse mit der Auflage, die Hälfte treuhänderisch für John Jacob III. zu verwalten, bis der eines Tages das Imperium ganz übernehmen würde. 50 000 Dollar sollten an seinen Geburtsort Walldorf gehen, um alten und gebrechlichen Menschen zu helfen sowie arme und verwaiste Kinder zu unterstützen. Er bedachte die Deutsche Gesellschaft in New York, damit sie weiterhin Immigranten helfen konnte, und spendete für ein Heim für alte Damen.

Cogswell erhielt 400 000 Dollar und ein Grundstück Ecke Lafayette Place / Art Street für den Bau einer Bibliothek. Überglücklich verbrachte er die nächsten Jahre damit, seinen Lebenstraum zu verwirklichen. 1854 wurde die Bibliothek eröffnet und Joseph Green Cogswell ihr erster Direktor.

James Gordon Bennett, der Herausgeber des »New York Herald«, druckte Astors letzten Willen auf der ersten Seite seiner Zeitung und schrieb einen Artikel, in dem er den Verblichenen scharf kritisierte. Er warf ihm vor, mit seinen Grundstücksspekulationen Geld gehortet zu haben, das eigentlich dem amerikanischen Volk gehörte. Mindestens die Hälfte von Astors Vermögen, so behauptete Bennet, resultiere aus dem gestiegenen Wert seines Grundbesitzes, und diesen Reichtum hätte Astor nicht selbst verdient, sondern die Menschen, die für Industrie und Wohlstand des Landes gearbeitet hätten. »Das große Thema des Testaments ist, eine Astor-Dynastie zu gründen … und diese Dynastie aufrecht zu erhalten, indem man das Vermögen so weitergibt, dass es immer an einen Haupterben fällt – auf Generationen hin.« Und damit kritisierte er vor allem, dass dieses vom Volk erwirtschaftete Vermögen über Generationen in einer Familie blieb und nicht der Gesellschaft zugute kam.

Die Astor-Bibliothek, mit der sich Johann Jakobs Freund und treuer Gefährte Joseph Green Cogswell seinen Lebenstraum verwirklicht.

William Backhouse trat nicht nur das finanzielle Erbe seines Vaters an. Er erbte auch die Verantwortung für seinen kranken Bruder John Jacob II. Gewissenhaft und sparsam wie William war, überprüfte er auch die Kosten, die dessen Versorgung verursachte, und sah zu seinem Entsetzen, dass der Arzt, der mit im Haus lebte, ein Gehalt von 5000 Dollar im Jahr bezog. Das war zu viel, entschied er und entließ den

Doktor von einem Tag auf den anderen. Statt seiner engagierte er einen deutlich niedriger bezahlten Pfleger.

»Mein Bruder wird den Unterschied nicht bemerken«, versicherte er Peachy, die ihn skeptisch ansah.

»Wenn du dich da nur nicht täuschst«, gab sie leise zu bedenken. »Wir wissen alle nicht genau, was in ihm vorgeht, nicht wahr? Vielleicht braucht er vertraute Personen um sich herum.«

Es dauerte keinen Tag, der neue Pfleger hatte kaum seine persönlichen Habseligkeiten ausgepackt, da registrierte John Jacob II., dass sein geliebter Arzt nicht mehr da war. Er bekam einen solchen Tobsuchtsanfall, dass den Bediensteten im Haus angst und bange wurde. In seiner Verzweiflung warf er Möbelstücke durch die geschlossenen Fenster, trat Türen ein und schrie dabei, bis ihm die Stimme versagte. Als ihn die Kräfte verließen, warf sich der große Mann auf sein Bett und weinte bitterlich. William, eilig herbeigerufen, fand ihn schluchzend, den Kopf unter mehreren Kissen vergraben.

»Ich habe einen großen Fehler gemacht«, beruhigte er seinen Bruder und versprach ihm, den Arzt zurückzuholen. Das erwies sich jedoch als problematisch.

»Nein, Mr. Astor«, erwiderte dieser, »ich werde nicht wieder in dieses Haus gehen. Ich bin zum ersten Mal seit Jahren ein freier Mann und gedenke das auch zu bleiben. Ich mag Ihren Bruder sehr, aber das Leben mit ihm bedingt, dass ich kaum eine eigene Existenz führen kann.« Erst als William sein Salär auf 10 000 Dollar verdoppelte, willigte der Mediziner ein.

John Jacob Astor II. wurde 77 Jahre alt und überlebte bis auf Henry und William Backhouse seine Geschwister.

TEIL DREI

GOLDENE ZEITEN

Eins 1848, im Todesjahr seines Großvaters Johann Jakob Astor I., feierte William Backhouse Astor junior, in der Familie schlicht William genannt, seinen 18. Geburtstag. Während sein älterer Bruder, John Jacob III., bereits in der Firma arbeitete, brillierte der extrovertierte William in der Schule und auf dem College.

»Er ist bei weitem der Intelligentere«, bemerkte seine Mutter treffend, doch diese Erkenntnis hatte keine Folgen. Als Zweitgeborenem stand ihm nur eine untergeordnete Position zu. So hatte es einst der Großvater verfügt, so wurde es in der Familie gehandhabt.

William unternahm Bildungsreisen nach Europa und in den Mittleren Osten. Er lernte Ägypten, die Türkei und Griechenland kennen und entwickelte ein lebhaftes Interesse an fremden Kulturen, an Kunst und Literatur. In Amerika besuchte er die anerkanntesten Universitäten, und beide Eltern waren stolz, als William die Columbia-Universität als Zweitbester seines Jahrgangs absolvierte.

Seine geistreiche Eleganz und sein Sinn für die schönen Künste standen in krassem Gegensatz zu der schwerblütigen Korrektheit von Vater und Bruder. Doch für seine Stellung innerhalb der Dynastie spielte all das keine Rolle. William haderte mit seinem Schicksal und vor allem mit seinem

Vater, der den älteren Bruder so eindeutig bevorzugte. Er hatte eine ausgezeichnete Ausbildung erhalten, sich hervorragend bewährt, doch gab es keinen Platz, an dem er seine Fähigkeiten angemessen unter Beweis hätte stellen können. William suchte Zuflucht in jedem Amüsement, das sich bot, und wenn das als Ablenkung nicht ausreichte, griff er zu einer guten Flasche Whiskey.

Seine Mutter sah den Konflikt ihres Sohnes und suchte nach einer Lösung.

»Er braucht eine solide und sichere Lebensgrundlage«, sagte sie. »Er muss heiraten und eine Familie gründen, das wird ihn eine Weile beschäftigen. Der Rest findet sich dann schon.« Sie machte sich daran, eine standesgemäße Partie für ihren Sohn zu finden.

Sie brauchte nicht lange zu suchen, denn in unmittelbarer Nachbarschaft lebten die Schermerhorns, berühmte Bankiers, Kaufleute und Großgrundbesitzer. Sie waren nicht ganz so reich wie die Astors, doch der Name der alten holländischen Familie wurde in einem Atemzug mit den angesehensten Bürgern New Yorks genannt. Lange bevor Johann Jakob Astor die Stadt zum ersten Mal betreten hatte, waren die Schermerhorns bereits eine feste Größe in der New Yorker Gesellschaft gewesen.

1636 war Jacob Jacobsen Schermerhorn von Holland nach Amerika gekommen, hatte dort schnell weitläufige Ländereien erworben und ein respektables Vermögen gemacht. 1845 wurde sein Nachfahre Abraham Schermerhorn auf der Liste der Einwohner New Yorks geführt, deren Vermögen mindestens eine halbe Million Dollar betrug. Sorgsam arrangierte Heiraten hatten über die Jahre dazu geführt, dass die Schermerhorns mit den wichtigsten Familien des Landes verbunden und verschwägert waren.

Peachy Astor war eine gute Bekannte von Helen Schermerhorn, die ihren Mann Abraham im Februar 1850 verloren hatte. Von den neun Kindern des Paares lebte nur noch Nesthäkchen Caroline zu Hause. Mit ihren 23 Jahren zeigte sie keinerlei Ambitionen zu heiraten, hatte sich vielmehr darauf eingestellt, ihrer Mutter das Witwendasein zu erleichtern. Caroline Webster Schermerhorn hatte eine luxuriöse, behütete Kindheit genossen, war auf eine französische Schule gegangen, hatte mit ihren Eltern mehrere Reisen nach Europa unternommen und wusste genau um ihre Herkunft und gesellschaftliche Stellung. Der Mann, dem sie eines Tages das Ja-Wort geben würde, musste schon etwas ganz Besonderes sein.

»Unsere Kinder sind füreinander geschaffen!« Darüber waren sich Peachy Astor und Helen Schermerhorn schnell einig. Was gab es Vernünftigeres als eine Heirat, die eine reiche Familie mit einer noch reicheren verknüpfte?

William und Caroline kannten sich von einigen Bällen und Einladungen, mochten sich durchaus, doch von tieferer Zuneigung oder gar Liebe war nie die Rede gewesen.

»Etwas Besseres als ein Astor kann dir nicht passieren, mein liebstes Mädchen«, flötete Helen Schermerhorn, die den Ehrgeiz ihrer Tochter richtig einzuschätzen wusste. »Er ist zwar nur der Zweitgeborene, aber erstens weiß man nie, was das Leben so mit sich bringt, und zweitens, wie ich dich kenne, wirst du mit diesem Vermögen im Hintergrund schon einen Weg finden, dich angemessen zu etablieren.«

Caroline musste nicht lange überredet werden. Ganz Amerika wusste, dass es keine bessere Partie als einen Astor gab. William zu heiraten war fast zu schön, um wahr zu sein.

»Sie hat alles, was eine Frau an deiner Seite haben muss«, bearbeitete zur gleichen Zeit Peachy ihren Sohn. »Sie ist vielleicht nicht das schönste Mädchen auf dem Erdball, aber dafür spricht sie fließend Französisch, kommt aus einem erstklassigen Stall, kann zeichnen, handarbeiten und tanzen – und wird dir viele gesunde Kinder schenken.«

William zögerte. Er schätzte weibliche Gesellschaft, besonders die Gesellschaft hübscher Damen. Doch bei genauer Betrachtung musste er feststellen: Mit ihrem fleischigen Gesicht und den dicken Lippen gehörte Caroline wirklich nicht zu den schönsten Frauen der Stadt, und in seinen Augen war sie auch nicht besonders geistreich oder charmant. Andererseits hatte seine Mutter natürlich recht: Sie kam aus einer erstklassigen Familie.

Gewöhnt, sich den elterlichen Wünschen und Befehlen nicht zu widersetzen, stimmte er zu. Viele seiner Freunde hatten Frauen geheiratet, in die sie nicht wirklich verliebt waren. Mit ein bisschen Glück würde er Caroline lieben lernen.

»Und wenn nicht – auch gut. Es gibt immer Mittel und Wege ...«, vertraute er seinem Bruder Henry an.

In ihrem prächtigen Salon nahm Helen Schermerhorn den Antrag ihres zukünftigen Schwiegersohnes an. »Ich wünsche mir sehr, dass ihr glücklich miteinander werdet«, entließ sie ihn und reichte die rechte Hand zum Kuss.

Kurz darauf wurden die Eltern des Bräutigams im Hause Schermerhorn vorstellig. Man versicherte sich der gegenseitigen Hochachtung und Zustimmung. Damit war der private Teil des Arrangements perfekt.

Jetzt wurden die Anwälte aktiv und handelten die rechtlichen Aspekte der Verbindung aus. Gegen eine gebührende Abfindung musste Caroline Schermerhorn auf alle Erbansprüche verzichten.

Peachy und Helen Schermerhorn stürzten sich mit Verve in die Vorbereitungen und scheuten nicht Kosten und Mühen, die Hochzeit der jungen Leute zu der Sensation des Jahres 1853 zu machen. Schaulustige reckten die Hälse, Zeitungsreporter versuchten den besten Ausblick zu bekommen, als das Paar am 24. September die Kirche verließ.

Trotz Geld und Gottes Segen geriet die Ehe fruchtbar, aber nicht glücklich. Caroline gebar bereits im folgenden Jahr die erste Tochter, Emily, 1855 folgte Helen, 1858 Charlotte Augusta, genannt nach ihrer Tante, 1861 eine kleine Caroline, die Carrie gerufen wurde, und endlich 1864 der lang ersehnte männliche Erbe, John Jacob IV., genannt Jack.

Der Kindersegen sprach zwar eine andere Sprache, aber schon kurz nach der Hochzeit wussten William und Caroline, dass sich mehr als gegenseitiger Respekt nicht einstellen würde. Den autoritären Eltern entronnen, war William in die Fänge einer mindestens ebenso dominierenden Ehefrau geraten.

Wenn sie an seiner Seite schon nicht glücklich werden konnte, wollte Caroline zumindest das Astorvermögen nutzen, um sich eine herausragende – die herausragendste – Position in der New Yorker Gesellschaft zu erobern. Eine ganze Reihe von Hürden mussten genommen werden, deren schwierigste befand sich direkt nebenan – in Gestalt ihres Schwagers und dessen Frau.

John Jacob III. und Augusta lebten ein relativ bescheidenes Leben, doch in der Stadt galten sie als das bedeutendere Paar. Er war der designierte Astor-Erbe, seine Frau eine charmante, gebildete Person. Von Neid zerfressen, war Caroline bereit, alles zu tun, um den beiden den Rang abzulaufen. Zu diesem Zweck galt es, zunächst die richtigen Rahmenbedingungen zu schaffen.

»William, ich bitte dich, sieh dich doch nur um! Merkst du denn nicht, wie sich das Viertel hier um Lafayette Place beinahe stündlich verändert? Ständig ziehen neue Nachbarn ein. Siehst du denn nicht, was für Leute inzwischen um uns herum wohnen? Das ist nun wahrhaftig nicht die Nachbarschaft, in der ich unsere Kinder großziehen möchte! Und außerdem ist das Haus hier zu klein. Für deinen Bruder und Augusta mag es ja reichen, sie haben nur den einen Sohn, aber wir brauchen wirklich mehr Platz, um standesgemäß repräsentieren zu können.«

William fand ihre Ansprüche übertrieben, aber seine Frau bestand darauf: »Ein Umzug in eine bessere Gegend ist unvermeidlich.«

»Hast du dir denn Gedanken gemacht, wo du hinziehen möchtest?«, fragte er zaghaft. Diese Gedanken hatte sich Caroline durchaus gemacht. Längst hatte sie sich sorgfältig informiert, welche Astor-Grundstücke und Anwesen infrage kamen. Ihre Wahl war auf die Ländereien einer ehemaligen Farm gefallen, die Ecke 34. Straße und Fifth Avenue lag. William nahm all seinen Mut zusammen und bat seinen Vater um die Hälfte des Grundstückes.

William Backhouse beugte sich dem Argument, dass eine große Familie viel Platz brauche, und stimmte zu. Kaum war die Entscheidung gefallen, fanden John Jacob III. und seine Frau, dass es doch eine nette Idee wäre, sich auf dem Nachbargrundstück niederzulassen. Bald entstanden zwei vierstöckige Backsteinhäuser, umgeben von einem gemeinsamen parkähnlichen Garten und einer hohen Mauer, die vor neugierigen Blicken schützen sollte.

Caroline war zufrieden und begann mit formidablen Einladungen und aufwendigen Festen von sich reden zu machen. William fand wenig Vergnügen an dem, was seine Frau amüsierte, und entzog sich, wann immer er konnte. Alkohol erwies sich als probater Tröster, aber noch besser war es, so weit wie möglich von New York und der Familie entfernt ein ungestörtes Leben zu führen.

Ferncliff, ein Landsitz in der Nähe von Rhinebeck, war ein Platz, an dem er sich bevorzugt aufhielt. Hier konnte er einer seiner Leidenschaften nachgehen und Pferde züchten. Wenn ihm das Landleben zu langweilig wurde, gab es ein zweites Hobby, das William über die Jahre lieben gelernt hatte: das Segeln. Er ließ eine luxuriöse Jacht bauen, gab ihr den Namen »Ambassadress« und machte sie zu seinem schwimmenden Zuhause. Während Caroline mit Geschick und Eifer Zug um Zug die Position der First Lady der New Yorker Gesellschaft eroberte, segelte ihr Gatte auf seinem Schiff über die Weltmeere und genoss die Begleitung zwielichtiger Damen und Herren.

Er konstatierte: »Das ist eine hervorragende Lösung für alle Beteiligten. Tagsüber geht Caroline völlig in ihrer Mutterrolle auf, am Abend veranstaltet sie opulente Feste, ich habe meine Ruhe und kann machen, was ich will.« Natürlich kamen die Gerüchte über das muntere Treiben auf der Jacht ihres Mannes auch Caroline zu Ohren. Von ihren Gästen nach ihm gefragt, bewies sie Haltung und antwortete süffisant:

»Oh, er befindet sich gerade auf einer wundervollen Kreuzfahrt. Die Seeluft tut ihm so gut. Es ist wirklich ein Jammer, dass ich so eine schlechte Seglerin bin. Wie schön wäre es, wenn ich ihn nur von Zeit zu Zeit begleiten könnte, aber es ist tatsächlich so, dass ich bis heute keinen Fuß auf das Schiff gesetzt habe.« Dann lächelte sie über ihre angebliche Schiffsuntauglichkeit und wechselte das Thema. Hinter ihrem Rücken tuschelte man, dass sie in Wirklichkeit froh war, dass ihr Mann seine Seitensprünge diskret auf der »Ambassadress« vollzog und die Mutter seiner Kinder nicht in New York kompromittierte.

Obwohl er für viele Außenstehende ein beneidenswert freies Leben führte, war William unzufrieden. Mit seinem Bruder John Jacob III. verstand er sich von Jahr zu Jahr schlechter.

»Schon immer hat mein Vater ihn bevorzugt. John hat alles und ich nichts«, klagte er nach dem vierten Whiskey und schenkte sich deprimiert einen fünften ein. Eifersucht in Bezug auf die gesellschaftliche Stellung war eine der wenigen Eigenschaften, die er mit seiner Frau gemeinsam hatte. Verzweifelt suchte er nach Bestätigung, einer Möglichkeit, sich zu beweisen. In der New Yorker Firma herrschten Vater und Bruder, dort war kein Platz für ihn. Aber immerhin war auch er ein echter Astor, und warum sollte es ihm nicht gelingen, außerhalb der Stadt erfolgreich zu sein?

So kaufte er in Jacksonville, Florida, ein weitläufiges Grundstück und baute ein dreistöckiges Haus, auf dessen Dach in eisernen Lettern der Name »Astor« prangte. Ganz in der Nähe erwarb er 14 000 Morgen Land und machte sich daran, die größte Orangenplantage der Welt anzupflanzen. Nicht weit davon entfernt errichtete er ein kleines Hotel, baute ein Geschäft und ließ einen kleinen Hafen anlegen. Es dauerte nicht lange, und die ersten Arbeiter und Farmer siedelten sich in der Umgebung an. Eine kleine Stadt entstand, die nach ihm benannt wurde.

Aber das Glück war nicht auf seiner Seite. Die Gewinne der Plantage blieben weit hinter seinen Erwartungen zurück, der Hafen fiel einem Feuer zum Opfer. William war enttäuscht.

Zuhause in New York hatte sich nichts verändert. Noch immer wachte Caroline geflissentlich darüber, dass sie ihrer Schwägerin Charlotte Augusta gesellschaftlich in nichts nachstand. Die Sorge war völlig unbegründet, denn Augusta interessierte sich viel mehr für ihre wohltätigen Stiftungen als für das Leben in der High Society.

»Diese ewigen Einladungen, dieses oberflächliche Geschwätz – all das langweilt mich. Ich sehe ja ein, dass man die eine oder andere Gesellschaft nicht vermeiden kann, aber

Mrs. William Astor, geborene Caroline Schermerhorn, in den 1880er Jahren.

doch nicht so oft und so viele«, rümpfte sie ihre kleine Nase. »Ich warte nur darauf, dass Waldorf alt genug ist, um das alles von meinen Schultern zu nehmen, damit ich mich mit wichtigeren Dingen beschäftigen kann.«

Kaum war ihr Sohn Waldorf den Kinderschuhen entwachsen, übertrug sie ihm die gesellschaftlichen Verpflichtungen und legte damit den Grundstein für eine Auseinandersetzung, die die Familie Astor schließlich entzweien sollte.

Ihr Mann John Jacob III. hatte mit der Firma so viel zu tun, dass er froh war, wenn er sich um die privaten Belange nicht kümmern musste.

»Ich habe meine Arbeit, muss mich um die Chanler-Waisen und meinen Bruder Henry kümmern. Für alles andere ist Augusta zuständig«, pflegte er zu sagen und strich mit wichtiger Miene über seinen üppigen Backenbart.

Zwei Über Amerika zogen die dunklen Wolken des Bürgerkrieges auf und überschatteten auch das ruhige Leben der Astors. Bürgermeister Wood, ganz auf der Seite des Südens, wollte seine Stadt schützen und schlug vor, dass New York einen unabhängigen Status erhalten sollte.

»Ich weiß wirklich nicht, was ich von all dem halten soll«, wunderte sich William Backhouse senior, der wie sein Freund Wood ein Gegner Lincolns war. »Seit einer halben Ewigkeit funktioniert die Welt mit Sklaven – was soll denn nur dieser Aufruhr jetzt?«

Beide Söhne versuchten den Vater von dieser Haltung abzubringen, aber der Patriarch ließ sich weder von John Jacob III. noch von William junior etwas sagen.

Aufmerksam verfolgte William Backhouse die politischen Entwicklungen. »Sklaven oder nicht Sklaven«, dozierte er, »das ist doch nicht die Frage, die uns wirklich zu interessieren hat. Für uns ist nur eine Sache wichtig: Was bedeutet ein Krieg für unser Geschäft? Und das kann ich ganz leicht beantworten. Ein Krieg wird dazu führen, dass die Grundstückspreise sinken. Wir werden enorme Verluste erleiden, wenn es dazu kommt. Also kann der logische Schluss nur lauten, dass wir alles tun müssen, um diesen Krieg zu verhindern.« Zu diesem Zweck spendete er Tausende von Dollar an jene, die gegen Lincoln opponierten.

Im Herbst 1860 wurde Abraham Lincoln zum Präsidenten gewählt. Der ehemalige Rechtsanwalt aus Illinois war zunächst kein scharfer Gegner der Sklaverei. Er vertrat die Ansicht, dass die Verfassung dort, wo sie bereits existierte, unangetastet bleiben sollte, und verkündete lediglich, dass er die Ausbreitung der Sklavenhaltung in andere Bundesländer »mit der Festigkeit einer Stahlkette« verhindern wollte.

Einen Monat nach Lincolns Wahl versuchte Senator John Crittenden den drohenden Bürgerkrieg zu verhindern und die Südstaaten davon abzuhalten, die Union zu verlassen, indem er – ausgehend vom »Missouri-Kompromiss« – vorschlug, die Sklaverei auch außerhalb der Südstaaten verfassungsmäßig zuzulassen. Mit dem »Crittenden-Kompromiss« sollte zudem dem Kongress verboten werden, die Sklaverei in den USA abzuschaffen.

William Backhouse sah darin die ideale Lösung. Angeblich war er so angetan von der Idee, dass er eine Kopie des Schriftstückes persönlich in das Hauptbüro des New Yorker Herald trug. Dort schlossen sich 30 der führenden New Yorker Geschäftsleute zusammen, die den Kompromiss durchsetzen wollten.

Abraham Lincolns zurückhaltende Einstellung in der Sklavenfrage war den Südstaaten ein Dorn im Auge, und so sagte sich South Carolina am 20. Dezember 1860 von den USA los.

In den kommenden Monaten folgten zehn weitere Staaten aus dem Süden. Sie formierten eine Gemeinschaft und nannten sie »Konföderierte Staaten von Amerika«. Jefferson Davis wurde ihr Präsident. Zur Hauptstadt wurde Richmond, Virginia, erklärt.

Der Konflikt zwischen Norden und Süden eskalierte. Mit dem Beschuss der Bundesfestung Fort Sumter vor der Küste von Charleston, South Carolina, begann am 12. April 1861 der Amerikanische Bürgerkrieg.

1619 hatte ein holländischer Kapitän die ersten schwarzen Sklaven nach Amerika gebracht. Bis 1800 war ihre Zahl auf etwa eine Million angewachsen. Jetzt, 60 Jahre später, lebten in den Südstaaten etwa sieben Millionen Weiße und knapp vier Millionen Schwarze, die meisten von ihnen versklavt. Vor allem die Plantagenbesitzer fürchteten den Verlust der höchst effizienten Arbeitskräfte und setzten alles daran, den Status quo zu erhalten. Lincolns oberstes Ziel war, den Zerfall der Vereinigten Staaten zu verhindern, doch empörte Stimmen im Norden übten einen solchen Druck auf die Regierung aus, dass er schließlich die Befreiung der Sklaven zum obersten Prinzip erklärte.

Die Truppen führten einen erbitterten Kampf gegeneinander, modernste Ausrüstung kam zum Einsatz. Mit Handkurbeln betriebene U-Boote, eiserne Schlachtschiffe, Geschütze mit großer Reichweite und schnell feuernde Präzisionsgewehre kosteten Tausende von Menschenleben. Die Schlachten brachten Tod und Verwüstung, doch weder dem Norden noch dem Süden gelang ein schneller Sieg. Nur ganz allmählich gewann der Norden die Oberhand.

Die Konföderierten mussten erkennen, dass ihre Gegner nicht mehr aufzuhalten waren. Anfang April marschierten Unionstruppen in Richmond ein. Nordstaatengeneral Ulysses S. Grant verbot Freudenschüsse und Plünderungen. Später erklärte er: »Die Konföderierten waren jetzt unsere Gefangenen, und wir wollten über ihren tiefen Fall nicht frohlocken. Der Krieg war vorbei. Die Rebellen waren wieder unsere Landsleute.«

Fünf Tage darauf, am Karfreitag, sah sich Präsident Lincoln mit seiner Frau im Washingtoner Ford's Theatre das Lustspiel »Unser amerikanischer Cousin« an. Als die Zuschauer eine Pointe besonders laut belachten, schlich sich ein Mann namens John Wilkes Booth in die Loge.

»Bei Gott, dem geh' ich an die Gurgel!«, hatte Booth wenige Tage zuvor anlässlich einer Lincolnrede ausgerufen. »Das ist die letzte Rede, die er gehalten hat!« Der fanatische Südstaatler schoss Lincoln aus nächster Nähe eine Kugel in den Kopf. Der Präsident brach zusammen. Tags drauf, am 15. April 1865, erlag Lincoln seinen schweren Kopfverletzungen.

Wie das Land, so entzweite der Ausbruch des Krieges auch die Familie Astor. John Jacob III. saß an seinem Schreibtisch, als er die Nachricht erhielt, dass Fort Sumter unter Beschuss stand und die Truppen des Südens die Kapitulation forderten.

»Das bedeutet Krieg!«, erklärte er wenig später seiner Frau, die, obwohl aus dem Süden stammend, wie ihr Mann vehement für Lincolns Politik eintrat. »Es ist unsere patriotische Pflicht und Schuldigkeit, diesem Unsinn ein schnelles Ende zu bereiten!«, wetterte er in mühsam beherrschtem Zorn. »Ich werde sofort Geld spenden, damit Fort Sumter sich zur Verteidigung rüsten kann.«

John Jacob III. setzte sein Vorhaben auf der Stelle in die Tat um, und beinahe ebenso schnell kursierten Gerüchte, die besagten, er habe zehn Millionen Dollar angeboten. Auch wenn die Summe nicht annähernd so hoch war, geriet sein Vater in Rage und polterte:

»Johann! Bist du des Wahnsinns! So viel Geld für diesen überflüssigen Krieg auszugeben! Mit jedem Dollar, den du gibst, verlängerst du die Katastrophe! Will dir das denn nicht in den Kopf?«

Der Sohn ging noch einen Schritt weiter und meldete sich zum Entsetzen beider Eltern noch im ersten Kriegswinter als Freiwilliger. Die Verantwortlichen zögerten, einen so berühmten Mann, der darüber hinaus bereits knapp 40 Jahre alt war, an die Front zu schicken, und verschafften ihm eine Position im Hintergrund.

In seiner maßgeschneiderten Uniform machte John Jacob Astor III. eine ausgesprochen gute Figur, hatte allerdings niemals auch nur die geringste militärische Ausbildung genossen, und er nutzte der Kompanie daher keinen Deut mehr als jeder noch so junge Rekrut. Dennoch beförderte man ihn zum Oberst.

Oberst Astor kam gar nicht auf den Gedanken, dass man von ihm erwarten könnte, mit den gemeinen Soldaten in einem Lager zu leben. Also mietete er ein Haus und engagierte einen Koch, einen Butler und einen Diener, die für sein Wohlbefinden zu sorgen hatten. So ausgestattet, war er bereit, die Befehle seines Vorgesetzten in Empfang zu nehmen.

General George Brinton McClellan war ein charismatischer junger Mann. Bei seinen Soldaten war er vor allem wegen seines Prinzips beliebt, dass er nie mehr von ihnen verlangte, als sie zu leisten imstande waren. Und genauso verfuhr er auch mit Oberst Astor.

Er notierte: »Ich habe es zu Oberst Astors Pflicht und Aufgabe gemacht, genauestens zu registrieren, welche Transporte wann wo hingehen, sodass ich mit seiner Hilfe stets über den aktuellen Stand der Dinge informiert bin.« Und so trug John Jacob III. Informationen über Schiffe zusammen, die auf dem Wasserweg den Versorgungsnachschub für die Armee transportierten.

Astor erfüllte seine Aufgabe mit großer Gewissenhaftigkeit, aber wirklich befriedigend fand er den Posten nicht. Auf sein Drängen beschloss McClellan, seinen prominenten Offizier mit an die Front zu nehmen.

»Ich habe die Belagerung von Yorktown mitgemacht, die Schlacht von Williamsburg und war an den sieben Tage dauernden Kämpfen in der Nähe von Richmond beteiligt«, pflegte Astor später zu sagen und erinnerte sich wehmütig an die acht Monate in der Armee als »die schönste Zeit meines Lebens«.

Ein Soldat, der Seite an Seite mit Astor gekämpft hatte, sagte nach dem Krieg voller Bewunderung für dessen Tapferkeit: »Wenn ich der Erbe des Astor-Vermögens wäre, ich wäre abgehauen, und wenn sie mich dafür aufgeknüpft hätten.«

William Backhouse senior und seine Frau sorgten sich jede Minute um den ältesten Sohn.

»Wo zum Teufel steckt Johann zur Zeit?«, schimpfte der Vater auf Deutsch und bestand darauf, dass sein jüngerer Sohn William ihm an Hand von Landkarten und Zeitungsberichten täglich präzise Auskünfte gab.

Augusta Astor unterstützte ihren Mann John Jacob III. nach Leibeskräften. Sie hatte sich in den Kopf gesetzt, eine Armee nur aus Farbigen zu gründen. Engagiert sammelte sie Geld und hielt flammende Reden vor den rekrutierten Soldaten:

»Wenn ihr auf diese Fahne schaut und in die Schlacht zieht oder Wache haltet für Gott und die Freiheit, denkt daran, dies ist Emblem und Leitspruch auch für Liebe und Ehre! Wir, die Töchter dieser Metropole, geben sie euch, unseren tapferen Helden, mit ins Feld. Wir werden jeden eurer Schritte aufmerksam verfolgen! Wir werden euch im Geiste begleiten auf dem Weg zu Ruhm und Heldentum! Wir werden euch versorgen, wenn ihr krank und verwundet seid, und wir werden euer Märtyrertum mit Gebeten und Tränen würdigen!«

William Backhouse senior tobte. »Unser ganzes System hebt ihr aus den Angeln mit diesem Unsinn!«

Während Johann und seine Frau das taten, was sie für ihre patriotische Pflicht hielten, blieb auch William Backhouse junior nicht untätig. Mit hohen Summen unterstützte er die

Organisation eines Regiments, das ihn aus Dankbarkeit zum Oberst machte. Doch was nutzte der ehrenvolle Rang, wenn man zu Hause in New York saß und nichts tun konnte? William entschloss sich, in die Fußstapfen seines Bruders zu treten und sich ebenfalls zum Dienst an der Waffe zu melden.

»Das kommt überhaupt nicht infrage! Wenn du es wagst, diesen Schritt zu gehen, werde ich dich enterben! Ein Sohn in der Armee ist genug, zwei sind mehr, als die Familie verkraften kann!« Der Vater setzte sich durch, William gab zwar weiter Geld, verzichtete aber auf die aktive Teilnahme am Krieg.

William Backhouse senior war vehement gegen die militärischen Auseinandersetzungen. Seine Einstellung verfocht er nicht nur innerhalb der Familie, sondern auch öffentlich, als er mit einem bilanzierten Einkommen von 1 300 000 Dollar den höchsten individuellen Steuerbescheid des Landes erhielt: »Keinen Cent Steuern werde ich bezahlen, so lange sich diese Menschen gegenseitig die Köpfe einschlagen! Mit meinem Geld wird keine Waffe gekauft, kein Geschoss abgefeuert!« Er zog mit seinem ungewöhnlichen Standpunkt bis vor das Oberste Gericht, vertrat ihn mit Verve und guten Anwälten – und gewann.

Als der Krieg vorbei war und das Land sich langsam beruhigte, stellte William Backhouse senior zu seiner Erleichterung fest, dass sich seine düsteren Prognosen nicht erfüllten. Die kriegsbedingte Inflation ließ die Mieten steigen. Statt der befürchteten Verluste strich das Astor-Imperium satte Gewinne ein.

William Backhouse überdachte seine politische Position und unterstützte ab sofort Andrew Johnson und die Republikaner. Besonders angetan war er vom Verhalten des siegreichen Generals Ulysses S. Grant, der bald ein enger Freund der Familie wurde.

Drei   Bürgermeister Fernando Wood hatte der Firma und damit der Familie im Laufe der Jahre viele Gefälligkeiten erwiesen, und so entschloss sich John Jacob III., auch jetzt – nach dem Ende des Krieges – Tammany Hall weiterhin zu unterstützen.

Die Tammany-Gesellschaft von New York, im Volksmund schlicht »Tammany Hall« genannt, war 1786 gegründet worden, um sich vor allem um die sozialen Belange der Stadt zu kümmern. Gut zwanzig Jahre später hatte sich die Gesellschaft zu einer politischen Organisation mit großem Einfluss entwickelt. Zwischen 1830 und 1840 gewann Tammany Hall immer mehr Stimmen. Die Anhänger rekrutierten sich vor allem aus dem nicht enden wollenden Strom der Einwanderer, mittellosen Immigranten, die New Yorks Lower East Side bevölkerten.

Nur Tammany Hall bot den verachteten irischen und deutschen Siedlern Unterstützung bei ihrem Streben nach gesellschaftlicher Anerkennung. In einer Stadt ohne jegliches soziales Netz, das Alte, Kranke und Arme hätte auffangen können, war Tammany der rettende Strohhalm, der sie vor dem Untergang bewahrte.

Tammany half den Einwanderern Arbeit zu finden, Tammany besorgte ihnen Wohnraum, Tammany verteilte an Weihnachten Kohlen und Lebensmittel an Bedürftige, und schließlich sorgte Tammany dafür, dass sie die amerikanische Staatsbürgerschaft und damit die Möglichkeit zu wählen erhielten. Die Dankbarkeit der Einwanderer sicherte am Wahltag kostbare Stimmen. Um zu gewährleisten, dass auch wirklich kein Votum verschenkt wurde, gingen Tammany-Helfer am Wahlmorgen in die Armenhäuser und verteilten neue Kleidung unter den Bewohnern. Obendrein gab es Schnaps und ein paar Silbermünzen.

Die Macht der Tammany-Politiker wuchs stetig und wurde

ebenso stetig missbraucht. Gerüchte besagten, dass die hohen Funktionäre der Organisation, unter ihnen auch Fernando Wood, die Stadt in den Jahren 1865 bis 1871 um eine Summe zwischen 75 und 200 Millionen Dollar betrogen haben sollen.

John Jacob III. verschloss Augen und Ohren vor dem, was da behauptet wurde. Für ihn war Wood in erster Linie ein Garant dafür, dass er die Interessen der Firma bestmöglich durchsetzen konnte.

»Wood ist und bleibt ein einflussreicher Mann«, versuchte er seinen Vater zu überzeugen. »Es kann nicht schaden, wenn einer von uns den Kontakt zu ihm pflegt.«

Mit Hilfe des korrupten Tammany-Regimes war es den Landbesitzern seit Jahren möglich gewesen, die menschenunwürdigen Zustände auf ihren Grundstücken zu ignorieren. Zwar wurden immer wieder Stimmen laut, die mangelnde Hygiene und Elend anprangerten, doch noch gelang es stets, die Mahner zum Schweigen zu bringen.

Als wesentlich schwieriger erwies sich inzwischen für Bürgermeister Wood, die lauter werdenden Vorwürfe gegen seine Person zu ersticken. Seine Bestechlichkeit hatte Ausmaße angenommen, die sich nicht mehr verbergen ließen, und so begann sein Stern in New York zu sinken. Dennoch hatte Wood noch immer mächtige Freunde in der Stadt, die dafür sorgten, dass er nicht gar zu tief fiel. 1867 zog er in den Kongress ein und vertrat dort in den folgenden 14 Jahren gewissenhaft die Interessen seiner wohlhabenden Zeitgenossen.

In New York stand sein Nachfolger bereits in den Startlöchern. Mit großer Mehrheit wählten die Mitglieder der Tammany-Gesellschaft den charismatischen William Marcy Tweed zu ihrem Vorsitzenden.

In der politischen Landschaft New Yorks war William M.

Tweed eine absolute Ausnahmeerscheinung. Humorvoll, jovial, immer zuvorkommend und gleichzeitig von einer Bestimmtheit, die ihresgleichen suchte, machte der Sohn eines Möbeltischlers eine steile Karriere.

Vor allem bei seinen größtenteils irisch-katholischen Wählern brachte es der gewiefte Politiker zu hohem Ansehen. Er schuf Arbeitsplätze, ließ Armenhäuser, Hospitäler und Waisenhäuser errichten und bezuschusste Schulen und karitative Einrichtungen mit öffentlichen Geldern. Unter Tweeds entschlossener Führung erlangte Tammany Hall bald die Kontrolle über die gesamte Stadtpolitik und setzte ehrgeizige Projekte in die Tat um: Parks, Brücken und Straßen wurden angelegt und gebaut. Und immer war viel Geld im Spiel. Dankbare Bauunternehmer zeigten sich für lukrative Aufträge erkenntlich, zuverlässige Wähler und Anhänger wurden mit attraktiven Posten belohnt.

Als Tweed 1866 eine Lockerung der rigiden Stadtgesetze erwirkte und den sonntäglichen Erwerb von Alkohol legalisierte, stieg seine Beliebtheit ins Unermessliche. Es dauerte nicht lange, und er zählte zu den wohlhabendsten Bürgern der Stadt. Tweed bewohnte ein palastähnliches Gebäude in der Fifth Avenue, besaß einen Rennstall und eine Jacht. Selbstverständlich gehörte er zu den größten Grundbesitzern der Stadt und fungierte als Direktor verschiedener Gesellschaften und Firmen, darunter auch die Erie-Eisenbahngesellschaft. Letzteres verdankte er seiner Freundschaft mit Jay Gould und James Fisk, die wegen ihrer skrupellosen Geschäfte in der Stadt die »Räuberbarone« genannt wurden.

Wenn Tweed durch die Stadt fuhr, blitzten die vergoldeten Geschirre seines Pferdegespanns, und als seine Tochter in der Trinity Church heiratete, staunten die Gäste über ihr mit Diamanten besätes Kleid. In der Zeitung konnte man lesen, dass Tweed am Kragen einen Diamanten »in der Größe eines Planeten« trug.

Die Oberschicht New Yorks rümpfte zwar die Nase über den Emporkömmling, ließ ihn aber gewähren, denn unter seiner Ägide explodierten die Immobilienpreise in New York, und das füllte viele Taschen.

Auch John Jacob III. sah sich veranlasst, über die Tatsache hinwegzusehen, dass Tweed keineswegs als Gentleman geboren war.

»Es mag uns unangenehm sein«, sinnierte er, »aber wenn wir der Wahrheit ins Gesicht sehen, müssen wir zugeben: Ein Geschäftsmann, dem Tweed seine Sympathie entzieht, ist schlecht dran.« Schließlich gehörte das Astor-Imperium an vorderster Stelle zu denen, die von den Machenschaften des mächtigen Mannes profitierten.

1870 war Tweed auf dem Höhepunkt seiner Macht. Er hatte mehr Posten inne als je ein Politiker vor ihm, saß in allen wichtigen Gremien und leitete Tammany Hall.

»Boss Tweed« nutzte seinen Einfluss und sorgte noch im selben Jahr dafür, dass die Stadtverordnung geändert wurde. Die seit dreizehn Jahren bestehenden Verwaltungsorgane des Bundesstaates wurden zerschlagen, und alle politische Macht wurde auf Manhattan übertragen. Damit hatte Tweed die vollständige Kontrolle über die Regierung New Yorks.

12 000 Arbeitsplätze und jeder Cent an öffentlichen Mitteln lagen jetzt in seinen Händen. Tweed war nicht mehr zu halten. Seine Bauprojekte brachen sämtliche Rekorde. Jede neue Meile an Bahntrassen, die in Upper New York entstanden, trug ihm die Zustimmung der stetig steigenden Zahl an Pendlern und das Lob Zehntausender Ingenieure und Arbeiter ein, deren Beschäftigung er sicherte.

Der spektakuläre Reichtum Tweeds rückte mehr und

mehr in den Mittelpunkt des öffentlichen Interesses. Gleichzeitig geriet das unfertige Gerichtsgebäude an der Chambers Street in die Schlagzeilen. Bereits 1858 begonnen, waren für den Bau inklusive Einrichtung ursprünglich 350 000 Dollar angesetzt worden. Nach zwölf Jahren Bauzeit beliefen sich die Kosten auf unvorstellbare 13 Millionen Dollar, und ein Ende war noch nicht abzusehen.

Tweed und seine Verbündeten hatten Summen in astronomischer Höhe in die eigenen Taschen gescheffelt. Allmählich wurde deutlich, dass das Ausmaß der Korruption auch für eine Stadt von der Größe New Yorks ungeheuerlich war. In den drei Jahren unter Tweeds Führung war die Verschuldung der Stadt um über 30 Millionen Dollar angewachsen, obwohl er die Steuern mehr als verdoppelt hatte.

Tweed erkannte die Bedrohung durch Journalisten, die sich anschickten, Informationen über seine Machenschaften zu sammeln, und suchte nach einem Weg, die Presse zum Schweigen zu bringen.

»Ich brauche Respekt und den Ruf eines respektablen Mannes«, erkannte er. Wer konnte ihm besser zu diesem Ruf verhelfen als die höchst respektablen Herren der New Yorker Geschäftswelt? Er bat eine Handvoll von ihnen zu sich und schlug ihnen vor, ein Komitee zu bilden, das die Bücher der Stadt überprüfen sollte. Sein guter Bekannter, John Jacob Astor III., stimmte dieser Idee zu.

Astor galt als ehrlicher und aufrichtiger Mann. Obwohl bekannt war, dass Tweed und er eng zusammen arbeiteten, bestanden keine Zweifel an seiner persönlichen Integrität. Als Tweed mit seinem Vorschlag auf ihn zukam, sah John Jacob III. darin eine geschäftliche Notwendigkeit. Astor wusste, dass Tweed wie sein Vorgänger Wood eine ganze Reihe von Dingen getan hatte, die unter ethischen Gesichtspunkten zweifelhaft waren, aber so ging es eben zu in der

Politik. Politik war ein schmutziges Geschäft, nicht eben passend für noble Herren, und Astor selbst wollte damit so wenig wie möglich zu tun haben. Gemeinsam mit fünf anderen Herren machte er sich zügig daran, die vorgelegten Bücher zu überprüfen.

Selbstverständlich war zuvor dafür gesorgt worden, dass auch die kleinste Unregelmäßigkeit aus den Bilanzen verschwunden war und die Herren es nur mit sauberen Abrechnungen und Zahlen zu tun bekamen. Entsprechend legte das Komitee wenig später eine Erklärung vor, die sofort an die Presse weitergeleitet wurde. Das Gremium bestätigte einstimmig, dass die Bilanzen korrekt und vertrauenswürdig erstellt worden waren.

Im Frühsommer 1871 kamen Unruhen unter den Immigranten auf, ihre Lebens- und Arbeitsbedingungen bedurften dringend der Verbesserung. Etwa zur gleichen Zeit begann Tweeds Ansehen in der Öffentlichkeit zu schwinden. Die ehrwürdige »New York Times« wetterte beinahe täglich gegen die Exzesse: »Kein Kalif, kein Khan und kein Cäsar ist so schnell zu so viel Macht und Reichtum gelangt wie Tweed [der Erste]. Noch vor zehn Jahren ging dieser Monarch dem schlichten Beruf eines Möbeltischlers nach … Nun regiert er den Staat, wie Napoleon Frankreich regiert hat … Es gibt nichts, absolut nichts in dieser Stadt, was der Unersättlichkeit der von ihm geführten Bande entkommen könnte.«

Tweed, der sich durch die Unterstützung der noblen Geschäftswelt für unangreifbar hielt, ignorierte die Zeitungen und änderte nichts an seinen Methoden. Dabei unterlief ihm ein Fehler, der ihn schließlich um alles brachte, was er sich unrechtmäßig verschafft hatte.

Am 8. Juli 1871 versetzte die »New York Times« dem mächtigen Mann einen Schlag, von dem er sich nicht mehr erholen sollte. Die Zeitung veröffentlichte schockierende Berichte über den Bau des umstrittenen Gerichtsgebäudes. Ein ehemaliger Mitarbeiter der Stadtverwaltung, den der Boss um Tausende Dollar Provision gebracht hatte, rächte sich, indem er die ungeschönten Unterlagen über das Projekt an die Presse weitergab.

Die Öffentlichkeit las und hielt den Atem an: Für elf Thermometer waren offenbar 7500 Dollar bezahlt worden, für Besen 41 000 Dollar, und für die Fenster hatte man 8000 Dollar pro Stück veranschlagt. Einem Vertragspartner waren 5,5 Millionen Dollar für Sonnenschutz vor den Fenstern, Teppichböden und Mobiliar gezahlt worden. Die Rechnungssumme für drei Stühle und 40 Tische betrug 179 792 Dollar. Alles in allem errechnete die »Times« Gesamtkosten von beinahe 200 Millionen Dollar.

Am 15. Dezember 1871 wurde William M. Tweed wegen Betrugs und Diebstahls in drei Fällen angeklagt. Zwei Monate später legte man ihm 200 weitere mindere Delikte zur Last. Das Urteil lautete auf 12 Jahre Gefängnis. Tweeds Anwälte erreichten zwar, dass der Schuldspruch wenig später wieder aufgehoben wurde, konnten aber nicht verhindern, dass ihrem Mandanten ein Zivilprozess gemacht wurde. Diesmal zog der Gesetzgeber sein gesamtes Vermögen ein, und Tweed landete im Schuldgefängnis. Diejenigen unter seinen engsten Komplizen, die nicht rechtzeitig untergetaucht waren, wurden ebenfalls zur Verantwortung gezogen. Nur Jay Gould und seine Wall-Street-Partner kamen ohne Blessuren und reicher denn je aus der Affäre heraus.

Schon vor Jahren hatte es sich der gebürtige Deutsche und Karikaturist Thomas Nast zur Aufgabe gemacht, den korrupten Tweed zu verfolgen. Fast wöchentlich waren seine spitzstiftigen Zeichnungen in »Harper's Weekly« erschienen und hatten den Boss so sehr verärgert, dass er Nast eines Tages eine halbe Million Dollar anbot, wenn dieser seine

Kampagne beenden und das Land verlassen würde. Nast lehnte ab und blieb.

Im Winter 1875 gelang Tweed die Flucht aus dem Gefängnis. Als Seemann verkleidet floh er nach Spanien. Kaum hatte er spanischen Boden betreten, stand auch schon die Polizei vor seiner Tür. Nasts beißende Karikaturen waren weit über Amerikas Grenzen hinaus berühmt, und man hatte den entlaufenen Tweed sofort erkannt. Er wurde ausgeliefert. Drei Jahre später starb er in seiner Gefängniszelle.

John Jacob III. überstand den Tweed-Skandal unbeschadet. Nicht einmal die Verbindung zu New Yorks korruptestem Politiker konnte dem einflussreichen Erben des Astor-Imperiums etwas anhaben.

Sorgfältig vermieden Johann und sein Vater alles, was die Öffentlichkeit auf die Familie hätte aufmerksam machen können. Doch all ihre Bemühungen konnten nicht verhindern, dass der Name Astor immer wieder unerfreuliche Schlagzeilen machte.

»Wieder haben sie uns als Besitzer von Elendsvierteln diffamiert. In der Journaille herrscht ein Mangel an Respekt, der nachgerade widerwärtig ist«, empörte sich John Jacob III. und legte seinem Vater einen Zeitungsartikel auf den Schreibtisch.

»Diese Schreiberlinge wollen einfach nicht verstehen, dass uns nur die Grundstücke gehören und wir nichts mit dem zu tun haben, was darauf geschieht!« Er war sichtlich verärgert. Sein Vater überflog den Artikel und reichte ihn zurück.

»Es hat keinen Sinn, sich darüber aufzuregen. Sie wollen uns in diesem Licht schildern, und wir können nichts dagegen tun. Am besten ist, dergleichen einfach zu ignorieren und darauf zu achten, dass sie möglichst wenig Anlass haben, sich mit uns zu beschäftigen.« William Backhouse senior wandte sich wieder seiner Arbeit zu.

Was für ein Glück, dass sein ältester Sohn so ein vernünftiger Mann war! Niemals hätte er den beiden anderen die Verantwortung für das Imperium mit so gutem Gewissen übertragen können. William Backhouse junior segelte lieber, als dass er arbeitete, und was den jüngsten, Henry, betraf, so stellte dieser beinahe täglich unter Beweis, dass er einer solchen Aufgabe nicht gewachsen war.

Vier Henry Astor, der jüngste der drei Brüder, zeigte von frühester Kindheit ausgeprägte Anlagen, das schwarze Schaf dieser Astor-Generation zu werden. Aufmüpfig wie Dorothea, tyrannisierte er ähnlich wie seine verstorbene Tante Magdalen die Umgebung mit heftigen Tobsuchtsanfällen und war nicht bereit, sich den Familienzwängen und Traditionen unterzuordnen.

Kaum der Pubertät entronnen, überragte er seine Brüder bereits um Haupteslänge und wuchs zu einem Hünen mit rotem Bart und rüdem Gebaren heran.

»Henry ist nicht verrückt, er ist nur ein bisschen schräg«, kommentierte die Familie seine Entwicklung und achtete sorgsam darauf, dass Henry möglichst wenig in der Öffentlichkeit auftauchte.

80 Kilometer von Manhattan entfernt bekam er auf dem Familienlandsitz »Rokeby« am Hudson ein eigenes Haus. Dort führte er ein vergnügtes Landleben und amüsierte sich mit zum Teil kindischen Spielen. Gemeinsam mit seinen Angestellten veranstaltete er Boxkämpfe und winkte dem Sieger mit Fünfdollarnoten. Im Sommer konnte man den erwachsenen Astor-Spross dabei beobachten, wie er sich und

andere laut lachend mit Wasser bespritzte, Blindekuh und Fangen spielte oder auf dem Boden balgte.

Seine besondere Liebe galt den Pferden. Nichts bereitete Henry mehr Freude, als mit halsbrecherischer Geschwindigkeit im Zweispänner über sein Grundstück zu rasen.

Henrys Verhalten und Lebensführung beunruhigten John Jacob III. und seinen Vater zunächst kaum. Henry war in Rokeby gut untergebracht und versorgt. Vor allem aber war er weit genug von New York entfernt, um die Familie mit seinen Extravaganzen nicht ins Gerede zu bringen. Ganz selten nur erinnerte sich der eine oder andere Journalist daran, dass die prominenten Astors ja noch einen weiteren Sohn hatten. So schrieb die »New York Times«: »Es gab noch einen dritten Sohn, aber wegen einer Heirat, mit der die Familie nicht einverstanden war, hat man ihn seit vielen Jahren nicht in der Öffentlichkeit gesehen, und die meisten Menschen wissen gar nicht, dass er überhaupt existiert.«

Henry war tatsächlich eine Ehe eingegangen, mit der sich vor allem sein Vater ganz und gar nicht einverstanden zeigte.

Eines Abends zechte Henry, wie er es gerne tat, mit einigen Farmarbeitern. Die Männer warteten, bis ihr Gutsherr wirklich betrunken war. Dann legten sie ihm ein Stück Papier zur Unterschrift vor. Der berauschte Henry unterschrieb, dass er mit immerhin bereits 39 Jahren Malvina Dinehart, die minderjährige Tochter des Gärtners, heiraten werde. Das Ganze war als Spaß gedacht, doch Henry nahm die Angelegenheit am nächsten Tag und in nüchternem Zustand bitter ernst. Vater William Backhouse drohte, tobte und wütete, aber Henry ließ sich nicht beirren.

»Sie ist eine Landpomeranze! Ein Nichts! Hat nichts, ist nichts und wird nichts!«, schrie William, bis seine Stimme zu kippen drohte. »Wie kann er es wagen, so ein Mädchen in die Familie zu bringen?« Er fasste sich an sein Herz.

Henry ließen die väterlichen Ausbrüche vollkommen kalt. Er heiratete Malvina, ohne den in der Familie üblichen Erbverzichtsvertrag mit ihr abzuschließen. William geriet an den Rand eines Infarktes, als er davon erfuhr. Zu spät. Die Gärtnertochter Malvina Dinehart war die erste Mrs. Astor mit vollständigem Erbanspruch.

»Es gibt nur eine Möglichkeit, weiteren Schaden von der Familie abzuwenden«, beschloss sein Vater daraufhin, »ich werde ihn enterben!«

Bis auf ein Pflichtteil in Höhe von 30 000 Dollar wurde Henry Astor aus Erbfolge und Testament ausgeschlossen. Als er von der väterlichen Sanktion erfuhr, rechnete man in seiner Umgebung mit einem gewaltigen Wutausbruch, doch Henry reagierte völlig unerwartet:

»Ach, was ist schon Geld, wenn man eine Liebe und ein Leben hat«, kommentierte er die Nachricht vollkommen gelassen und küsste seine junge Frau auf den Mund. Die Ehe der beiden blieb kinderlos, war aber vom ersten bis zum letzten Tag eine der glücklichsten Verbindungen, die jemals ein Astor schloss.

Das gestrichene Erbe konnte die innige Beziehung nicht trüben. Dank des großväterlichen Testaments verfügte Henry über einigen Landbesitz und die Einkünfte aus einer Farm, deren Umsätze stetig stiegen. Das Geld interessierte ihn nicht im Geringsten. Die fälligen Pachten und Mieten sammelte er, wenn überhaupt, nur sehr unregelmäßig ein, stopfte die Wechsel achtlos in Hosentaschen und Schubladen und ließ sie dort wochenlang liegen. Wenn er Geld brauchte, griff er einfach eine Handvoll Schecks und ging sie einlösen.

Sein akribischer Vater sah dieses Verhalten mit Entsetzen und ermahnte den Sorgensohn immer wieder, aber völlig vergeblich, zu mehr Sorgfalt. Henry hatte seinen eigenen Kopf und setzte ihn stur durch.

Gemeinsam mit Malvina kaufte er eine Farm in Massachusetts und brachte damit eine Distanz von mehr als 100 Meilen zwischen sich und die Familie. Sein Haus war das größte in der Umgebung und wurde respektvoll das »Big House« genannt. In einem der Zimmer legte er den Boden mit Silberdollars aus, die er alle wieder herausreißen ließ, als er erfuhr, dass man seine Idee in New York kopierte. Er erwarb einige der kleinen umliegenden Farmen und widmete sich erfolgreich der Rinderzucht.

In der Nachbarschaft erzählte man sich hinter vorgehaltener Hand, dass Henry Astor, wenn er etwas getrunken hatte, gerne mit der Bibel in der Hand durch sein Haus wanderte und endlose Predigten hielt. Malvina nahm auch diese Extravaganz ihres Mannes mit Liebe und Humor und ließ ihn gewähren, bis er von Müdigkeit übermannt in seinem Sessel einschlief.

Unruhig verfolgten William und John Jacob III. Henrys unberechenbares Treiben. Niemand war wirklich überrascht, als er eines Tages in ernsthafte Schwierigkeiten geriet. Vermutlich hatte er wieder einmal zu tief ins Glas geschaut, als er die vierjährige Tochter eines Nachbarn ohrfeigte. Die Familie des Kindes klagte auf 20 000 Dollar, die William Astor für seinen Sohn bezahlte. Dann verfügte er, dass John Jacob III. ab sofort das Vermögen seines Bruders zu verwalten habe. Henry nahm auch diese Maßnahme gelassen hin. Vater und Bruder waren weit weg, sollten sie sich doch die Köpfe über seine Finanzen zerbrechen.

Während Eltern und Geschwister nur den notwendigsten Kontakt zu dem exzentrischen Henry hielten, besuchten ihn Neffen und Nichten sehr gern. Malvina galt als besonders liebenswürdige, warmherzige Frau und als ausgezeichnete Gastgeberin. In der Nachbarschaft war das Paar ausgesprochen beliebt.

Ein sehr naher Nachbar, der die beiden gut kannte, schrieb am 6. März 1898 in der »New York Times«: »Henry Astor ist, soweit ich es beurteilen kann, ein ruhiger, intelligenter alter Herr, ein großer Leser und jemand, der den Menschen in seiner Gemeinde sehr viel Gutes getan hat. Geschichten über mentale Störungen sind falsch.«

Im Alter musste Henry Astor zu seinem großen Bedauern die rasanten Fahrten mit den Trabern aufgeben. Statt standesgemäß einen Chauffeur zu engagieren, schickte er einen Jungen aus der Nachbarschaft nach New York.

»Du wirst dort lernen, wie man ein Auto fährt, und dann kommst du wieder zurück«, lautete sein Auftrag an den Jungen. Als der Knabe eben in der Lage war, das Steuer ruhig zu halten, kehrte er auf Henrys Anwesen zurück. Jetzt raste Henry nicht mehr im Zweispänner, sondern in einem Automobil über sein Grundstück. Am Steuer ein Fahranfänger, an seiner Seite Malvina, die den Jungen kreischend vor Vergnügen zu immer höheren Geschwindigkeiten antrieb.

John Jacob III. erfüllte seine Aufgabe als Vermögensverwalter mit penibler Genauigkeit. Als der enterbte Henry 88jährig starb, hinterließ er über fünf Millionen Dollar. Malvina überlebte ihren Mann nur um wenige Monate und verteilte das enorme Erbe für wohltätige Zwecke und auf ihre Verwandtschaft. Henrys Anteile an Grundstücken und Farmen fielen, wie es einst sein Großvater Johann Jakob I. verfügt hatte, an die Familie zurück.

Fünf Schon lange hatte sie ihr Bett nicht mehr verlassen, lag krank und elend darnieder, von hohen Kissen gestützt, wurde zusehends schwächer – und die ganze Familie wusste, dass die tapfere Margaret »Peachy« Astor sich nicht mehr von ihrem Leiden erholen würde. Dennoch war es vor allem für ihren Mann ein Schock, als seine Frau 1872 ihren letzten Atemzug tat.

Diszipliniert, wie er sein ganzes Leben lang gewesen war, versuchte William Backhouse senior den Kummer über den Verlust seiner Frau zu ertragen, doch die Trauer hielt ihn fest im Griff.

Gramgebeugt ging das Familienoberhaupt noch immer täglich in sein Büro, mied jedoch die Öffentlichkeit und verließ kaum noch das Haus. Drei lange Jahre bemühten sich Kinder und Enkel, dem Witwer sein unglückliches Dasein zu erleichtern.

»Das einzige, was mir noch ein wenig Freude bereitet, sind eure Besuche«, seufzte er. Am 24. November 1875 betrat William Backhouse den Firmensitz zum letzten Mal. Heftige Halsschmerzen und ein lästiger, trockener Husten zwangen ihn, seinen Schreibtisch früher als gewöhnlich zu verlassen.

»Vater, bitte! Sei nicht unvernünftig! Sieh dich doch nur an, du bist ganz blass, deine Augen sind gerötet, und du kannst kaum sprechen, du gehörst in dein Bett! Der Kutscher hat schon angespannt und wartet vor dem Haus. Ich lasse nach dem Arzt schicken und komme später zu dir!« John Jacob III. duldete keinen Widerspruch. Als er am Abend nach seinem Vater sah, lag dieser mit hohem Fieber im Bett.

»Ich könnte sicher noch ein Jahr leben, wenn ich mir nicht diese Erkältung geholt hätte, aber ich bin auch bereit, jetzt zu gehen«, seufzte William Backhouse Astor mit schwacher Stimme. Wenige Stunden später starb er.

Sein Testament hatte der 83jährige schon vor Jahren aufgesetzt. Wie zuvor sein Vater hatte auch er verfügt, dass alle privaten Papiere zu vernichten seien. Seinen Töchtern vermachte er je eine Million Dollar. William Backhouse junior und sein Bruder John Jacob III. bekamen je 20 Millionen Dollar. Der Hauptanteil der Firma ging an den erstgeborenen Sohn, so wie es der Vater immer geplant und verkündet hatte.

Verärgert las John Jacob III. im »Appleton's Journal« den Nachruf auf seinen Vater: »Keine Schulen, keine Akademien, keine Kirchen, keine öffentlichen Plätze tragen seinen Namen. Der Reichtum dieses vielfachen Millionärs ist nicht im Mindesten an gemeinnützige Dinge gekoppelt. Weder entstanden in seiner Ägide Modellhäuser, noch hat er geschmackvolle Reihenhäuser bauen lassen. Es gibt nicht einen Beitrag von ihm, die gesellschaftlichen Probleme der Stadt zu lösen. Er ließ sich nicht auf Experimente ein, erwarb keine neuen Kenntnisse … setzte kein so dringend notwendiges Exempel …«

Tatsächlich bestand der Hauptverdienst des Verstorbenen darin, dass er die Hinterlassenschaft seines Vaters im Laufe der Jahre verdoppelt hatte. Mit diesem Erbe wurde John Jacob III. zum unangefochtenen Familienoberhaupt und leitete fortan das Astor-Imperium.

Seit jeher hatte John Jacob III. es verstanden, eine undurchdringliche Aura von Würde und Zurückhaltung um sich zu verbreiten. Er beherrschte das Metier, sah sich aber nach wie vor nicht als Kaufmann, sondern als erster Aristokrat einer unermesslich reichen Familie und wünschte als solcher behandelt zu werden. Jeder Zoll ein Gentleman, sprach er fließend Englisch, Französisch und Deutsch, war außerordentlich belesen, liebte Musik und Kunst und sammelte Bücher, Gemälde und Antiquitäten.

Die britische Zeitschrift »The Spectator« schrieb über ihn: »Diesen undefinierbaren Hauch von Vulgarität, der einige der größten amerikanischen Millionäre umgibt, wird man bei Astor vergeblich suchen.«

John verdankte sein Selbstbewusstsein und dieses unbeirrbare Gefühl der Überlegenheit seinem Vater, der ihn zeitlebens als Lieblingssohn behandelt und bevorzugt hatte. Seit Kindheit und Jugend gab es nie auch nur den Ansatz eines Zweifels bezüglich seiner Position – obwohl beide Eltern sehr wohl wussten, dass ihr Zweitgeborener, William, der talentiertere ihrer Söhne war.

Dennoch erwies es sich nicht als Fehler, John an die Spitze der Firma zu setzen. Wenn auch nicht mit herausragenden Gaben ausgestattet, war er doch ein kühler Kalkulierer und guter Rechner, der es verstand, das ihm anvertraute Vermögen mit Geschickt und Fleiß zu mehren.

In der Geschäftswelt war dieser Astor, wie vor ihm Vater und Großvater, bekannt dafür, dass er sein Geld immer nur möglichst sicher und vor allem gewinnbringend investierte. Solange er sich an die Tradition des Kaufens und Verkaufens hielt, unterliefen ihm keine Fehler. Doch eines Tages erlag er einer Versuchung, die ihn viel Geld kosten sollte.

Einige Jahre bevor sein Vater starb, hatte John einen großen Anteil am Aktienpaket der New York Central Railroad erworben. Der skrupellose, mächtige Cornelius Vanderbilt hatte sich in den Kopf gesetzt, die Aktien dieser Eigenbahngesellschaft zu besitzen, und war gewöhnt, das zu bekommen, was er haben wollte. Mit legalen und sauberen Mitteln gelangte er nicht zum Ziel, also sann er auf eine Methode, mit der er sich seinen Herzenswunsch erfüllen konnte.

Commodore Cornelius Vanderbilt kam aus einer alteingesessenen holländischen Familie. Nach kurzer Schulzeit hatte er wie sein Vater als Farmer und Fährmann im New Yorker

Hafen gearbeitet. Aus dem Jungen, der 16jährig mit einem kleinen Boot Waren und Passagiere beförderte, wurde im Laufe der Jahre der Besitzer einer riesigen Dampfschiffflotte und einer der reichsten Männer des Landes. Im Zuge des Bürgerkriegs entwickelte sich der Großreeder Vanderbilt zum Eisenbahnmagnat: Systematisch – und bei der Wahl seiner Mittel nicht gerade zimperlich – erwarb er Linie um Linie und kontrollierte nach dem Bürgerkrieg auch die New-York- und Hudson-River-Bahn.

Anders als die Astors hegte er weder Sympathie noch Interesse für die High Society New Yorks. Wenn er sich amüsieren wollte, rauchte er eine dicke Zigarre, spielte Karten oder ging zum Pferderennen. Vanderbilt kaute Tabak, spuckte den Saft neben die dafür vorgesehenen Gefäße und verfügte über ein Repertoire an Flüchen, das man gehört haben musste, um es zu glauben. Seine größte Leidenschaft galt dem Geld, dafür war er bereit, beinahe alles zu tun.

Vanderbilt wusste, dass nur die Hudson-River-Bahn zwischen New York und Albany verkehrte. An diesem Umschlagplatz wurden Frachtgüter verladen, hier mussten Passagiere in die New York Central Railroad umsteigen. Er griff in seine prall gefüllten Schatullen und kaufte den Hauptanteil an der Hudson-River-Bahn. Kaum hatte er sie in Besitz genommen, verbot er seinen Angestellten die Kooperation mit anderen Gesellschaften. Das bedeutete für die Passagiere ab sofort eine halbe Meile Fußweg, meist schwer beladen mit Gepäck, wenn sie zu ihren Anschlusszügen gelangen wollten. Die Folge war, dass der Wert der Central-Railroad-Aktien in einen steilen Fall geriet. Schließlich kapitulierten deren Besitzer – Astor und seine Mitaktionäre – und verkauften an Vanderbilt.

Mochte ihn Vanderbilt in diesem Fall auch in die Knie gezwungen haben, John Jacob III. verbarg seinen Ärger hinter der ihm eigenen höflichen Gelassenheit. Nur für einen kurzen Moment schien es, als wäre die Farbe seines Gesichts eine Nuance röter. Die grauen Augen zusammengekniffen, zwirbelte er an seinem Schnurrbart, bis die Haut spannte. Dann atmete er tief durch und fand zurück zu der selbstbeherrschten Reserviertheit, mit der er seiner Umwelt stets begegnete.

Er wusste, dass es seine vornehme Zurückhaltung war, die ihm immer wieder im Wege stand, wenn er mit wirklich rücksichtslosen Geschäftsleuten und ihren Methoden konfrontiert wurde. Doch er war nicht bereit, seinen Verhaltenskodex zu verändern, und musste daher von Zeit zu Zeit persönliche Niederlagen in Kauf nehmen. So auch im Falle der Western Union Telegraph Company. Astor war einer von mehreren Direktoren dieser Gesellschaft, als ein Mann auf der Bildfläche erschien, dem ein Ruf wie Donnerhall vorauseilte.

Der gebürtige New Yorker Jason »Jay« Gould begann seine zwielichtige Karriere als Baugutachter, trat dann ins Gerbereigewerbe ein und fing um 1860 an, Aktien kleinerer Eisenbahngesellschaften zu kaufen. Seine Reputation als einer der führenden »Räuberbarone« des Landes erwarb er sich als Direktor der Erie Railroad. 1869 hatte er sich mit James Fisk und Daniel Drew zusammengetan, um Cornelius Vanderbilt beim Kauf dieser Eisenbahngesellschaft auszubooten.

In Fisk fand er einen Kompagnon, der aus dem gleichen Holz geschnitzt war. Statt eine Schule zu besuchen, hatte Fisk die Jugendjahre damit verbracht, als Kellner, beim Zirkus und als Vertreter Geld zu verdienen. Diese Tätigkeiten waren alle nicht lukrativ genug, und so sattelte er während des Bürgerkrieges um und schmuggelte Baumwolle aus dem Süden durch die Blockaden der Union, um sie zu überhöhten Preisen zu verkaufen.

Der hochgewachsene Fisk wurde zu einer der schillerndsten Figuren seiner Zeit. Wo immer er auftrat, stand er sofort im Mittelpunkt. Die Zeitungen beschrieben sein Benehmen als ebenso schrill wie seine Garderobe. Der Baumwollschmuggel hatte ihn zum wohlhabenden Mann gemacht, aber Fisk wollte mehr. Gemeinsam mit seinem Freund Daniel Drew beschloss er, ein wirklich großes Vermögen zu machen.

Wie Gould kam auch Drew aus New York und hatte eine so geringe Schulbildung aufzuweisen, dass er bis an sein Lebensende kaum lesen und schreiben konnte. Das hinderte den ehemaligen Viehzüchter nicht, mit skrupellosen Geschäften ein reicher Mann zu werden. Seine erste Auseinandersetzung mit Cornelius Vanderbilt hatte er bereits im Jahr 1834 ausgefochten, als Drew in das Geschäft mit Dampfbooten auf dem Hudson einstieg. Eisern unterbot er die geltenden Preise, erhielt Auftrag um Auftrag und wurde immer reicher. Vanderbilt zu schlagen wurde zur fixen Idee, und so schloss er sich Gould und Fisk gerne an, als diese um seine Unterstützung baten.

Die drei zogen alle Register, bestachen Beamte, fälschten Unterlagen und gewannen schließlich. Doch der vermeintliche Erfolg war nicht von langer Dauer. Am Ende manipulierten seine Partner das Aktiengeschäft, und Drew ging als großer Verlierer aus der Schlacht um die Erie Railroad hervor.

Während sie den großen Vanderbilt bekämpften, suchten vor allem Fisk und Gould nach weiteren Möglichkeiten, sich zu bereichern. Zu diesem Zweck wollte Gould einen Posten als Direktor der Western Union Telegraph Company. Hier saß John Jacob III. fest im Sattel und machte all seinen Einfluss gelten, um Goulds Eintritt zu verhindern.

»Er wird unseren guten Ruf ruinieren, er wird der Gesellschaft schaden«, protestierte Astor vehement. »Männer wie Gould haben in unseren Kreisen nichts zu suchen!« Seine Mitdirektoren stimmten ihm zu. Doch Gould ließ sich nicht aufhalten. Wieder flossen Bestechungsgelder, wieder wurden im Hintergrund Strippen gezogen, bis er schließlich sein Ziel erreichte und einer der Direktoren wurde.

Obwohl er wusste, dass besonders Astor gegen seine Mitgliedschaft gewesen war, tat Gould nichts, um John Jacob III. zu schaden. Und so blieb die Familie Astor der Western Union auch in den folgenden beiden Generationen verbunden.

1869 planten Gould und Fisk ihren größten Coup und ruinierten mit ihrem unersättlichen Treiben Tausende von Menschen. Schon im Jahr zuvor hatten sie begonnen, ihr Geld in den Goldmarkt zu investieren. Die Idee war, so viel Gold aufzukaufen, dass sie den Preis des Edelmetalls würden kontrollieren können, um dann Gewinne von astronomischen Ausmaßen einzustreichen. Das Projekt scheiterte kläglich. Der durch diese Goldspekulationen ausgelöste spektakuläre Zusammenbruch des Börsenmarktes am 24. September 1869 ging als Schwarzer Freitag in die Geschichte ein, hinterließ eine wütende Öffentlichkeit und eine Vielzahl von zerstörten Existenzen.

James Fisk wurde 1872 von einem eifersüchtigen Nebenbuhler auf der Treppe des Broadway Central Hotel erschossen. Jay Gould musste seinen Posten bei der Erie Railroad aufgeben und starb als alter, völlig vereinsamter Mann an Tuberkulose.

Sechs

Als William Backhouse senior 1875 starb, änderte sich das Leben im Hause seines Sohnes John Jacob III. Wie ein königlicher Thronfolger hatte er warten müssen, bis er durch den Tod seines Vaters endlich die Rolle des absoluten Monarchen einnehmen konnte. Jetzt war es so weit, und die neue Position brachte neue Verpflichtungen mit sich.

Seine Frau Augusta zeigte zwar noch immer kein großes Interesse an gesellschaftlichen Konventionen, avancierte aber dennoch zu einer der führenden Gastgeberinnen der Stadt. Lieber als den New Yorker Geldadel lud sie allerdings Gäste aus intellektuellen Kreisen oder aus der Theaterwelt ein. Außerdem traf sich auf ihre Initiative hin jeden Montag ein Gruppe ausgewählter Damen zu einem literarischen Zirkel – die Teilnahme daran war ebenso begehrt wie die an ihren abendlichen Einladungen.

»Weder ein wohlklingender Name noch ein Vermögen sind Grund genug, in meinem Haus zu Gast zu sein«, äußerte sie ihre Überzeugung. »Ich möchte geistreiche Menschen um mich haben und mich bei den Tischgesprächen amüsieren und nicht langweilen.« Und so bat sie neben Politikern mit Vorliebe auch Literaten und Künstler zu sich.

In den Augen der New Yorker Hautevolee waren das eigenartige Menschen, denen man mit großer Skepsis begegnete. Augusta genoss die unterhaltsamen Gespräche und kümmerte sich nicht um das Gerede der Leute. Immer wieder hieß sie Gäste in ihrem Haus willkommen, denen der Zutritt im Hause ihrer Schwägerin Caroline niemals gewährt worden wäre. So lud sie eines Tages den berühmten Schauspieler Edwin Booth ein und gab ihm den Ehrenplatz an ihrer Seite.

»Wie kann sie nur! Er ist der ältere Bruder des Mannes, der Lincoln ermordet hat«, ereiferten sich die feinen Damen um Caroline und bewunderten heimlich Augusta Astors Mut.

Je kleiner die Gesellschaften waren, umso wohler fühlte sich John Jacob III. auf den Festen, die in seinem Haus stattfanden. Dennoch machte es seine Position notwendig, zumindest von Zeit zu Zeit große Empfänge zu geben. Drei- bis vierhundert Gäste kamen dann zusammen, speisten fürstlich, genossen die edelsten Weine und plauderten. Augusta achtete sorgsam darauf, zu diesen Anlässen auch immer einige bevorzugte Geschäftspartner ihres Mannes einzuladen. Mit diesen zog sich John Jacob III. in ein ruhiges Eckchen zurück und sprach den ganzen Abend über Geschäfte, während seine Frau in der Rolle der Gastgeberin brillierte.

Strahlend bewegte sie sich von einer Gruppe zur anderen, parlierte mit großem Charme und ließ sich ob ihres ausgewählten Schmucks bewundern. Juwelen waren Augustas große Leidenschaft. Ihre Lieblingsohrringe waren Kunstwerke aus je vier tränengroßen Diamanten, die um einen Rubin von den Ausmaßen einer Haselnuss gruppiert waren. Das blonde Haar wurde von einem Diadem gehalten, das einer Königin würdig gewesen wäre. Bis zur Taille baumelten wertvolle Ketten, klingende Armreifen schmückten ihre zierlichen Handgelenke, und an den Fingern trug sie Ringe, so viele eben an die Hände passten.

»Wir sind wohlhabend, und es gibt keinen Grund, das nicht zu zeigen«, war Augustas Einstellung. Ihr Mann, bekannt für seine Sparsamkeit, wenn es um geschäftliche Belange ging, unterstützte sie darin, ermunterte sie sogar noch. Stolz beobachtete er Augusta, wenn sie mit schmetterlingshafter Leichtigkeit die Gäste bezauberte, und er schmückte sich mit den Komplimenten, die die Gäste seiner Frau machten.

Vor die Wahl gestellt, zog John Jacob III. allerdings jederzeit einen Abend in Gesellschaft einiger befreundeter Geschäftsmänner vor. Er war ein beliebtes Mitglied der vornehmsten New Yorker Clubs und machte sich einen Spaß daraus, wenn er danach gefragt wurde, schlicht »Gentleman« als seinen Beruf anzugeben. Mitte der 1870er Jahre gab es keinen Club von Rang und Namen, in dem nicht ein Astor oder ein naher Verwandter als Mitglied eingetragen war. Als der altehrwürdige Union Club seine Regeln lockerte und einige in Johns Augen Neureiche aufnahm, war er selbstverständlich federführend bei der Gründung einer Alternative.

»Was wir brauchen, ist ein Club, der den familiären Hintergrund als erstrangig ansieht«, ließ John Jacob Astor III. vernehmen und gründete den legendären Knickerbocker Club.

Stets davon überzeugt, dass er der erste Aristokrat der Familie war, gab er diese Einstellung an seinen Sohn weiter. Wie alle Astors genoss auch William Waldorf eine hervorragende Erziehung. Gouvernanten, Privatlehrer, Reisen: Seine Eltern ließen ihm zukommen, was für Geld zu kaufen war, achteten jedoch stets darauf, dass der kleine Waldorf mit der gebotenen Strenge geführt und erzogen wurde.

»Er wird eines Tages das Oberhaupt der Familie sein, und ich wünsche, dass er diese Position perfekt ausfüllt«, ordnete Astor an. »Die Augen der Welt werden auf ihn gerichtet sein – er muss gut vorbereitet werden auf diese öffentliche Rolle.«

»Vor allem muss er lernen, vernünftig mit Geld umzugehen. Jegliche Form von Verschwendung und Glücksspiel ist selbstverständlich verboten.« John Jacob III. war überzeugt davon, dass nur feste Regeln seinen Sohn zu dem Mann formen würden, den er sich wünschte, und gab ihm nur sehr wenig Taschengeld. Der Knabe wuchs als wohlbehütetes einsames Kind zweier Eltern auf, die ständig beschäftigt waren.

»Ich will, dass er ein gebildeter Aristokrat mit vielseitigen Interessen und einem Sinn fürs Geschäft wird.« Gemäß dieser väterlichen Maxime verbrachte Waldorf seine Jugend. Er entwickelte sich zu einem ausgesprochen gut aussehenden jungen Mann mit einer Vorliebe für Geschichte und Literatur. Waldorf verschlang buchstäblich alles, was ihm in die Finger geriet, und war ein so begeisterter Schachspieler, dass er noch als älterer Herr niemals ohne ein kleines Reiseset in der Tasche das Haus verließ.

Je älter er wurde, umso ausgeprägter zeigte sich, dass er wesentliche Charakterzüge seines Großvaters William Backhouse geerbt hatte. Wie dieser war auch er ehrgeizig, ungeduldig, egozentrisch und vor allem sehr diszipliniert. Präzision, feste Strukturen und eine beinahe zwanghafte Pünktlichkeit waren ihm heilig. Auf seinem Schreibtisch herrschte stets makellose Ordnung, die Papiere und gespitzten Stifte lagen immer nach dem gleichen Schema fast militärisch angeordnet.

Als sein geliebter und verehrter Großvater sich nach dem Tod seiner Frau trauernd in seinem Haus in der Fifth Avenue vergrub, besuchte Waldorf den alten Herrn mindestens einmal in der Woche. Bei Zigarren und Portwein erzählte William Backhouse senior dann Geschichten und Anekdoten von berühmten Menschen, die er in seiner Jugend in Europa kennengelernt hatte.

Waldorf hätte es nicht auszusprechen gewagt, aber es waren just diese Abende, die seine Überzeugung festigten, sich niemals in einem der Astor-Büros einsperren zu lassen, wie es sein Großvater und Vater getan hatten. Er wollte ein anderes Leben führen, genauso reich, aber viel bedeutsamer.

Sieben Während John Jacob Astor III. tagtäglich im Büro saß und die komplexen, vielfältigen Geschäfte überwachte und tätigte, vergnügte sich sein acht Jahre jüngerer Bruder William Backhouse Astor junior auf seiner Jacht und war nur noch ein seltener Gast in seinem eigenen Haus in New York. So lag die Erziehung der Kinder einzig und fest in der Hand der Mutter. Die verlangte von ihrem Mann nur, dass er Präsenz zeigte, wenn wirklich wichtige Dinge innerhalb der Familie anstanden, und diesem Wunsch kam William auch nach.

Caroline Webster Schermerhorn Astor war mit Leib und Seele Mutter. Sie vergötterte ihre Kinder und tat das Menschenmögliche, um ihnen einen festen Platz in den ersten Kreisen zu sichern.

Ihr ausgemachter Liebling war Nachzügler Jack. Nur das Beste war gut genug für den Knaben, der zudem auch von seinen vier älteren Schwestern verwöhnt wurde. Jack entwickelte sich zu einem verhätschelten Jungen, der seinen Launen freien Lauf ließ.

Neben dem Wohlergehen ihrer Kinder kannte Caroline nur einen Lebensinhalt: Ihr fester Wille war, die Spitzenposition in der New Yorker Gesellschaft einzunehmen. 1872 lernte sie einen Mann kennen, der für ihre ehrgeizigen Pläne wie gerufen schien.

Ward McAllister, geboren in Savannah, Georgia – seine Sprache sollte ihren ausgeprägten südlichen Akzent nie verlieren –, war von New York fasziniert. Im Alter von zwanzig Jahren hatte er hier eine Patentante besucht, die ihn in die Gesellschaft einführte. Tief beeindruckt hatte der junge Mann registriert, was in dieser großen Stadt alles möglich war – wenn man nur über genügend Geld verfügte. Er machte es zu seinem Lebensziel, die Reichen und Schönen New Yorks zu erobern, einer von ihnen zu werden. Wenig später erbte er 1000 Dollar und investierte beinahe die ganze Summe in ein extravagantes Kostüm für einen Maskenball. Weder die perfekte Maskerade noch der Rest des Geldes reichten aus, um sich dauerhaft zu etablieren, und so beschloss er, zunächst nach San Francisco zu gehen.

Dort betrieben sein Vater und sein Bruder ein erfolgreiches Anwaltsbüro. McAllister machte sich nicht viel aus regelmäßiger Arbeit. Die Tätigkeit als Anwalt langweilte ihn schon, bevor er überhaupt einen Fuß in die väterliche Kanzlei gesetzt hatte. So machte er seinem Vater einen Vorschlag, der sich als äußerst lukrativ für alle Beteiligten erweisen sollte.

»Lass mich für neue Klienten sorgen. Du wirst sehen, da kann ich dir viel besser nutzen, als wenn ich hinter einem Schreibtisch sitze. Ich werde Einladungen geben, Feste organisieren und dir so viele Aufträge verschaffen, dass du sie kaum bewältigen kannst. Du zahlst mir eine Provision, und wir alle sind glücklich.«

Der Tausendsassa hielt Wort. Mit den finanziellen Ressourcen des Vaters im Rücken knüpfte McAllister Kontakte, richtete Gesellschaften aus, wie sie bis dahin kaum jemand erlebt hatte, und tatsächlich: Die Kanzlei seines Vaters konnte sich bald vor reichen Mandanten kaum retten. Nach ein paar Jahren hatte er mit seinen Provisionen so viel Geld verdient, dass er in der Lage war, nach New York zurückzukehren.

Hier heiratete er Sarah T. Gibbons. Die Tochter eines Millionärs liebte ihren Mann abgöttisch. In ihren Augen war er witzig, geistreich und brachte mit seinen prächtigen Ideen Abwechslung in ihr reiches Leben. Das Paar unternahm eine ausgedehnte Reise nach Europa. McAllister sog die neuen Eindrücke auf wie ein Schwamm.

»Das ist es, was bei uns in Amerika fehlt: die Aristokratie!«, rief er begeistert aus. »So wie diese Barone, Fürsten, Prinzen und Könige, so muss man leben.« Er versicherte seiner Frau, die ihn nach Kräften unterstützte: »Ich werde eine neue Gesellschaftsform in New York einführen, und die Stadt wird mir zu Füßen liegen!«

»Das Wichtigste ist, dass wir zusätzlich zu unserem Haus in der Stadt einen geeigneten Sommerwohnsitz finden. Wir müssen dort sein, wo die Leute mit Geld sind.« Zurück in New York machte er sich sofort ans Werk, seinen ehrgeizigen Plan in die Tat umzusetzen. Mit dem Geld seiner Frau kaufte er eine Farm in Newport, Rhode Island: Dort, so wusste er, würde er sich in bester Nachbarschaft befinden. Hier verbrachten die Millionäre New Yorks die Sommerwochen, stets auf der Suche nach Unterhaltung und Amüsement. McAllister war bereit, ihnen beides zu bieten.

»Es ist doch überall auf der Welt das Gleiche«, feixte er. »Die armen Reichen kommen um vor Langeweile. Wenn sie segeln wollen, bläst kein Wind, und wenn sie Polo spielen möchten, regnet es – und dann? Dann wissen sie nichts mit sich und ihrer Zeit anzufangen. Ich werde Abhilfe schaffen, und sie werden es lieben!«

Es dauerte nicht lange, und die High Society lechzte danach, bei den McAllisters eingeladen zu werden. Das kleine Blättchen »Town Topics« füllte Seite um Seite mit den Extravaganzen, die der Hausherr sich für seine Gäste ausdachte. Anlässlich eines Farmfestes ließ er eine ganze Herde Schafe zwischen seinen illustren Besuchern grasen, ein anderes Mal fanden sie sich umgeben von Kühen beim Picknick. Die feine Gesellschaft quietschte vor Vergnügen.

Am Ende der Sommersaison hatte es sich bis New York herumgesprochen, dass Ward McAllister die Instanz war, wenn es darum ging, originelle Einladungen zu geben.

Der so Gerühmte erwies sich als über die Maßen hilfsbereit, wenn man ihn in diesem Zusammenhang zu Rate zog, und immer häufiger wurde er gebeten, diese oder jene Gastgeberin zu beraten.

»Der Himmel hat ihn mir geschickt! Er hat so viel Geschmack, weiß stets, wen man einladen muss und wen nicht, weiß, wen man neben wen setzen sollte, und kann auch noch die besten Musiker besorgen.« Mundpropaganda verschaffte McAllister Zutritt zu den vornehmsten Häusern der Stadt.

Für den nächsten Schritt musste er nichts weiter tun, als seine verwandtschaftlichen Verbindungen zu nutzen. Sein Cousin Sam Ward war zwar seinerzeit bei den Astors in Ungnade gefallen, aber das war lange her, und McAllister scheute sich nicht, das lockere familiäre Band als Trumpfkarte zu nutzen. Damit und mit dem Namen seines Schwiegervaters gelang es ihm tatsächlich, in Caroline Astors näheres Umfeld zu gelangen.

Da sie wöchentlich mindestens eine große Einladung gab, war sie höchst interessiert an dem, was ihre neue Bekanntschaft vorzuschlagen hatte. McAllister war ein guter Menschenkenner und stellte schnell fest, dass Caroline um jeden Preis die führende Rolle in der New Yorker Gesellschaft spielen wollte. Ohne Scheu zog er alle Register.

»Was uns fehlt, ist die wahre Aristokratie, so wie ich sie in Europa kennengelernt habe. Doch keine Sorge, meine Gnädigste, wenn Sie es wünschen, mache ich Ihr Haus zum Palast und Sie zur Königin von New York. Schließlich war ich zu Gast bei der Königin von England, weiß, was dort gespeist und wie es serviert wird«, beeindruckte er Caroline.

Die Wahrheit war, dass ihm der Küchenchef der britischen Monarchin vor Jahren einmal erlaubt hatte, einen Blick auf die gedeckte königliche Tafel zu werfen, und bei dieser Gelegenheit die Folge des erlauchten Menus preisgegeben hatte.

»Mein Wissen verdanke ich dem Großherzog der Toskana

und dem Fürsten Fürstenberg aus Baden-Baden«, prahlte McAllister weiter. Caroline schmolz dahin. Ein Mann, der sich so gut in den Häusern des europäischen Hochadels auskannte, war bereit, ihren Gesellschaften den letzten Schliff zu geben. Das war Musik in ihren Ohren. Mit seiner Hilfe würde sie ihre Schwägerin Augusta bald aus dem Feld geschlagen haben und sich ein für alle Mal auf dem gesellschaftlichen Thron etablieren.

Entzückt lauschte sie McAllisters Vorträgen, nahm jedes seiner Worte, auch wenn es noch so unsinnig war, als Beweis für seine überragenden Kenntnisse.

»Wer im Winter Lachs servieren lässt, egal mit welcher Soße, beleidigt seine Gäste«, verkündete McAllister im Brustton der Überzeugung und fügte hinzu: »Ein Gentleman kann immer zu Fuß gehen, aber niemals in einer schäbigen Equipage fahren.«

Für Caroline wurden seine Sätze zu Geboten. »Vor mir liegt eine schwere Zeit. Meine Töchter Emily und Helen sind 18 und 17 Jahre alt, ich will sie in dieser Saison in die Gesellschaft einführen und lege größten Wert darauf, dass das Debüt zu einem Ereignis gerät, über das ganz New York spricht.«

McAllister zierte sich nicht lange. »Madame, Sie inspirieren mich. Sie sind schön wie eine mystische Rose, ich stehe ganz und gar zu Ihrer Verfügung«, schmeichelte er und setzte seinen ergebensten Blick auf.

Der Vergleich mit einer mystischen Rose, was immer das auch sein mochte, gefiel Caroline über die Maßen, sie lächelte beseelt. Endlich ein Mann, der ihren Wert erkannte! McAllisters Komplimente wirkten wie Balsam, denn Mrs. Astor verfügte zwar über einen herausragenden Stammbaum, viel Geld, eine gute Bildung und eine gehörige Portion Ehrgeiz, aber sie war gewiss keine schöne Frau.

Unter dichten, dunklen Brauen lagen ebenso dunkle Augen, die eher skeptisch als freundlich in die Welt schauten. Das längliche Gesicht wurde von einer großen Nase dominiert, unter dem herrischen Mund zeigte sich ein energisches Kinn. Mit seinen blumigen Schmeicheleien gab McAllister ihr das Gefühl, auch optisch über das von ihr so gehasste Mittelmaß hinauszuragen.

Der aufstrebende Snob und Salonlöwe McAllister seinerseits sah das Kapital der reichen Mrs. Astor: Sie war geboren, eine Grande Dame zu sein – und er wollte ihre Graue Eminenz werden.

Ab sofort wurden die wöchentlichen Dinerpartys im Hause Schermerhorn Astor noch sorgfältiger vorbereitet als bisher. Geld spielte keine Rolle, und McAllister sorgte dafür, dass es in Strömen floss.

Köche aus Paris zauberten Gang um Gang Kompositionen, die auf der Zunge zergingen, und Lakaien in hellblauer Livree servierten auf goldenem Geschirr. Aus Wien und London kamen Künstler, die für die musikalische Untermalung sorgten. Zu Tisch saßen ausnahmslos reiche Damen und Herren mit mehr oder weniger lupenreinen Ahnentafeln; Reichtum und Herkunft waren Caroline wichtiger als witzige, ernsthafte oder gar politische Gespräche. Getragen von oberflächlich gezierter Höflichkeit, erschöpften sich die Themen in den neuesten französischen Modekreationen, dem Wetter oder belanglosem Klatsch und Tratsch.

Dennoch galt, was McAllisters Phantasie und Carolines Geld gemeinsam schufen, bald als Nonplusultra, und wer es sich leisten konnte, versuchte zumindest in bescheidenem Rahmen zu kopieren. Das war nicht immer einfach, denn zu besonderen Anlässen dachte sich McAllister besondere Amüsements für die verwöhnten Gäste seiner mystischen Rose aus.

»Wir beschichten die ganze Tafel dick mit Sand. Jeder Gast wird neben seinem Gedeck eine kleine silberne Schaufel vorfinden und kann während des Essens damit auf Schatzsuche gehen, denn im Sand werden wir Edelsteine, Rubine, Saphire und Brillanten verstecken.« Caroline klatschte vor Begeisterung in die Hände. Am Abend buddelten tatsächlich über 100 vornehm gekleidete Gäste der New Yorker Society mit ihren Schäufelchen im Sand und suchten nach den verborgenen Preziosen. Mrs. Astor setze wahrhaftig Maßstäbe, lautete die einhellige Meinung.

Traditionell lud Caroline jedes Jahr im Januar zu einem außergewöhnlichen Ball. Unter McAllisters Anleitung gedieh das ohnehin große Ereignis zum Event des Jahres. Wer nicht eingeladen war, lief Gefahr, ins gesellschaftliche Aus zu geraten. Entsprechend begehrt waren die vornehm gestalteten Billetts, die den Zutritt sicherten.

Caroline pflegte ihre Gäste einzeln und persönlich zu begrüßen. Im prächtigen Entree ihres Hauses Fifth Avenue 350 stand sie neben einem lebensgroßen Portrait ihrer selbst. Wegen ihres schütteren Haares trug sie eine Perücke, die zu festlichen Anlässen zu einer mit Perlenketten verzierten Hochfrisur gestaltet wurde. In kostbarster Robe, über und über mit Diamanten behängt, reichte Caroline die beringte Rechte huldvoll zum Kuss.

Nach der Begrüßung begaben sich die Paare in den prachtvoll dekorierten Ballsaal. Animiert von den musikalischen Darbietungen der jeweiligen Künstler, formierte sich die Gesellschaft unter einem riesigen italienischen Kandelaber zum Tanz.

Caroline selbst tanzte nur selten, und so hatte McAllister am Ende des Saales ein Podest errichten lassen, auf dem ein langes Sofa stand. »Der Thron« wurde es genannt – dies war der Platz, von dem aus die Gastgeberin den Verlauf des

Mrs. William Astor begrüßt ihre Gäste zum alljährlichen Höhepunkt der Ballsaison.

Abends beobachtete. Neben ihr zu sitzen galt als die höchste Ehre, die nur wenigen zuteil wurde. Sechs Karten lagen auf dem roten Samtpolster, auf jeder Karte stand der Name einer auserkorenen Dame. Caroline und McAllister verbrachten Stunden mit der Auswahl der auf diese Weise Bevorzugten. Doch die Zahl der Sitzplätze war begrenzt, denn in ihren ausladenden Roben fand nicht mehr als ein halbes Dutzend Damen Platz.

Immer wieder kam es zu unschönen Szenen. Eine der Ladies, die ihren Namen vergeblich auf den Karten gesucht hatten, verließ in Tränen aufgelöst das Podest und eilte wehklagend durch den Ballsaal. »Sie liebt mich nicht! Oh! Ich werde keinen Moment länger in einem Haus bleiben, in dem ich nicht geliebt werde!« Nur mit vereinten Kräften und äußerster Mühe, gelang es, die Unglückliche zu trösten und zur Rückkehr in den Saal zu bewegen.

Die Größe des Ballsaals und die Leuchtkraft des Lüsters waren es, die McAllister auf eine Idee brachten.

Nachdem die Spuren der langen Nacht von dienstbaren Geistern beseitigt worden waren, sagte er unterwürfig: »Meine Rose, es war ein vollendeter Abend, aber ich denke, wir müssen für den Ball im nächsten Jahr mit noch mehr Raffinesse vorgehen.« Caroline war ganz Ohr.

»Der Andrang! Ich rede nur vom Andrang. Es waren zu viele Menschen im Raum. Ich denke, wir sollten eine Liste erstellen. Die Liste der 400 wichtigsten, reichsten und angesehensten Persönlichkeiten der Stadt. Nur diese sollten Zutritt zu Ihrem herrlichen Haus haben. Ich weiß, dass es nicht mehr als 400 Personen in New York gibt, die unseren Kriterien, wenn wir sie nur richtig wählen, genügen werden.«

Caroline nickte aufmerksam. »An welche Kriterien dachten Sie, mein lieber Premierminister?«

Ward McAllister, hinter vorgehaltener Hand auch »Mr. Make-a-Lister« genannt, wird als Esel verspottet. Zeitgenössischer Cartoon, ca. 1890.

»Nun, ich denke, Reichtum ist sehr wichtig. Es sollten nur wirklich reiche Herren und Damen bei Ihnen ein und ausgehen.« Caroline nickte beifällig.

»Dann ein Stammbaum. Wer keine Vorfahren vorzuweisen hat, hat hier nichts zu suchen. Neureiche sind etwas Schreckliches, sie verstehen sich meist nicht zu benehmen und können auf diese Weise einen noch so sorgfältig arrangierten Abend ruinieren. Kein europäischer Aristokrat würde sich mit Neureichen umgeben. Drei Generationen, schlage ich vor, drei Generationen sollte der Stammbaum umfassen.« Caroline zog die Augenbrauen hoch und rechnete. Johann Jakob I., William Backhouse senior und ihr Mann – das waren drei Generationen. Sie nickte wiederum.

»Und dann natürlich Anstand«, schlug McAllister vor. »Nur wer über einen wirklich ausgezeichneten Leumund verfügt, kann hier verkehren.«

»Eine ausgezeichnete Idee! Wir werden diese Liste gemeinsam erstellen und die Einladungen für das nächste Jahr entsprechend herausgeben.«

Die Liste war das Gesprächsthema in der Stadt. Eifrig bemüht, einen Platz darauf zu ergattern, überschlugen sich die Aspiranten, um Caroline Astors Gunst zu erringen. Glücklich, wer im kommenden Januar unter ihrem Leuchter tanzen durfte, beschämt und geknickt, wem diese Ehre nicht zuteil wurde.

Caroline verbrachte Wochen mit der Auswahl ihrer Gäste und sorgte mit der gebotenen Präzision für die Erfüllung der Kriterien. Einen Geschäftsmann, der bis dahin immer willkommen gewesen war, strich sie von der Liste: »Nur weil ich meine Teppiche bei ihm kaufe, heißt das noch lange nicht, dass ich ihm erlaube, darauf herumzuspazieren!«

McAllister trug die Idee einen Spitznamen ein, fortan sprach man – hinter vorgehaltener Hand, versteht sich – nur noch von »Mr. Make-a-Lister«.

Acht Caroline Astors Leben verlief nach einem festen Rhythmus. Die Winter verbrachte sie in New York, Ostern in London oder Paris, den späten Frühling und den Herbst manchmal auf dem Landsitz Ferncliff oder wieder in New York und zwei Sommermonate in ihrem geliebten Chateau Beechwood in Newport, Rhode Island. Der herrliche Ort mit dem milden Klima, dem natürlichen Hafen und den prachtvollen Bauten aus vorrevolutionärer Zeit wurde nach dem Bürgerkrieg als ideale Zuflucht für reiche Städter entdeckt. Wer über die notwendigen finanziellen Mittel verfügte und der Hitze New Yorks zu entfliehen suchte, kaufte oder baute sich ein Haus in Newport.

1879 hatte John Jacob III. seinen Landsitz Beaulieu erworben. Dort residierten er und Augusta alljährlich im Juli und August, gaben formidable Einladungen und genossen die frische Luft außerhalb der stickigen Stadt.

Daher beschwor Caroline ihren Mann: »William, du hast Ferncliff, deine Pferde und dein Schiff, und es sei dir von Herzen gegönnt. Aber was ist mit mir? Eines Tages vergehe ich noch in der Hitze New Yorks. Wenn es deinem Bruder gelungen ist, ein passendes Haus in Newport zu finden, wird das für dich doch auch kein Problem sein!«

Caroline ließ nicht locker, bis ihr Mann den Wunsch zwei Jahre später endlich erfüllte.

Mit seinem weiten Park und einem unbeschreiblichen Blick auf das Wasser war Caroline Astors Beechwood eines der ältesten und schönsten Häuser der Gegend. 1851 gebaut, war das Haus vier Jahre später fast vollständig durch ein Feuer zerstört, innerhalb der nächsten zwei Jahre jedoch noch prächtiger und pompöser wieder aufgebaut worden.

Caroline war entzückt, als ihr Mann das Anwesen 1881 erwarb und ihr als Sommerresidenz zur Verfügung stellte.

Mit der ihr eigenen Vehemenz widmete sie sich der Renovierung des prunkvollen Baus.

»Ich werde Richard Morris Hunt engagieren. Er soll nach meinen Vorstellungen die Entwürfe zu Papier bringen und die Arbeiten überwachen.«

Richard Morris Hunt stammte aus einer reichen amerikanischen Familie, die in den Vierzigerjahren nach Paris umgesiedelt war. Hier studierte Hunt Architektur, Malerei und Bildhauerei. Nach ausgedehnten Reisen durch Europa kehrte er schließlich nach New York zurück und avancierte schnell zu einem der prominentesten Architekten der Stadt. Mit seinem bevorzugten Stil, dem der französischen Renaissance, traf er genau Caroline Astors Geschmack. Er schuf ein Ambiente, das in Ausmaß und Ausstattung sogar die ursprünglichen Vorstellungen der Hausherrin übertraf. Der Ballsaal war groß genug, um 1200 Gäste aufzunehmen. An der Decke des Entrees prangten Bilder von bis zur Taille entblößten Frauenfiguren. Jeder Gastraum war mit Liebe zum Detail ausgestattet. Die Kosten für den Umbau betrugen etwa zwei Millionen Dollar, und Caroline Astor konnte sich rühmen, das berühmteste und schönste Ferienhaus des Staates zu besitzen.

Die Tatsache, dass man sich in der Sommerfrische befand, war kein Grund, die äußere Erscheinung zu vernachlässigen, im Gegenteil! Die Tage verstrichen zwischen Ankleiden, Schwimmen, Ankleiden, Tennis, Umkleiden, Mittagessen, Ausfahren, Ausruhen und wieder für den Abend Ankleiden.

Für jede Gelegenheit galt es das passende Ensemble zu wählen. Das bedeutete pro Saison eine Garderobe von mindestens 90 Gewändern mit dazugehörigen Schuhen, Hüten und Sonnenschirmen, die farblich ebenso wie die ellbogenlangen Handschuhe mit dem Kleid harmonieren mussten.

Täglich versammelten sich Zaungäste und bestaunten die

vornehmen Kutschen, in denen Mrs. Astor, ihre Freundinnen und deren Töchter ausfuhren. Die Spazierfahrten unterlagen strengen Regeln. Auf jedem Kutschbock saß ein uniformierter Kutscher und sorgte dafür, dass die Wagen geordnet nach Rang und Ansehen der jeweiligen Dame im Fond in der richtigen Reihenfolge hintereinander her fuhren.

McAllister gab sein Bestes, um die Sommerfeste auf Beechwood zu unvergesslichen Ereignissen zu gestalten. Ähnlich dem Januarball in New York gab es auch hier als Höhepunkt des Sommers einen Abend, der als ganz besonders galt. Doch wie in New York war es auch in Newport nicht einfach, eine Einladung zu erhalten.

Caroline Astor war die unangefochtene Königin der Gesellschaft. Wer in diesen feinsten Kreisen akzeptiert sein wollte, musste von ihr akzeptiert werden. Familien, die nicht zu den erwählten 400 gehörten, ließen nichts unversucht, um aufgenommen zu werden. Gerüchten zufolge wurden bis zu 15 000 Dollar Bestechungsgeld gezahlt, um auf diese Weise einen Platz in ihrem Ballsaal zu ergattern.

Von den vielen, die es versuchten, war kaum jemand so geschickt wie Alva Vanderbilt. Mit dem Reichtum ihres Mannes und getrieben von ihrem Ehrgeiz versuchte sie die von Caroline und McAllister sorgfältig errichteten gesellschaftlichen Barrieren zu überwinden. Sie kaufte ein Grundstück in Newport und investierte knapp vier Millionen Dollar in den Bau eines Anwesens, das dann für weitere fünf Millionen Dollar nach dem neuesten Schick eingerichtet wurde.

Alvas Feste waren opulent und begehrt, doch Caroline Astor ließ sich von der in ihren Augen neureichen Familie nicht aus dem aristokratischen Konzept bringen und stattete Mrs. Vanderbilt weder einen Besuch ab, noch lud sie sie zu sich ein.

Der Winter kam, und man begab sich zurück nach New

Mrs. William Astor in einer Abendrobe im Stil Marie-Antoinettes. Porträt von Charles Emile Auguste Carolus-Duran, 1890.

York. Hier bezogen die Vanderbilts ein elegantes Haus in der Fifth Avenue. Die ganze Stadt wusste, dass es eine große Einweihungsparty geben würde. Wer Rang und Namen hatte, war eingeladen und bereitete sich auf den mit Spannung erwarteten Abend vor. Die Feste der Vanderbilts waren zwar nicht mit der gleichen Raffinesse und Phantasie organisiert, die McAllister zu vergleichbaren Anlässen walten ließ – dafür sorgten vor allem die Roben der Vanderbilt-Damen noch Tage später für Gesprächsstoff. Wo andere Kleider mit Schleifen, Rüschen und Blumenschmuck verziert waren, bevorzugten die Ladies aus der Familie Vanderbilt applizierte Edelsteine vom einfachen Rubin bis zum funkelnden Diamanten.

Üblicherweise wurde nach dem Essen zum Tanz aufgespielt. Den Anfang machte immer eine prächtige Quadrille. Die Töchter der ersten Familien lechzten nach der Ehre, mit der komplizierten Schrittfolge ihre Fertigkeiten zu präsentieren.

Wochen vorher hatten die Debütantinnen der Saison mit den Proben begonnen. Unter ihnen auch Carrie Astor, die sich schon ausmalte, wie hübsch sie in ihrem neuen Kleid aussehen würde.

Mrs. Vanderbilt verfolgte noch immer das Ziel, in Caroline Astors engsten Kreis aufgenommen zu werden. Und jetzt bot sich die Gelegenheit, es zu erreichen. Sie nahm ein paar Debütantinnen zur Seite:

»Es tut mir leid, meine lieben Kinder, aber ihr müsst euch nach einem Ersatz für Carrie Astor umsehen. Ich kann sie unmöglich einladen, denn ihre Mutter hat mich weder hier noch in Newport jemals aufgesucht.«

Als Carrie davon erfuhr, war sie verzweifelt. »Mutter, alle werden dabei sein, nur ich nicht, was für eine Blamage!« Dicke Tränen rollten über ihre Wangen. Wie immer, wenn es um ihre Kinder ging, zeigte die sonst so strenge Caroline Astor ein weiches Herz.

»Ich denke, es ist Zeit für die Vanderbilts, und da ich wohl die Ältere bin, muss ich mein Interesse zuerst bekunden, sonst kann die Ärmste es ja gar nicht wagen, meine Töchter einzuladen«, sagte sie und setzte ihren Hut auf, um den erforderlichen Antrittsbesuch zu machen. Carrie Astor durfte tanzen, und Alva Vanderbilt hatte gewonnen. In der folgenden Saison stand auch sie auf McAllisters Liste und gehörte zu den Gästen im Hause Astor.

Neun Obwohl sie einem Emporkömmling die Grundlagen ihrer gesellschaftlichen Existenz anvertraute, fürchtete sich Caroline Astor vor nichts so sehr wie vor Emporkömmlingen. Der Gedanke, dass sich ein Mitgiftjäger an eine ihrer geliebten Töchter heranmachen könnte, trieb ihr den Angstschweiß auf die Stirn. Diese große Sorge war inzwischen das einzige, was sie noch mit ihrem Mann verband. William verabscheute die Feste seiner Frau, er verabscheute McAllister und mied die Einladungen in seinem Haus wie der Teufel das Weihwasser. Aber wenn es um die Zukunft seiner Kinder ging, war er mit Caroline einig:

»Wir müssen höchste Vorsicht walten lassen und ein wachsames Auge haben.«

Da der Hausherr allerdings so gut wie nie in New York weilte, musste Caroline das wachsame Auge haben, und so war sie es, die als Erste bemerkte, dass Tochter Emily sich verliebt hatte. Der Auserwählte, James J. Van Alen, hatte es immerhin zum Kommandeur der Kavallerie im Bürgerkrieg gebracht und war ein wohlhabender Mann.

William war von Anfang an gegen die Hochzeit. Vater Van Alen hatte den Ruf eines Lebemanns, der sich nur zu gern mit leichtfertigen Damen umgab. Ausgerechnet William Astor, der auf seiner Jacht nichts anderes tat, fand das so anstößig, dass er versuchte, seiner Tochter die Verbindung auszureden. Gute Worte und Beschwörungen halfen nicht. Emily Astor hatte den starken Willen ihrer Mutter und ließ sich nicht beeinflussen.

»Wenn du keine Einsicht zeigst, wirst du dir gefallen lassen müssen, dass ich dir eine Hochzeit mit diesem Mann einfach verbiete. Der alte Van Alen hat es nur mit dubiosen Investitionen und Glück zum Millionär gebracht! Ich bin dein Vater, du hast zu gehorchen. Verflucht will ich sein, wenn ich zulasse, dass meine Familie es näher mit diesen Van Alens zu tun bekommt.« William Astor polterte so laut, dass es dem Vater des Bräutigams zu Ohren kommen musste. Der zögerte nicht lange und forderte William zum Duell. Jetzt schritt Caroline ein:

»William, bitte, das ist es nicht wert. Stell dir den Skandal vor! Zwei Männer in eurem Alter stehen sich mit gezückten Pistolen gegenüber. Ganz gleich, was du vom Vater hältst, gegen den Sohn gibt es keine Einwände. Und jetzt geh, schreib einen Brief und entschuldige dich!«

William sah ein, dass es nicht Sinn der Sache sein konnte, sich erschießen zu lassen oder jemand anderen zu erschießen, schrieb den Brief und führte schließlich seine kleine Emily am 14. März 1876 zum Altar. Er schaffte es sogar noch, während des nachmittäglichen Empfangs an der Seite seiner Frau die Gäste zu empfangen, doch dann war die erste Flasche Whisky leer und das Maß seiner Geduld voll. William Astor floh auf seine Jacht und setzte Segel Richtung Florida.

Emily führte eine glückliche, aber kurze Ehe. Fünf Jahre später starb sie im Wochenbett. Sie hinterließ drei kleine Kinder und einen unglücklichen Witwer.

Helen und Carrie heirateten beide Männer ihrer Wahl. Auch sie hatten die mütterliche Unbeirrbarkeit geerbt, bestanden darauf, aus Liebe zu heiraten, und akzeptierten keine arrangierten Partien.

Als Tochter Helen verkündete, sie werde James Roosevelt heiraten, waren beide Eltern mehr als einverstanden. Immerhin war der Auserwählte ein Halbbruder von Franklin Delano Roosevelt und ein angeheirateter Neffe von Williams Schwester Laura Astor. Kurz nach der Hochzeit zogen Helen und James nach England und lebten dort ein zurückgezogenes, kultiviertes und komfortables Leben auf dem Land in der Nähe von Ascot. Auch dieses Glück währte nicht lang, denn Helen starb mit nur 38 Jahren.

Carrie, die jüngste Tochter, musste einen harten Kampf gegen ihre Eltern ausfechten, bis sie sich schließlich durchsetzte und den Mann ihrer Träume heiraten durfte. Sie hatte kaum ihren 16ten Geburtstag gefeiert, da verliebte sie sich in Orme Wilson. Der junge Mann kam aus einer Familie, die den Astors so gar nicht in ihr dünkelhaftes Konzept passte.

»Jeder in der Stadt weiß es! Die Wilsons sind Neureiche. Sie haben als Kriegsgewinnler des Bürgerkrieges ihr Geld gemacht und arbeiten sich seither durch gezielte Heiraten Stufe für Stufe die soziale Leiter hinauf. Es kommt überhaupt nicht infrage, mein Kind, dass du dich für einen solchen Mann wegwirfst.«

Caroline Astor schritt mit der gebotenen Härte ein und verbot ihrer Tochter den Umgang mit Orme. Aber so leicht ließ sich das Paar nicht auseinanderbringen. Die Eltern rangen mit allen Mitteln um das, was sie für Carries Glück hielten, boten den Wilsons sogar Geld, damit Orme sich zurückzog. Nichts half. Carrie nahm vor Kummer dramatisch ab, wurde immer dünner und schwächer. Schließlich spielte Caroline den letzten Trumpf aus.

»Du sollst ihn haben, wenn dein Herz wirklich so sehr an ihm hängt – aber du musst warten. Ich will, dass ihr euch ganz sicher seid, und deshalb darfst du ihn erst nach deinem 23sten Geburtstag heiraten.« Das Paar nahm auch diese Hürde, und Caroline sah ein, dass gegen eine solche Liebe kein Kraut gewachsen war. Sie stürzte sich mit Verve in die Vorbereitungen für die Hochzeit.

Der große Ballsaal wurde zu einer Art Kirchenschiff umgestaltet, und die Brautmutter tupfte sich gerührt die Augenwinkel, als sie sah, wie ihre glückliche Tochter den Mittelgang auf einem dicken Teppich entlang schritt und neben ihrem Bräutigam vor dem aufgebauten Altar niederkniete. Der Trauung folgte ein rauschendes Fest. Champagner, Wein und Liköre flossen in Strömen. Ehrengast General Ulysses S. Grant sprach den alkoholischen Köstlichkeiten so wacker zu, dass er seine dicke Zigarre verkehrt herum in den Mund steckte und sich schmerzhaft verbrannte.

Carrie führte eine überaus glückliche Ehe und wurde 87 Jahre alt.

Zehn Die größten Probleme bereitete ausgerechnet die dritte Tochter, Charlotte Augusta. Für sie hatte sich Caroline persönlich auf die Suche nach einem geeigneten Gatten gemacht.

James Coleman Drayton schien ihr der Richtige, und Miss Augusta fügte sich dem Willen ihrer Mutter. Ausgestattet mit der obligatorisch üppigen Mitgift hauchte die Braut das Ja-Wort, und Caroline bestellte zur Feier des Tages für alle Patienten des Bellevue-Krankenhauses ein Truthahn-Abendessen.

»Auch die, denen es nicht so gut geht wie uns, sollen Augustas Hochzeit feiern«, erklärte sie die ungewöhnliche Geste.

Das Paar zog nach Bernhardsville, New Jersey, und lebte dort zehn Jahre in vermeintlich trauter Gemeinsamkeit. Zwei Söhne und zwei Töchter sprachen für eine harmonische Verbindung, doch wie sich zeigen sollte, war Augusta nicht halb so glücklich, wie es den Anschein hatte. Sie verliebte sich in ihren Nachbarn, Hallet Alsop Borrowe. Aus einer kleinen Affäre wurde große Leidenschaft, und die blieb nicht lange geheim. In seiner Verzweiflung suchte Drayton schließlich

Rat und Hilfe bei seinen Schwiegereltern. Beide waren entsetzt, als sie vom Seitensprung ihrer Tochter hörten.

»Wie lange, sagst du, geht das jetzt schon?« William nahm einen kräftigen Schluck Whisky.

»Ein paar Monate«, antwortete Drayton leise. »Ich habe wirklich alles versucht, um sie davon zu überzeugen, dass sie uns allen großen Schaden zufügt, wenn die Sache herauskommt, aber sie lässt sich nichts sagen. Und jetzt ist es so weit, dass es die Spatzen von allen Dächern pfeifen. Ich kann mir das nicht länger gefallen lassen.« Er war sichtlich geknickt.

William nickte mitfühlend. Umgehend teilte er seiner Tochter mit, dass er sie aus dem Testament streichen werde, wenn sie diese Liaison nicht sofort beendete.

»Ich werde dich nicht nur enterben, ich werde auch alles, was von dir noch hier im Haus ist, vom Hochzeitskleid bis zum kleinsten Spielzeug, auf einer Auktion versteigern!«, tobte William.

»Aber ich liebe ihn!«, schluchzte Charlotte Augusta. Ihr Vater ließ sich nicht erweichen und blieb bei seinem Ultimatum.

In der Zwischenzeit versuchte Nachbar Borrowe dem Konflikt und vor allem den drohenden Schlagzeilen zu entrinnen. Per Schiff machte er sich aus dem aufgewirbelten Staub, floh nach England und tauchte in einem Hotel unter. Doch er hatte die Rechnung ohne seine Geliebte gemacht.

Charlotte Augusta war eine echte Astor und gewöhnt zu bekommen, was sie haben wollte. Jetzt wollte sie Borrowe – und sie folgte ihm nach London. Das wiederum ging dem gehörnten Drayton entschieden zu weit. Er engagierte zwei Privatdetektive, die ihm wenig später berichteten, seine Frau und Borrowe residierten im St. Pancras Hotel in London. Mit dem nächsten Schiff machte der verlassene Ehemann sich auf den Weg nach Europa, um seine Gattin zurückzuholen. Empört stürmte er in das Zimmer der beiden und forderte Borrowe zum Duell.

Doch der winkte ab. »Ich denke gar nicht daran, mich mit Ihnen zu duellieren. Es gibt zwischen uns keinen Grund für eine Schießerei. Wir beide haben kein Problem miteinander, Sie haben ein Problem! Ich kann nichts dafür, dass Sie nicht in der Lage sind, Ihre Frau innerhalb Ihrer vier Wände zu halten, und denke gar nicht daran, deswegen mein Leben aufs Spiel zu setzen!« Drayton zog sich gedemütigt zurück, und Borrowe, dem die ganze Angelegenheit zu anstrengend wurde, gab seiner Geliebten endgültig den Laufpass.

Um keinen Preis wollte Charlotte Augusta zu ihrem Mann und den Kindern zurückkehren. Drayton, der noch immer hoffte, sie umstimmen zu können, bat seine Frau um ein Treffen. Von der ersten Minute an nahm das von ihm gewünschte klärende Gespräch allerdings einen völlig anderen Verlauf als geplant.

»Ich habe lange nachgedacht und möchte dir einen Vorschlag machen.« Charlotte Augusta sah ihren Mann mit festem Blick an. »Ich werde dir jährlich eine angemessene Summe bezahlen, wenn du dich verpflichtest, dich um unsere Kinder zu kümmern, und darüber hinaus versprichst, dass du niemals weder ihnen gegenüber, noch in der Öffentlichkeit auch nur ein böses Wort über mich fallen lässt.«

Drayton traute seinen Ohren nicht. Er flehte, bat und bettelte, aber seine Frau ließ sich nicht erweichen.

»Was bleibt mir übrig?«, seufzte er schließlich traurig und willigte ein.

Charlotte Augusta verließ England und reiste nach Paris zu ihrem Vater, der einige Wochen in seiner Wohnung an den Champs-Elysées verbrachte.

»Hast du die Zeitungen gesehen?«, herrschte er sie als

erstes an. »Mit deinen Eskapaden füllst du alle Schlagzeilen! Widerwärtig!« William Astor verzog angeekelt das Gesicht. Er, der sein ganzes Leben lang um Diskretion bemüht gewesen war, brachte für das Verhalten seiner Tochter kein Verständnis auf und versuchte, Druck auf sie auszuüben.

»Was soll denn das Ganze noch? Du sagst mir, du bist nicht mehr mit diesem Borrowe zusammen, ja, warum zum Teufel gehst du dann nicht zurück zu deinen Kindern, wo du hingehörst, und verhältst dich zur Abwechslung mal still, bis Gras über die Sache gewachsen ist?« Charlotte Augusta schüttelte den Kopf.

»Ich kann nicht zurück nach Hause, und ich will nicht zurück nach Hause!«

Wütend erhob sich ihr Vater aus seinem Sessel, sank jedoch sofort wieder zurück und fasste sich an die Brust.

»Ich habe schreckliche Schmerzen.« Er rang nach Luft.

Aus dem Skandal wurde eine Tragödie. Wenige Tage später erlag William Backhouse Astor junior am 25. April 1892 im Alter von 62 Jahren einem Herzanfall. Von Leid und Schuldgefühlen tief erschüttert, überführte Charlotte Augusta den Sarg ihres Vaters nach Amerika.

Für New Yorks Klatschmäuler und die Presse auf beiden Seiten des Atlantiks waren die Astor-Eskapaden der vergangenen Wochen und Monate ein gefundenes Fressen gewesen. Nicht einmal Williams plötzlicher Tod brachte sie zum Schweigen. Eine Weile sah es sogar so aus, als ob Caroline, die Gesellschaftskönigin der Stadt, gezwungen sein würde, abzudanken. Sie und ihre Tochter wurden in den Schlagzeilen verleumdet und erniedrigt.

Familie Astor zog sich vollkommen aus der Öffentlichkeit zurück und trauerte in aller Stille und Zurückgezogenheit um den Verstorbenen.

Charlotte Augusta Astor-Drayton verließ Mann und Kinder, um ihrem Liebhaber nach London zu folgen.

Williams Testament wurde eröffnet, und Charlotte Augusta musste feststellen, dass sie tatsächlich wie befürchtet von ihrem Vater enterbt worden war.

Jack, der einzige männliche Nachkomme, erbte das Astor-Vermögen in einer geschätzten Höhe zwischen 30 und 50 Millionen Dollar. William Astor junior glaubte wie sein Vater und Großvater an die Primogenitur und war fest davon überzeugt, dass es richtig war, seinen Teil des Imperiums fest in eine Hand – die Hand seines Sohnes zu geben.

Caroline sorgte dafür, dass Jack die in väterliche Ungnade gefallene Charlotte Augusta gebührend versorgte.

Wie ihre Schwestern erhielt sie ein standesgemäßes Haus und 850 000 Dollar in bar.

Obwohl die Beziehung zu ihrem Mann nie von Leidenschaft und Liebe geprägt gewesen war, traf sein Tod Caroline wie ein Schock. In dieser Krise zeigte sie ihre wahre Stärke und überraschte alle, die ihren Stern bereits hatten sinken sehen.

Statt sich den täglichen Zeitungsschmähungen zu beugen, trug sie den Kopf noch ein wenig höher, wurde ihre Haltung noch um einiges stolzer.

In einer Zeit, in der Scheidung einem sozialen Selbstmord gleichkam, stellte sich Caroline Astor an die Seite ihrer Tochter. Für sie, die immer vehement gegen Scheidungen protestiert hatte, die sich sogar weigerte, geschiedene Damen oder Herren im illustren Kreis ihrer Gäste aufzunehmen, stand fest:

»Nichts auf der Welt, weder Moralapostel noch Schlagzeilen, werden mich dazu bringen, eines meiner Kinder allein zu lassen, wenn ich gebraucht werde!«

Mit aller Astor-Macht sorgte sie dafür, dass Charlotte Augusta die gewünschte Scheidung erhielt. Der verlassene Drayton bekam 12 000 Dollar jährlich, damit er sich um die Kinder kümmerte, und noch einmal 5000 Dollar unter der Bedingung, dass er öffentlich kein böses Wort über seine Exfrau verlor.

Während die Scheidungsverhandlungen noch liefen und die Klatschpresse ihre neugierigen Leser beinahe täglich mit Einzelheiten versorgte, gab Caroline in Beechwood, ihrer Residenz in Newport, einen prächtigen Empfang. Neben ihrer Mutter repräsentierte mit strahlendem Lächeln Tochter Charlotte Augusta.

»Unmoralisch! Sie macht ehelichen Betrug gesellschaftsfähig!«, empörten sich die Zeitungen. Caroline ignorierte auch diese Vorwürfe und schockierte die New Yorker Gesellschaft einige Jahre später noch einmal bis ins Mark, als Charlotte Augusta endlich ihr Glück gefunden hatte und einen jungen, reichen, gut aussehenden Schotten namens George Ogilvy Haig heiratete.

TEIL VIER

GELD MACHT
NICHT GLÜCKLICH

Eins Die Trauerzeit um William Backhouse junior war verstrichen, die Wogen der Empörung über die Scheidung Charlotte Augustas hatten sich geglättet: Caroline Astor nahm ihr bisheriges Leben wieder auf. Auch im Witwenstand war sie noch immer besessen von dem Gedanken, ihre Schwägerin Augusta – ob in New York oder Newport – um jeden Preis zu übertrumpfen. Voller Angst, ihr sorgfältig errichteter Thron könnte ins Wanken geraten, ruhte und rastete sie nicht, Augusta stets und ständig zu übertreffen. Im Hause John Jacob Astors III. nahm man das eitle Treiben der Schwägerin nicht sonderlich ernst. Lediglich Sohn Waldorf war von Grund auf unzufrieden mit der Situation.

»Papa ist das Oberhaupt der Astorfamilie, du bist seine Frau – ich verstehe nicht, wie du dir ständig den Rang ablaufen lassen kannst«, stichelte er. Doch seine Mutter weigerte sich, ihre Haltung zu ändern.

»Ich habe nie etwas auf diese Oberflächlichkeiten gegeben«, konterte sie, »warum also sollte ich ausgerechnet jetzt damit beginnen? Wenn es eines Tages so weit ist, kannst du dich damit beschäftigen, so wie es dir angemessen erscheint. Dafür ist mir meine Zeit zu kostbar.« Damit war für Augusta die Sache erledigt, und sie wechselte das Thema.

Waldorf schwieg und legte die Stirn in Falten. Sein Tag

würde kommen, der Tag, an dem er und seine zukünftige Frau an der Spitze der Dynastie stehen würden, der Tag, an dem er seine prestigebesessene Tante entthronen würde.

Stets hatte er die hohen Ansprüche seiner Eltern und alle auferlegten Pflichten mustergültig erfüllt, seine Studien ordentlich absolviert und an der Seite seines Vaters bewiesen, dass er durchaus das Zeug hatte, dessen Nachfolge anzutreten.

Nur ein einziges Mal schien es, als bräche der pflichtbewusste Waldorf aus den ihm auferlegten Zwängen aus.

Wie die meisten Astorsprösslinge war auch er als junger Mann nach Europa geschickt worden, um die Alte Welt ausgiebig kennenzulernen, bevor er, von seinem Vater zurückgerufen, in New York sein Jurastudium aufnehmen sollte.

Währen seiner Europareisen stand 1869 auch ein längerer Aufenthalt in Rom auf dem Programm. Beide Eltern freuten sich über die euphorischen Briefe ihres Sohnes, der nach eigenen Angaben die Landessprache begeistert lernte und hervorragende Fortschritte machte. Weniger erfreut waren sie, als ihnen der Grund für Waldorfs Engagement zu Ohren kam.

Der 21jährige Astor-Spross hatte sich in eine feurige Italienerin verliebt und war entschlossen, das Mädchen zu ehelichen. Schulter an Schulter taten Augusta und John alles, um die zarten Bande zu zerschneiden, bevor sie zu fest geknüpft werden konnten. Postwendend kam aus Amerika die Order: »Pack deine Koffer und verfüge dich auf dem kürzesten Weg nach Hause!«

»Eine Bürgerliche! Und noch dazu eine Italienerin! Du denkst doch nicht allen Ernstes, dass wir eine solche Verbindung gestatten!« John Jacob III. wartete nicht einmal die Antwort seines Sohnes ab. Für ihn war die Angelegenheit erledigt, bevor sie wirklich begonnen hatte.

Waldorf fügte sich dem elterlichen Gebot. Sein Leben lang trauerte er der ersten großen Liebe nach und sann noch im hohen Alter darüber nach, ob er mit ihr wohl glücklich geworden wäre. In seinen kurzen Memoiren schrieb er: »Wenn wir hätten heiraten dürfen: Ob wir wohl ein glückliches Leben geführt hätten?« Den Namen der jungen Frau nannte er nicht.

Waldorf war ein sehr phantasievoller Mann und hegte von seinem Vater inspiriert einen schier unstillbaren Drang nach Anerkennung und Bedeutsamkeit. Hochgewachsen und von sportlicher Gestalt, focht, schoss und boxte er ausgezeichnet. Schon ganz jung zeigte er ein großes Interesse für Geschichte und bewunderte besonders historische Figuren wie Napoleon und Cesare Borgia.

»Ganz zweifellos hat er ein gewisses Talent zum Künstlerischen. Wir sollten uns darüber freuen. Was kann es Befriedigenderes geben, als sich neben dem Geschäft ernsthaft mit den schönen Dingen des Lebens zu beschäftigen?« John Jacob III. erkannte die Neigungen des Sohnes sehr wohl, doch aus seiner Sicht kam für seinen einzigen Erben nichts anderes infrage, als in das Familienunternehmen einzusteigen.

Waldorf musste seinen Werdegang 1871 als ganz kleiner Angestellter beginnen – Bücher prüfen, Bilanzen lesen und säumige Pächter aufsuchen, um die überfälligen Mietschulden einzutreiben.

»Eines Tages wird alles ihm gehören, er wird eine große Verantwortung tragen, und dafür muss er das Geschäft von der Pieke auf lernen.« So lautete die väterliche Order. Waldorf gehorchte und langweilte sich tödlich.

»Zahlen, nichts als Zahlen – und dann diese schrecklichen Menschen, die ihre Pacht nicht zahlen«, murrte er hinter verschlossenen Türen und ging doch am nächsten Morgen wieder ins Büro.

»Um ehrlich zu sein, weiß ich gar nicht, was ich da täglich soll. Vater hält alle Zügel fest in der Hand, und zu lernen gibt es nicht mehr viel für mich«, brach es eines Tages aus ihm hervor. »Entweder man kann Geschäfte machen – oder man kann es nicht. Aber auf keinen Fall kann man sich den ganzen Tag mit diesen furchtbaren Zahlenkolonnen beschäftigen. So etwas Unmusisches!« Sein 16jähriger Cousin Jack sah ihn aufmerksam an.

»Du hast die Welt gesehen, kennst dich aus, redest gerne – warum gehst du nicht in die Politik?« Jack hatte ein feines Gespür und brachte Waldorf mit diesem Vorschlag auf eine Idee.

1877 kandidierte er für die Republikanische Partei und wurde in das Abgeordnetenhaus gewählt. Wenig später genoss er dank seiner intelligenten Reden und Vorschläge schon großes Ansehen. John Jacob III. sah den Ausflug seines Sohnes in eine andere Welt als die des Geldes mit gemischten Gefühlen.

»Soll er sich ruhig ein wenig Wind um die Nase wehen lassen! Politik ist ein derbes Geschäft, und die meisten Politiker gehören einem Menschenschlag an, mit dem unsereiner zwar umgehen können muss, zu dem wir aber nicht gehören. Unser Sohn ist zu fein, zu vornehm, um hier auf Dauer Erfolg zu haben. Beizeiten wird er sich schon besinnen.«

»Das wird sich zeigen«, antwortete seine Frau. »Was mir viel mehr Sorgen macht, ist die Tatsache, dass er noch immer keine Frau hat. Immerhin feiert er im nächsten Jahr seinen 30sten Geburtstag. Ich befürchte fast, diese kleine Italienerin schwirrt ihm noch immer im Kopf herum.« Sie seufzte.

»Ich kann es gar nicht verstehen, dass er sich so schwer tut, eine Wahl zu treffen. Waldorf kennt so viele reizende junge Damen. Es muss doch eine geben, die ihm gefällt!«

Am 6. Juni 1878 verfolgte Charlotte Augusta Gibbes Astor

erleichtert und glücklich, wie ihr Sohn Hand in Hand mit der ihm soeben angetrauten Mary Dahlgreen Paul die Kirche verließ. An seiner Seite strahlte die 19jährige Mamie, wie er sie zärtlich nannte. Mamie war ein Mädchen aus gutem Hause. Ihre angesehene und wohlhabende Familie stammte aus Philadelphia. Die alteingesessenen Pauls hatten ihre feste Position in den besten Kreisen und leisteten sich ein Leben, das bisweilen die starren Konventionen sprengte.

Im Elternhaus seiner Braut ging es laut und lustig zu. Waldorf Astor erstarrte beinahe zur Salzsäule, als er gleich bei seinem Antrittsbesuch von allen Geschwistern seiner Zukünftigen mit einer herzlichen Umarmung begrüßt wurde.

»Daran muss ich mich erst gewöhnen«, flüsterte er Mamie zu. »Bei uns ist alles doch sehr viel formeller.« Nachdem er die erste Überraschung verwunden hatte, fühlte sich Waldorf ausgesprochen wohl. Besonders gut gefiel ihm Mamies Bruder Lawrie, ein intelligenter junger Mann, der ihn mit seinen originellen Einfällen immer wieder zum Lachen brachte.

»Ich hasse es, Terminkalender zu führen.« Lawrie schaute verächtlich auf das ledergebundene Büchlein, das Waldorf in der Hand hielt.

»Wenn ich eine wirklich wichtige Verabredung habe«, erklärte Lawrie, »dann schicke ich mir selbst eine Postkarte, damit ich es nicht vergesse.« Und er amüsierte sich königlich über das verdutzte Gesicht seines Gegenübers.

Mamie hatte glänzend schwarzes Haar, das ihr – in gelöstem Zustand – bis zu den Fersen reichte. Sie war keine klassische Schönheit, hatte dafür aber sehr viel Charme, Fröhlichkeit und genau die Herzenswärme, die ihr etwas melancholischer und manchmal komplizierter Bräutigam brauchte.

John Jacob III. schenkte dem Paar ein Haus in der East Street Nr. 33. Vergnügt stürzten sie sich ins gesellschaftliche

Leben New Yorks, gaben Dinners, Partys und Soireen. Das Glück war perfekt, als 1879 Sohn und Stammhalter Waldorf junior geboren wurde und ein Jahr später Töchterchen Pauline. 1881 kam Mamie erneut mit einem Knaben nieder, der jedoch zum großen Kummer der Eltern nur wenige Wochen alt wurde.

Waldorf, der inzwischen ahnte, dass er eigentlich zu dünnhäutig für das politische Metier war, engagierte sich dennoch mit Eifer.

»Ich werde in Washington kandidieren«, teilte er seiner Frau mit. »Dort haben wir Grundbesitz, und außerdem ist es für meine Karriere wichtig, in dieser Stadt Erfolg zu haben.« Er führte einen sehr kostspieligen Wahlkampf, der ihm jedoch nicht den gewünschten Erfolg brachte.

»23 000 Stimmen hätte ich gebraucht, um meinen Konkurrenten aus dem Feld zu schlagen, und weißt du, wie viel mir fehlen? Ganze 165!« Niedergeschlagen ließ Waldorf sich in einen Sessel fallen. Mamie sah ihn mitfühlend an.

»Es ist nicht deine Schuld. Ich bin sicher, dass es etwas mit diesen Elendsquartieren zu tun hat, die auch in Washington auf Astor-Land stehen. Wenn du siehst, wie die Bewohner dieser Baracken leben, musst du dich nicht wundern, dass sie den Besitzer nicht mit ihren Stimmen unterstützen wollen. Sie unterscheiden nicht zwischen dir und den Pächtern eurer Grundstücke. Wenn du die Politik wirklich zu deinem Beruf machen willst, musst du dir ein dickeres Fell zulegen.« Sie küsste ihn tröstend auf die Wange.

Waldorf gab nicht auf und zog 1881 wieder in den Senat von New York ein. Als Dank für seine Parteitreue ernannte ihn Präsident Chester A. Arthur im folgenden Jahr zum amerikanischen Gesandten in Rom.

Die Jahre 1882 bis 1885 wurden die glücklichste Zeit für Mamie und Waldorf Astor. Der italienische König Umberto war begeistert von der liebenswürdigen Mamie. Sie und ihr Mann waren gern gesehene Gäste bei Hof.

Umgeben von so viel europäischem Adel kam Waldorf auf die Idee, nach seinen eigenen Wurzeln zu suchen. Fest davon überzeugt, adlige Vorfahren zu finden, engagierte er zwei Männer, die den Auftrag erhielten, europaweit nach vornehmen, verstorbenen Angehörigen der Familie Astor zu forschen. Fünf Jahre dauerte die teure Recherche, brachte jedoch nichts als das unbefriedigende Ergebnis, dass die Astors nicht weiter als bis in das 17. Jahrhundert zurückzuverfolgen waren.

»Das kann gar nicht sein!« Waldorf war nicht bereit, das Projekt aufzugeben. »Ich bin sicher, dass es irgendwo einen adligen Ahnen gibt.« Er schickte seine Detektive wieder in die Archive. Und schließlich stieß man bei den Recherchen auf eine französische Hugenottenfamilie mit dem Namen D'Astorg.

Der Gewährsmann sagte Astor aufrichtig, dass es äußerst unwahrscheinlich sei, dass diese Familie irgendetwas mit der seinen zu tun habe. Waldorf ignorierte die Information, bezahlte den Mann und war fortan überzeugt, ein Nachfahre jener D'Astorg zu sein. »Ich habe meine wirklichen Vorfahren gefunden – geadelte Ritter! Ich wusste immer, dass hinter unserer Familie mehr als ein Metzger aus Walldorf steckt.« William Waldorf Astor war überglücklich.

Gemeinsam mit Mamie bereiste er Italien und begann mit großem finanziellem Einsatz Kunst und Antiquitäten zu sammeln. Statuen, Bilder, Vasen und Töpfe aus Pompeji, Sarkophage und Säulen aus römischen Tempeln. Waldorfs unerschöpfliche Geldvorräte machten es möglich, sogar eine Balustrade und den Brunnen der berühmten Villa Borghese zu erwerben. Waldorf Astor fühlte sich in Europa so wohl, dass er ernsthaft in Erwägung zog, sich dauerhaft in der

Alten Welt niederzulassen. Und so hortete er seine Schätze und schickte keines der wertvollen Stücke in die amerikanische Heimat.

»Es ist doch gar kein Vergleich, mit welcher Kultur und Vornehmheit die Menschen hier leben«, versuchte er seine Frau zu überzeugen. »Denk doch nur an die schreckliche Zunft der Presse, wie sie jeden unserer Schritte in Amerika mit Neid und Häme verfolgt haben. Nichts dergleichen erlebst du hier. Stattdessen begegnet man uns mit Anstand und Höflichkeit. Niemand wirft uns unser Vermögen vor.«

Mamie schwieg. Außer einem starken, schmerzhaften Gefühl wusste sie den Argumenten ihres Mannes nichts entgegenzusetzen: Mamie hatte Heimweh. Heimweh nach ihrer großen, vergnügten Familie. So sehr auch sie das Leben in Rom genoss – ihr Zuhause war Amerika, und dorthin wollte sie wieder zurückkehren.

In den Vereinigten Staaten verlor Präsident Arthur seine Wahl. Grover Cleveland übernahm das Amt und rief Waldorf Astor zurück. 1885 verließ das Paar Rom. Mamie freute sich, Waldorf war unzufrieden.

Während seiner fünfjährigen Abwesenheit hatte sich nichts geändert. Noch immer wachte die Presse über jeden Schritt der Astors, ließ keine Gelegenheit aus, die Familie zu attackieren. Die Reporter waren sich einig: Wer so viel Geld mit der Armut anderer verdiente, konnte nicht auf Rücksicht hoffen. Waldorf litt unter den Zeitungsartikeln, die ihn stets als Erben eines wenn nicht gar skrupellos, so doch zumindest fragwürdig erworbenen Vermögens darstellten.

»Sie sind vulgär und unangenehm«, beklagte er sich über die Journalisten, die ihn auf Schritt und Tritt verfolgten. Doch ein beinahe noch größerer Dorn in seinem feinsinnigen Auge war das Gebaren seiner Tante Caroline.

»Es ist doch unerträglich, wie sie sich aufspielt und mit

welcher Lautstärke sie nach Aufmerksamkeit heischt«, beschwerte sich Waldorf bei Mamie. Doch deren Devise war: »Leben und leben lassen.«

»Was kümmert uns Caroline?«, beschwichtigte Mamie. »Sie hat ihre Auftritte, Feste und Gäste, wir haben unsere – das ist doch kein Grund, zu streiten oder sich aufzuregen.« Aber Waldorf war fest entschlossen, den Kampf mit seiner Tante wenn nötig auf dem Rücken seiner Frau auszutragen.

Zwei   Der Alltag als Geschäftsmann gefiel Waldorf Astor noch immer nicht.

»Ich bin nicht zum Kaufmann geboren«, stellte er fest und suchte nach Tätigkeiten, die ihn mehr befriedigten als die Verwaltung des Astor-Imperiums.

Er begann, auf einem weitläufigen Grundstück außerhalb von New York, in Tuxedo Park, einen Landsitz zu bauen. Mamie war froh, dass ihr mürrischer Mann zumindest vorübergehend eine Beschäftigung gefunden hatte, die ihm sichtlich Spaß machte. Waldorf plante, plante um, überwachte den Bau und ging ganz und gar darin auf.

»Wenn jetzt noch meine Mutter gesund würde, könnte ich sagen, dass ich ein glücklicher Mann bin«, seufzte er, als er von einem der häufigen Krankenbesuche nach Hause kam. Charlotte Augusta Gibbes Astor hütete schon seit Monaten das Bett. Die besten Ärzte New Yorks bemühten sich um sie, doch die Tage der 62jährigen waren gezählt. Am 12. Dezember 1887 starb sie im Kreise ihrer Familie.

In den folgenden Tagen erschienen in beinahe allen Zeitungen Nachrufe, in denen die Verstorbene und ihre Wohl-

tätigkeit gelobt wurden. John Jacob III. betrauerte den Verlust seiner Frau tief und aufrichtig. Doch mit seinen 65 Jahren fühlte er sich noch zu jung, um ein Leben in Einsamkeit zu führen.

Am 27. Oktober 1889 stand in der »New York World« zu lesen, dass er sich mit einer gewissen Mrs. Bower verlobt habe. Tatsächlich hatte Astor die Witwe eines wohlhabenden Bankiers aus Cincinnati bereits mehrmals besucht und war bereit, ein zweites Mal zu heiraten. Das Verlöbnis lag kein halbes Jahr zurück, als John Jacob Astor III. am 22. Februar 1890 für Familie und Freunde völlig überraschend starb.

Mit dem Tod seines Vaters erbte William Waldorf Astor

ein unermessliches Vermögen. Ein zeitgenössischer Grund-
stücksexperte schätzte, dass den Astors zu diesem Zeitpunkt
etwa fünf Prozent von ganz New York gehörten.

»Jetzt bin ich das Familienoberhaupt, und dies ist der
Moment, das bisherige Leben von Grund auf zu ändern.«
Waldorf war als Aristokrat erzogen, fühlte sich als Aristokrat und wollte nicht länger dulden, dass irgendjemand ihm
seine Position streitig machte.

»Wir werden ab jetzt eine andere gesellschaftliche Rolle
spielen. Wir sind eine der wichtigsten Familien des Landes, und du bist die First Lady dieser Familie. Ich will nicht,
dass Tante Caroline diesen Platz weiterhin für sich beanspruchen kann.« Waldorf sah seine Frau mit durchdringendem
Blick an.

Die stille Mamie widersprach nicht, durchschaute aber
ihren Mann. Es ging ihm weniger um ihre Rolle in der Gesellschaft als um seine eigene. Aber um sich in der gewünschten Form zu etablieren, brauchte er seine Frau. Mamie
machte gute Miene zum bösen Spiel und fügte sich seinen
Anordnungen.

Beide rechneten nicht damit, dass Caroline Schermerhorn
Astor gewillt war, ihren Thron zu verlassen. Nach wie vor
hielt sie auch in der Öffentlichkeit Hof wie eine Königin.

In der Oper hatte sie die begehrte Privatloge Nummer 7
im Parkett. Die Logen im Parkett waren den Vornehmsten
der Vornehmen vorbehalten. Paarweise oder in kleinen Grup-
pen genoss man hier den Spielplan der jeweiligen Saison und
verbreitete eine Aura von Macht und Wohlstand.

New Yorks Gesellschaftskönigin hatte es sich zur Angewohnheit gemacht, die Vorstellungen stets mit einiger Verspätung zu besuchen. Ihre Auftritte sorgten für derartiges
Aufsehen, dass die Vorführung unterbrochen wurde, wenn sie
ihren Platz in der Loge einnahm. Alle Lorgnetten und Opern-

gläser richteten sich auf Caroline Astor, jeder wollte sehen, wer sie begleitete, welchen Schmuck und welche Robe sie trug. Erst wenn sie saß, hob der Dirigent seinen Stab, und die Aufführung wurde fortgesetzt.

Und nach wie vor buhlte die High Society der Stadt mit allen Mitteln um die Plätze auf ihrer Gästeliste.

Waldorf musste erkennen, dass seine freundliche, verbindliche Frau nicht die geeignete Person war, mit seiner ehrgeizigen Tante zu konkurrieren. Erbittert traf er eine Entscheidung. Ende 1890 verließen Waldorf und Mamie Astor Amerika. Mit ihren Kindern William Waldorf junior, Pauline und John Jacob V. sowie dem gesamten Personal reisten sie nach England, um fortan in London zu leben. Mamie hatte dem Vorschlag ihres Mannes nach langen Diskussionen schweren Herzens zugestimmt.

»Aber nur unter der Bedingung, dass wir die Sommer in Newport verbringen. Dann kann ich wenigstens dort meine Familie sehen«, war ihr letztes Wort gewesen. Waldorf war einverstanden.

»Ich werde mich ohnehin von Zeit zu Zeit in New York aufhalten müssen. Zwar lässt sich vieles auch aus der Entfernung regeln, aber ab und zu muss ich die Geschäfte schon persönlich kontrollieren.«

Der erste Sommer kam, und Waldorf konnte die Selbstverständlichkeit, mit der Caroline in Newport regierte, kaum ertragen.

»Wenn du hier weiterhin herkommen willst, erwarte ich, dass du die führende Rolle übernimmst«, verlangte er ein um das andere Mal von seiner Frau. Gefangen in seinem Dünkel, sah er nicht, dass Mamie, selbst wenn sie sich anstrengte, nicht in der Lage war, der allmächtigen Caroline Paroli zu bieten.

Der Sommer verging, Familie Waldorf Astor reiste zurück

nach England. Doch auch hier ließ der Konflikt ihm keine Ruhe. Waldorf Astor suchte nach Mitteln und Wegen, seine Tante in ihre Schranken zu weisen.

»Ich werde ein Hotel bauen. Ein Hotel, wie es die Welt noch nicht gesehen hat. Höher und vornehmer als alles, was es bis jetzt in New York gibt. Und ich werde es auf dem Grundstück bauen, auf dem unser Stadthaus steht. Wir leben in London, sind bestenfalls im Sommer in Newport – wozu also brauchen wir ein so großes Haus in New York?« Was klang wie ein rational gefällter Beschluss, hatte nur einen Zweck: Caroline Schermerhorn Astor zu reizen.

Das Grundstück, das Waldorf unter all seinen Besitztümern als Bauplatz ausgesucht hatte, grenzte direkt an das Wohnhaus seiner Tante. Wenig später wurde das Haus Ecke Fifth Avenue und 33. Straße abgerissen und machte Platz für Waldorf Astors ehrgeiziges Projekt. Caroline tobte vor Wut.

»Es ist nicht nur der Lärm und der Schmutz, Jackie!«, beklagte sie sich bei ihrem Sohn, »das wäre ja alles zu ertragen. Nein! Er will ein Hotel bauen. Ein großes, hohes Hotel! Das heißt, er will mich zwingen, im wahrsten Sinne des Wortes in seinem Schatten zu leben.« Vor Zorn kiekste ihre Stimme.

»Aber Mutter, du wirst dich doch von Waldorf nicht in dieser Form beleidigen lassen.« John Jacob IV. legte tröstend den Arm um ihre Schultern. »Wir werden einfach umziehen. Wir werden ein neues Haus finden, ein schöneres als dieses, und aus der Not eine Tugend machen. Alle, auch Waldorf, werden vor Neid erblassen, wenn wir fertig sind.«

Das war eine Idee so ganz nach Caroline Astors Geschmack. Ein neues Haus, ein großes Haus, ein Haus, um das sie jedermann beneiden würde. Sie war entzückt.

»Ach, Jackie, was für ein grandioser Gedanke! Ja, genau das werden wir tun. Wir ziehen um. Und wenn alles fertig ist, gebe ich ein Einweihungsfest, dass den New Yorkern Hören und Sehen vergeht.«

Mit der ihr eigenen Zielstrebigkeit entschied sich Caroline für ein Grundstück in der Fifth Avenue Nr. 840. Stararchitekt Richard Morris Hunt entwarf einen Palast, wie er bis dahin in privatem Besitz in der Stadt nicht zu finden war. Er schuf das größte Haus, das jemals in der Straße gestanden hatte, gebaut im französischen Renaissancestil, verfeinert durch italienische Raffinesse.

Das Gebäude war unterteilt in zwei Bereiche. Im oberen sogenannten Nordhaus residierte Caroline; das Südhaus bewohnte ihr geliebter Sohn Jack, John Jacob IV.

Die Proportionen des Anwesens waren gigantisch. Der Ballsaal fasste 1200 Menschen. Caroline feierte die Einweihung mit einem vergleichsweise bescheidenen Fest. Etwa 300 Gäste waren ihrer Einladung gefolgt und trafen gegen 10.30 Uhr am Abend vor dem Haus ein. Die übliche Parade von prächtigen Kutschen war in den vergangenen Jahren zunehmend einem Korso von Autos gewichen. Caroline hasste die neumodischen Automobile.

»Einmal habe ich in einem solchen Gefährt gesessen und werde es nie wieder tun. Ich bevorzuge den Komfort und die Gemächlichkeit meiner Kutschen.« Sie weigerte sich hartnäckig, ein Automobil zu erwerben.

Die Gäste betraten das hochherrschaftliche Haus und befanden sich in einer in hellen Sandtönen gehaltenen Halle, deren Höhe über mehrere Stockwerke bis unter die Decke reichte. Am Ende des Entrees befand sich eine ausladende Treppe, die rechts und links von lebensgroßen Frauenskulpturen flankiert wurde. Livriertes Personal führte die Besucher die Marmortreppe hinauf und in verschiedene Räume, in denen sie die Möglichkeit hatten, sich ein wenig zurecht zu machen. Dann begab man sich in einen Salon, in dem Caroline Astor jeden Gast persönlich begrüßte.

Wie seit jeher stand sie auch hier neben einem lebensgroßen Portrait, das ein angesehener Künstler der Stadt von ihr gemalt hatte. Sie trug eine Robe aus schwarzem Samt mit ausladendem Rock und einem kurzen Oberteil, das mit weißen Applikationen verziert war. Das Schwarz des Kleides brachte den funkelnden Schmuck der Gastgeberin prächtig zur Geltung. Charmant lächelnd nahm Caroline die Komplimente ihrer Gäste entgegen. Nach dem Tanz im großen Ballsaal wurde etwa eine halbe Stunde nach Mitternacht an 40 herrlich gedeckten Tischen ein leichter Imbiss serviert. Danach schritt man zum Cotillon, der so lang war, dass es zweier führender Tänzer bedurfte. Für jede Figur des Cotillons wurden kleine Geschenke verteilt, silberne Körbchen, silberne oder goldene Gürtelschnallen, kleine Pfeifen, kostbare Satinbänder oder Fächer. Zu diesem Zeitpunkt hatte sich Caroline bereits in ihr Schlafzimmer zurückgezogen. An ihrer Stelle repräsentierte nun Sohn Jack.

Auch für das Personal der Gäste war gesorgt. Kutscher und Chauffeure wurden mit Sandwiches und Kaffee versorgt, während sich ihre Herrschaft amüsierte.

Drei   Auch im folgenden Sommer reiste Familie Waldorf Astor von London nach Newport. Auf dem Höhepunkt ihres gesellschaftlichen Ansehens dominierte Caroline in Beechwood mehr denn je das Geschehen.

»Ich brauche sie gar nicht zu sehen, wenn ich nur an sie

denke, verhagelt es mir die Stimmung!« Waldorf verfolgte seine Tante inzwischen mit unverhohlenem Hass.

Schließlich kulminierte der Familienzwist in einer Posse, die als die »Schlacht der Karten« in die Geschichte der Astors einging. Waldorf und Mamie hatten sich wie üblich mit Kindern und Personal in Newport in ihrem Landsitz Beaulieu für die Sommermonate häuslich eingerichtet. Wenige Kilometer entfernt residierte Caroline in Beechwood.

»Jahrelang habe ich mich gegen Augusta auf dem gesellschaftlichen Parkett behauptet«, schäumte sie, »und das, obwohl sie die ältere von uns beiden war. Jetzt kommt mein Neffe daher und hat ganz offensichtlich vor, seine junge Frau als meine Konkurrentin zu etablieren.«

Fest entschlossen, ihren Neffen und die angeheiratete Nicht auf die Plätze zu verweisen, beschloss sie: »Es ist Zeit, zu zeigen, wer Herrin im Haus ist. Ich komme wohl nicht umhin, ein deutliches Zeichen zu setzen.«

Als erstes ließ sie neue Visiten- und Einladungskarten drucken. Aus dem ursprünglichen »Mrs. William Astor« wurde ein schlichtes »Mrs. Astor«. Ihre plausible Erklärung war: »Mein Mann ist verstorben, und ich bin ›Die Mrs. Astor‹. Ich sehe keinen Grund, das nicht auch auf meinen Karten stehen zu haben.«

Zu ihrem Ärger sprach sich die neue Anrede nicht so schnell wie gewünscht herum, und so erhielt sie wenig später eine Einladung, adressiert an »Mrs. William Astor«. Wütend griff sie zur Feder und schrieb einen erbosten Brief an den Absender. Eine Beleidigung ersten Ranges sei es, dass er ihren richtigen Namen ignoriert habe! Allen Freunden und Bekannten ließ sie mitteilen, dass während der Sommermonate ab sofort jeder Brief an sie mit folgender Adresse zu versehen sei: »Mrs. Astor, Newport«! Selbstverständlich wurden auch die Briefträger von der Veränderung in Kenntnis gesetzt.

Während Mamie das ganze als Albernheit abtat, empfand Waldorf die Aktion seiner Tante als einen Affront sondergleichen und war außer sich.

»Du bist ›Die Mrs. Astor‹!« zürnte er. »Wir werden deine Karten und deine Postadresse ebenso ändern. Das wäre ja gelacht, wenn die alte Hexe mit einem solch läppischen Versuch durchkäme.« Mamie zog die Stirn kraus.

»Bitte, Waldorf, damit machen wir uns doch nur genauso lächerlich wie Caroline. Lass es dabei bewenden, dass ich sehr gerne Mrs. Waldorf Astor bin und sich deine Tante in Gottes Namen ›Die Mrs. Astor‹ nennt.«

»Kommt überhaupt nicht infrage«, insistierte Waldorf und gab neue Karten für seine Frau in Auftrag.

Das stürzte die Briefträger von Newport in heftige Verwirrung. Die beiden Damen des Hauses Astor firmierten unter derselben Anschrift, und niemand wusste, welche Post für wen bestimmt war. Klar war nur, dass es zu unschönen Szenen kam, wenn die eine versehentlich die Post der anderen erhielt. Für die Klatschpresse war die Auseinandersetzung ein gefundenes Fressen. Die Gazetten überschlugen sich mit mehr oder weniger unwahren Histörchen rund um die »Schlacht der Karten«.

»Es ist so absurd, dass ich wirklich nicht verstehe, wie du dich so verbissen darauf einlassen kannst«, wies die sonst so zurückhaltende Mamie ihren Mann zurecht. Nach Wochen sah Waldorf Astor schließlich ein, dass es ein Fehler gewesen war, Caroline in dieser Form herauszufordern. Mamie war nicht die Frau, die dafür geeignet war, seiner ehrgeizigen Tante die Stirn zu bieten. Waldorf zog entschieden die Konsequenzen.

»Wir werden zurück nach England gehen – und diesmal

für immer!«, polterte er. »Hier, in diesem Land der Banausen, gibt es nichts, was uns hält!« Er duldete keinen Widerspruch. Die unglückliche Mamie schwieg und packte die Koffer.

Die Presse kommentierte die Abreise mit Häme, und ein führender Journalist aus Ohio verpasste Waldorf einen boshaften Spitznamen: »William Waldorf Ass-Door«. Waldorf war entsetzt und fühlte sich in seiner Abneigung gegen Amerika mehr als bestätigt. Andere Zeitungen drückten sich gewählter aus, doch der Tenor war überall derselbe: »Astor, ein Mann, der sein enormes Vermögen auf Kosten dieses Landes gemacht hat, verlässt es, um unser Geld woanders auszugeben! Auf Wiedersehen! Wir werden dich nicht vermissen!«

Von London aus reiste Waldorf regelmäßig nach New York und kümmerte sich um den Bau seines Hotels. Mitte März 1893 feierten die elegantesten Gäste aus dem In- und Ausland die Eröffnung des »Waldorf«. Voller Bewunderung besichtigten sie die Zimmer, die mit einem Luxus und Komfort ausgestattet waren, wie ihn die amerikanische Welt bis dahin tatsächlich noch nicht gesehen hatte. Überall frische Blumen, antike Möbel, feinstes Porzellan und zum Erstaunen der Besucher sogar Zimmerservice. Vom ersten Tag an war das Hotel ein enormer Erfolg. Riesige Ball- und Speisesäle boten Platz für außergewöhnliche Veranstaltungen. Zum ersten Mal gab es ein Hotel, in das die Gäste nicht nur kamen, um zu übernachten, sondern um es für gesellschaftliche Zwecke zu nutzen. Damit begründete Waldorf Astor einen neuen Trend, denn bis dahin war es völlig unüblich gewesen, Mahlzeiten außerhalb des eigenen Hauses einzunehmen.

Nach all dem Ärger, den er in Amerika gehabt hatte, schien sich das Blatt zu seinen Gunsten gewendet zu haben. Mit stolzgeschwellter Brust fuhr er zurück nach London. Dort erwartete ihn Mamie mit einer freudigen Überraschung.

»Wir werden noch ein Kind haben«, strahlte sie. Im Oktober 1889 kam die kleine Gwendolyn Enid Astor auf die Welt. Es war eine schwere Geburt, und obwohl die besten Ärzte aus Europa und Amerika ans Wochenbett gerufen wurden, erholte sich Mamie nur langsam.

Mitte November war sie noch immer sehr geschwächt und kaum in der Lage, ihr Zimmer zu verlassen. Dann schien es allmählich aufwärts zu gehen, und Mamie begann sich um die Vorbereitungen des Weihnachtsfestes zu kümmern. Zum Entsetzen ihres Mannes erlitt sie jedoch einen Rückfall und musste Mitte Dezember wieder das Bett hüten.

»Sir, ich muss Sie bitten, sich auf das Schlimmste vorzubereiten«, sagte der Arzt, und seine Stimme zitterte. »Wenn nicht ein Wunder geschieht, wird Ihre geschätzte Frau Gemahlin uns verlassen.«

Drei Tage vor Weihnachten verstarb Mamie im Alter von 36 Jahren. Waldorf saß wie gelähmt am Bett seiner Frau. Schweigend, das Gesicht in den Händen vergraben, verharrte er Stunde um Stunde, war nicht ansprechbar, gab keinen Laut von sich. Nach einer durchwachten Nacht fand er seine Fassung wieder und ließ seine Kinder rufen.

»Du wirst ab jetzt die Stelle deiner Mutter einnehmen«, beschied er seine Tochter Pauline. Die 13 Jährige knickste ergeben.

»Eure Mutter hätte gewollt, dass wir unseren Schmerz beherrscht und tapfer ertragen, so wie sie ihr Leiden beherrscht und tapfer ertragen hat. Ihr seid echte Astors – und ich erwarte von euch, dass ihr euch wie echte Astors verhaltet!« Damit entließ er die verwirrten Kinder wieder in die Obhut ihrer Gouvernanten und Kindermädchen.

Mamie Astors Leichnam wurde nach New York überführt und auf dem Friedhof der Trinity-Kirche beigesetzt. Schaulustige kletterten auf und über Grabsteine, um einen Blick auf den prominenten trauernden Witwer zu werfen.

Vier   Über die Jahre war John Jacob IV. immer wieder in den Konflikt seiner Mutter mit Cousin Waldorf hineingezogen worden.

»Jackie, jetzt wo Vater tot ist, musst du mir beistehen«, hatte Caroline stets betont und ihren einzigen Sohn damit in die Pflicht genommen.

Als nach vier Mädchen am 13. Juli 1864 endlich der lang und heiß ersehnte Sohn das Licht erblickte, war besonders sein Vater William Backhouse Astor junior überglücklich. Der Knabe wurde sein Lieblingskind. Bevor er in New Hampshire die Schule besuchte, war Jack bereits von Privatlehrern unterrichtet worden. Scheu und introvertiert, wurde er als Junge mit erschreckender Geschwindigkeit so groß, dass sein Äußeres zunächst schlaksig und ungelenk wirkte. Mit Mutter und vier Schwestern lebte Jack in einem von Frauen dominierten Haushalt und war selig, wenn er die Ferien mit seinem Vater auf dessen Landsitz Ferncliff oder auf der Jacht verbringen durfte.

Dort fiel er vor allem durch die Phantasie auf, mit der er sich boshafte Streiche ausdachte. Mit einer spitzen Ahle stach er einem ahnungslosen Matrosen so heftig in den Allerwertesten, dass der erschrockene Mann über Bord sprang. Als der Koch eines Tages ein Nickerchen in der Kombüse hielt, schlich sich Jack an und fesselte ihn an den Stuhl. Seine

Freude war grenzenlos, wenn ihm diese oder ähnliche Scherze gelangen.

Eines Tages sah der Kapitän keinen anderen Ausweg mehr, als sich beim Vater zu beschweren.

»Sir, bei allem Respekt, Sir – aber ich glaube, es ist an der Zeit, den jungen Herrn Jack ein wenig zu bändigen. Die Mannschaft beschwert sich, und ich will nicht riskieren, gute Leute wegen kindischer Streiche zu verlieren.«

William nahm einen kräftigen Schluck Whisky und legte die Stirn in nachdenkliche Falten.

»Sie haben recht, Kapitän, man kann dem Jungen wirklich nicht alles durchgehen lassen. Ich schlage vor, Sie verfahren nach ihrem Dafürhalten, wenn es das nächste Mal etwas anstellt.« Dann räusperte er sich und grinste:

»Ich selber werde ihn lieber nicht bestrafen – wer weiß, sonst kommt er noch auf die Idee, mir Gift in den Morgenkaffee zu schütten.« Unter diesen Umständen nahm auch der Kapitän Abstand davon, Jack zu rügen, und der Junge trieb weiter ungehindert sein Unwesen an Bord.

Seine Neigung, andere zu ärgern, trug ihm den Spitznamen »Jack-Ass« ein. Aus dem kleinen »Jack-Ass« wurde ein junger Mann, der kaum Freunde hatte. Wirklich wohl fühlte er sich nur in vertrauter Umgebung, knüpfte schwer Kontakte und gewährte selten Einblick in sein Inneres.

Nach der Schule schickten ihn die Eltern drei Jahre auf Auslandsreisen. Nach seiner Rückkehr nahm er ab 1891 die ersten Aufgaben als Verwalter des väterlichen Vermögens wahr.

Jack galt als eine der besten Partien des Landes, da interessierte es nicht, dass Journalisten immer wieder spotteten, er sei um einiges weniger gescheit als sein Vater und wäre niemals in der Lage, Geld mit dem eigenen Kopf zu verdienen.

Jack reagierte, indem er sich noch mehr zurückzog, seine Verletzlichkeit verbarg und sich ein dickes Fell zulegte. Zurückgezogen im Schutz der familieneigenen Häuser las und bastelte er und tüftelte oft stundenlang an technischen Modellen. Zum Erstaunen seiner Umgebung entpuppte sich, was zunächst als harmloses Hobby abgetan wurde, als Jack Astors eigentliches Talent.

Er präsentierte Erfindungen wie etwa eine Fahrradbremse, war beteiligt an der Entwicklung eines Turbinenmotors und erhielt sogar Auszeichnungen und Preise.

Nachdem sie die gesellschaftlichen Debüts ihrer vier Töchter mit großem Aufwand zelebriert hatte, stand es für Caroline Astor völlig außer Frage, dass sie ihren einzigen Sohn nicht minder effektvoll in die High Society einführen würde. 800 geladene Gäste feierten 1887 im Hause Astor seinen offiziellen Eintritt in die feine Gesellschaft. Unter den Geladenen auch eine junge Frau, die vier Jahre später Mrs. John Jacob IV. Astor werden sollte. Ava Lowle Willing, 1868 in Philadelphia geboren, war ein bildschönes Mädchen mit ausgeprägtem Ehrgeiz und ebenso hohen Ansprüchen.

Ava mit ihren dunklen Augen, dem römischen Profil, einer schmalen Taille und einem wohlgeformten Busen war genau der Typ Frau, der dem zurückhaltenden John Jacob IV. gefiel. Er brauchte nicht lange um sie zu werben, denn Ava war fest entschlossen, den Goldfisch nicht wieder vom Haken zu lassen. Böse Zungen behaupteten von vornherein, sie habe Jack nie geliebt und ihn sich nur wegen seines Geldes geangelt.

Doch die gescheite Ava war geschickt, und so gelang es ihr gut, sich zu verstellen. Nicht einmal die sonst so kluge Caroline ahnte, was für einen Teufel ihr Sohn am 17. Februar 1891 mit Prunk und Protz heiratete. Geblendet von der Tatsache, dass Avas Familie für sich in Anspruch nahm, in

Schön, berechnend und extravagant: Ava Astor, John Jacobs IV. erste Frau und spätere Lady Ribblesdale.

direkter Nachfolge von Alfred dem Großen, Heinrich I., Eduard I., Heinrich III. und Heinrich IV. von England sowie Heinrich I. von Frankreich zu stehen, organisierte Caroline eine Hochzeit, die ihresgleichen suchte. Aus Anlass der Feierlichkeiten hatte sogar Vater William seine Jacht verlassen und stand an Carolines Seite.

»Er soll glücklich werden, wirklich glücklich!«, wünschte sie. »Und wenn dieses Mädchen auch nur halb so liebenswürdig ist, wie sie schön und von vollendeter Herkunft ist, steht dem nichts im Wege.«

Geschmückt mit ihrem Brautgeschenk, einem überdimensionalen Diamantdiadem, stand die zierliche Ava neben ihrem hoch gewachsenen Bräutigam und fieberte dem Ja-

Wort entgegen, das sie zu einer der reichsten Frauen des Landes machen würde.

Was Jack Astors großes Glück werden sollte, wurde zu einem Desaster.

»Sie lebten wie Hund und Katze, und wir wussten es alle«, fasste ein Nachbar das Leben im Hause Astor zusammen und fügte hinzu: »Ava war die schönste Frau, die ich jemals gesehen habe. Es war eine Zeit, in der es viele schöne Frauen gab, aber keine konnte ihr das Wasser reichen. Wenn sie einen Raum betrat, richteten sich alle Blicke auf sie.«

Von New York bis Newport herrschte daran kein Zweifel, doch bald wusste man allenthalben, dass Ava kalt, hart und selbstsüchtig war. Vermutlich war sie überhaupt nicht in der Lage, jemanden zu lieben. *Einen* Mann jedenfalls liebte Ava ganz sicher nicht, und das war ihr Gatte, John Jacob Astor IV. Schon kurz nach der Trauung zeigte sie ihr wahres Gesicht, und sie erwies sich als mit allen Wassern gewaschenes Biest.

Ob öffentlich oder privat, Ava Astor machte sich über ihren Mann lustig, stellte ihn bloß und beschimpfte ihn. John Jacob IV. trug sein Schicksal zunächst mit Fassung und kämpfte um die Zuneigung seiner kapriziösen Frau. Es schien, als könne ihn nichts entmutigen. Immer wieder tat er auch nach den heftigsten Streitereien den ersten Schritt, ging auf sie zu und bat um Versöhnung. Ein Jahr nach der Hochzeit brachte Ava ihr erstes Kind auf die Welt.

»Ich hoffe nur, die Schwangerschaft ruiniert mir nicht die Figur für immer!« Dies war bis zum Tag der Niederkunft ihre einzige Sorge.

In Erinnerung an Baron Vincent von Rumpff wurde der Knabe auf den Namen William Vincent getauft.

Vincent sah seinem Vater sehr ähnlich. Damit ereilte ihn das gleiche Schicksal wie diesen: Ava lehnte ihn ab. Anders als ihre Schwiegermutter, die ihre Kinder abgöttisch liebte, konnte Ava für ihren Sohn keine tiefen Gefühle entwickeln. Vincent Astor schoss wie ehemals sein Vater schnell in die Höhe, wirkte ungelenk und tollpatschig. Seine Feinmotorik ließ tatsächlich zu wünschen übrig. Ständig stieß der arme Junge irgendwo an, warf aus Versehen etwas um.

»Blödmann« war das freundlichste der Schimpfwörter, mit denen seine Mutter ihn dann bedachte, um sich ihrem Besuch zuzuwenden und laut hörbar hinzuzufügen:

»Es ist dieses miserable Astor-Blut – er hat es eben auch!« Die Gäste taten dergleichen Äußerungen verlegen als Scherz ab. Aber Jack Astor fand sie keineswegs zum Lachen und litt still mit seinem Sohn.

Die Beziehung des Ehepaares wurde von Tag zu Tag schlechter. Freunde und Feinde bemerkten es gleichermaßen, die junge Mrs. Astor liebte nicht ihren Mann, sondern sein Vermögen.

Ava spielte gerne Tennis und Bridge, Jack konnte beiden Freizeitaktivitäten nichts abgewinnen, stattdessen liebte er es, auf seinem mechanischen Klavier zu spielen. Das wiederum ging Ava so auf die Nerven, dass sie, kaum erklangen die ersten Töne, einen Diener zu ihrem Mann schickte und ihn auffordern ließ, das Geklimper zu beenden.

Jack war die Pünktlichkeit in Person, Ava konnte sich vom Bridgetisch nie rechtzeitig losreißen. So oft wie möglich lud sie Gäste ein, mit denen sie dann regelrechte Turniere veranstaltete. Jack schlenderte einsam von Tisch zu Tisch und suchte vergeblich nach einem Menschen, mit dem er sich unterhalten konnte. Wenn die Gesellschaft dann endlich und zu seinem Ärger immer mit Verspätung zum Essen erschien, wurden die gespielten Partien nachbesprochen, und Jack saß stumm daneben.

»Es ist einfach ungehörig, immer zu spät zu den Mahlzeiten zu erscheinen«, protestierte er schwach, doch Ava ignorierte seine Kritik. Gewöhnt, zu tun, was ihr beliebte, schlug sie von Zeit zu Zeit über die Stränge und leistete sich Dinge, die als äußerst ungehörig galten.

Caroline beobachtete das Treiben ihrer Schwiegertochter aus der Entfernung und rümpfte die Nase.

»Was ist das für ein Gebaren?«, schimpfte sie. »Geht in einschlägig bekannte Etablissements, um Bier zu trinken, spielt in Chinatown Schach, demnächst tanzt sie noch im kurzen Rock auf irgendwelchen Tischen und bringt die Familie in Verruf.«

»Ich kann mir auf der Welt nichts Öderes vorstellen als die organisierte Langeweile bei den Einladungen deiner Mutter«, konfrontierte Ava ihren Mann mit ihrer Meinung zu Carolines sorgfältig arrangierten Festen.

»Überhaupt: New York, Newport und wieder New York. Als ob es sonst nichts gäbe! Ich für meinen Teil bevorzuge London. Nichts geht über die britische Lebensart.« Ava nutzte jede sich bietende Gelegenheit für eine Reise in ihre Lieblingsstadt.

Die britische High Society, von der es hieß, sie hätte Vorurteile gegen reiche Amerikaner, hatte jedenfalls keine Vorurteile gegen Ava Astor. Vom geringsten Adligen bis hin zu König Edward VII. gewann sie die Herzen der Engländer im Sturm.

Sie genoss ihre Popularität und gab sich als Femme fatale – je mehr Männer ihr zu Füßen lagen, umso besser. Dass ihr Gemahl unter ihren offensichtlichen Flirts litt, interessierte sie nicht.

Jack gewöhnte sich daran, sein Leben unabhängig von seiner Frau zu führen. In aller Stille ging er seinen vielfältigen Interessen nach. Nach wie vor waren Forschung und Technik seine Steckenpferde. Stunde um Stunde verbrachte er mit dem Fertigen von Modellen seiner Erfindungen und trug sich mit dem Gedanken, ein Buch zu schreiben. In seinem Roman »Die Reise in eine andere Welt« schrieb er seine Zukunftsvisionen auf und bewies, dass er keineswegs der phantasielose Langweiler war, als den seine Frau ihn gerne darstellte.

Die ersten Autos fuhren durch New York, und natürlich erwarb der technikbegeisterte Jack Astor mehrere dieser modernen Vehikel. Während seine Frau Bridge spielte, auf dem gesellschaftlichen Parkett brillierte und anderen Männern die Köpfe verdrehte, lud John Jacob IV. junge Damen zu Spritztouren ein. Die wenigsten konnten widerstehen, obwohl inzwischen stadtbekannt war: »Er betatscht jedes Mädchen, das in seine Nähe kommt.«

Im Sommer gehörte es zu Jacks Lieblingsbeschäftigungen, Autorennen am Strand von Newport zu veranstalten. Doch einfach nur geradeaus über den Sand zu rasen war den Teilnehmern schon nach dem ersten Mal zu langweilig, und so wurden Hindernisse aufgestellt, die es zu umfahren galt. Bei der Premiere fuhren auch die Damen mit.

Ava Astors Stolz kannte keine Grenzen, als ihr Mann den Wettkampf gewann. Als sei es ihr Verdienst gewesen, saß sie triumphierend neben ihm, als er den Korso der Rennfahrer auf der Fifth Avenue anführte. Glücklich über den Sieg seines Vaters saß im Fond Sohn Vincent und genoss wie die Eltern Jubel und Beifall der Schaulustigen. Beseelt vom Erfolg bemerkte niemand, dass der Motor Feuer gefangen hatte. Erst als die Hitze ein unerträgliches Maß erreicht hatte, sprangen zur Erheiterung des grölenden Publikums alle drei Astors aus dem brennenden Auto.

Das kleine Malheur konnte Jacks Begeisterung nicht dämpfen, und wenig später war er stolzer Besitzer von 18 Automobilen, darunter ein Rennwagen aus Europa.

Seine zweite große Leidenschaft war die See. Wie sein Vater liebte er es, mit seiner Jacht unterwegs zu sein. Obwohl keineswegs der geborene Kapitän, übernahm er am liebsten selbst das Kommando, und so kam es immer wieder zu Kollisionen mit anderen Schiffen oder Felsen, die er nicht rechtzeitig gesehen hatte. Eines Tages rammte er mit seiner »Nourmahal« die Jacht der Vanderbilts, die kurz darauf 15 000 Dollar für die Reparatur von ihm forderten. Jack biss die Zähne zusammen, zahlte und ließ bei der Gelegenheit gleich auch sein Schiff generalüberholen und ein wenig verändern. Als es aus der Werft kam, war das Esszimmer so erweitert worden, dass 60 Personen bequem dort speisen konnten. Aus Gründen, die er selbst nicht benennen konnte, fürchtete sich Jack Astor vor Piraten und ließ für den Fall der Fälle vier Geschütze an Deck montieren. Doch die einzige Gefahr, die der »Nourmahal« drohte, war und blieb das navigatorische Unvermögen ihres Besitzers.

Trotz all dieser Freizeitvergnügungen kümmerte sich Jack Astor sehr engagiert um seinen Anteil am Astor-Imperium. Wenn er sich in New York aufhielt, verbrachte er sechs bis sieben Stunden täglich in dem zweistöckigen Bürohaus in der 26. Straße, westlich des Broadway. Wie sein Vater, sein Großvater und sein Urgroßvater hielt auch er sich an die Maxime, möglichst wenig von seinem Besitz zu verkaufen.

New York expandierte noch immer, die Mieten stiegen, die Grundstücke wurden immer wertvoller. Niemand wusste genau, wie vermögend die Astors waren, aber alle wussten, dass sie sehr reich waren.

In einer Zeit, in der die meisten armen Leute nicht lesen und schreiben konnten, erhielt John Jacob IV. jeden Tag zwischen 30 und 40 Bittbriefe.

»Wir geben nichts. Ich halte nichts davon, wildfremden

Leuten mein Geld hinterher zu werfen.« So lautete die klare Anweisung an seine Angestellten.

Obwohl sein Cousin Waldorf Astor keine Gelegenheit ausließ, festzustellen, dass die Welt des Kommerzes eines wirklichen Herren unwürdig war, brachten es die gemeinsamen Interessen mit sich, dass die beiden Männer von Zeit zu Zeit zusammenarbeiten mussten.

»Es ist wirklich nicht leicht, mit ihm auszukommen«, vertraute Jack seiner Mutter an, die ihm aus vollem Herzen zustimmte.

Fünf Caroline Astor spielte noch immer erfolgreich die erste Geige auf der Bühne der Reichen und Schönen. An ihrer Seite ihr ständiger Begleiter Ward McAllister, der sich dank ihres Vertrauens und der damit verbundenen schier unerschöpflichen finanziellen Mittel in das Zentrum der New Yorker Society manövriert hatte. Dort wäre er wohl auch noch eine ganze Weile geblieben, hätte er den Bogen nicht eines Tages überspannt. 1890 veröffentlichte der eitle McAllister ein Buch mit dem Titel »Die Gesellschaft, wie ich sie gefunden habe«. Das Machwerk bestand neben vielen oberflächlichen Plattitüden vor allem aus Plaudereien aus dem gesellschaftlichen Nähkästchen.

New Yorks High Society reagierte verschnupft. Sie fand sich in einer Form dargestellt und portraitiert, die Missfallen in höchstem Maße hervorrief. Ab sofort luden große und wichtige Familien wie die Vanderbilts McAllister nicht mehr ein. Auch Caroline Astor war keineswegs erfreut.

»Wie kann er es wagen!«, schnaubte sie. McAllister fiel in

Ungnade, wähnte sich jedoch noch unter dem Schutz seiner mächtigen Protektorin. Caroline wusste nur zu genau, wenn sie sich jetzt von ihm distanzierte, blieb ein Teil der Schande an ihr kleben. Pro Forma erlaubte sie ihm noch einige Male, sie zu größeren Festen zu begleiten. Aber im letzten Augenblick sagte sie ab, um nicht an der Seite ihres ehemaligen Günstlings erscheinen zu müssen. McAllister verstand und zog sich zurück.

Caroline hatte sich so sehr an einen schmeichelnden Berater gewöhnt, dass sie sich beeilte, diese Lücke mit einem jungen Mann namens Harry Lehr zu füllen.

Es war die Zeit, in der in New York über 135 000 registrierte Familien von der Wohlfahrt lebten oder auf den Straßen betteln mussten. Diese Menschen lebten in etwa 31 000 Baracken, großspurig Mietshäuser genannt, die unter anderem auf den Grundstücken der Astors errichtet worden waren.

Hier hatte sich kaum etwas geändert. Auf bis zu sechs Stockwerken befanden sich jeweils drei bis vier Wohnungen. Nur ein Zimmer pro Wohnung hatte, wenn überhaupt, direktes Licht und ein wenig frische Luft. Alle Bewohner eines Stockwerks teilten sich eine Toilette. In den Wohnungen wurde gearbeitet, gelebt und geschlafen. Wer sich die Miete nicht aus eigener Kraft leisten konnte, war gezwungen, Untermieter aufzunehmen. So lebten nicht selten in zwei Zimmern ein Elternpaar mit sechs oder mehr Kindern und noch einmal ein halbes Dutzend Untermieter. Die vollkommen verwahrlosten Gebäude beherbergten die Ärmsten der Armen und jede Menge Krankheiten.

Die New Yorker Statistik wies dramatische Zahlen aus. Auf jeden Verstorbenen kamen zwei Krankheitsfälle, hochgerechnet ergab das eine Zahl von über einer Million Kranken. Viele von ihnen litten unter fortgeschrittener Tuberkulose.

Die Armut der Menschen trieb bizarre Blüten. So ließ eine Frau ihren Mann über Monate immer wieder unter lautem Wehklagen und bitteren Tränen begraben, um jeweils die Bestattungskosten von der Wohlfahrt zu erhalten. Erst nach dem 17. Mal fiel sie auf. Das Elend ging so weit, dass manche Bettler regelmäßig verkrüppelte und behinderte Kinder aus Heimen und Waisenhäusern mieteten, um so in deren Begleitung auf der Straße mehr Geld für sich erbetteln zu können.

Über acht Millionen Dollar kamen jährlich durch öffentliche Mittel und private Spenden zusammen. Korrupt verwaltet und schlecht investiert, versickerte ein erheblicher Teil des Betrages, ohne dass die Bedürftigen die notwendige Hilfe erhielten.

Fast gleichzeitig mit Ward McAllisters Werk machte in New York noch ein Buch Furore. »Wie die andere Hälfte lebt«, lautete der Titel – und Autor Jakob Riis nahm kein Blatt vor den Mund. Schonungslos schilderte er die Armut und das Elend derer, die nicht in der Fifth Avenue oder am Broadway residierten.

15 Minuten zu Fuß dauerte der Weg von dort in den Hexenkessel des Elends, stinkende, schlecht gelüftete Baracken, an denen unter anderem auch die Astors viel Geld verdienten. Auf verstörende Weise beschrieb Riis die Zustände nur wenige hundert Meter von den Palästen des New Yorker Geldadels entfernt:

»Bitte seien Sie ein wenig vorsichtig! Die Halle ist dunkel, und Sie könnten über Kinder stolpern … Nicht dass es denen wehtäte. Tritte und Püffe sind ihre tägliche Diät. Sie bekommen wenig anderes. Hier, wo der Flur einen Bogen macht und tiefste Dunkelheit herrscht, ist eine Stufe und noch eine und noch eine. Eine Flucht von Treppen. Sie müssen Ihren Weg ertasten, wenn Sie ihn nicht sehen. Eng? Ja! …

Das bisschen frische Luft, das jemals bis zu diesen Treppen vordringt, kommt einzig von der Tür, die den ganzen Tag schlägt, und von den Fenstern der Schlafzimmer, die zum Ausgleich ihr einziges Lüftchen von der Treppe bekommen ...«

Seine eindringlichen Beschreibungen unterstützte Riis durch Fotos, die er im Laufe seiner Recherche gemacht hatte. Traurige Kinderaugen, hungrige, zerlumpte kleine Gestalten, Erwachsene von Arbeit und Alkohol gezeichnet, zwangen die Leser seines Buches zur Aufmerksamkeit.

»Ich will eine unfaire Welt zwingen, ihre eigene Unfairness zu erkennen«, war Riis' Anliegen. An den Reichen der Stadt ließ er kaum ein gutes Haar, einzig Charlotte Augusta Astor erwähnte er lobend. Sie hatte sich im Laufe ihres Lebens konsequent helfend um Waisenkinder, Prostituierte und deren erbärmliche Schicksale gekümmert und gemeinsam mit ihrem Mann John Jacob III. viel Geld für wohltätige Zwecke gespendet.

Anders Caroline Astor, die ihren Lebenssinn in der Darstellung ihres Reichtums gefunden hatte. Kritische Stimmen ignorierte sie und versuchte der Öffentlichkeit so wenig Angriffsfläche wie möglich zu bieten. Ihre Tage verbrachte sie meist hinter zugezogenen Vorhängen und wagte sich aus Angst, fotografiert zu werden, nur selten an die großen Fenster ihres Hauses. Galt es, die Familie bei öffentlichen Veranstaltungen zu repräsentieren, schickte Caroline ihren Sohn.

Froh um jeden Anlass, der ihn von seiner giftigen Frau entfernte, nahm John Jacob IV. jede Verpflichtung wahr. Seine Ehe war inzwischen vollkommen zerrüttet. Ava und Jack stritten mehr, als sie miteinander sprachen, und nahmen keinerlei Rücksicht auf die Anwesenheit von Personal oder Gästen.

Anders als sein Vater bekämpfte der unglückliche Jack seine Frustration jedoch nicht durch lange Turns auf seiner Jacht, sondern unternahm meist ziemlich plumpe Annäherungsversuche bei den Töchtern, Schwestern oder gar Gemahlinnen seiner Gäste.

»Er ist und bleibt ein tumber Tölpel«, kommentierte Ava die Flirtversuche ihres Mannes.

Jack suchte nach Beschäftigungen, die ihm mehr Freude machten als der triste Alltag seiner misslungenen Ehe. Mitte März 1893 hatte sein Cousin Waldorf Astor das »Waldorf«, ein Hotel gleichermaßen groß und elegant, eröffnet. Das Gebäude war inzwischen regelrecht berühmt. Über 400 Zimmer und ein Heer von 1000 Angestellten standen den prominentesten und vornehmsten Gästen der Epoche zur Verfügung.

Fast alle kannten sie die kleine Geschichte, die sich um die Entstehung des »Waldorf« rankte:

Einige Zeit vor dem Bau des luxuriösen Hauses hatten ein Herr in den besten Jahren und seine Frau die Lobby eines kleinen Hotels in Philadelphia betreten und um ein Zimmer gebeten. George C. Boldt, der Manager des Hotels, zuckte mit Bedauern die Schultern:

»Es tut mir aufrichtig leid, meine Herrschaften, aber wir haben drei große Tagungen in der Stadt und sind bis unter das Dach ausgebucht.« Das Paar sah ihn unglücklich an.

»Draußen regnet es, und es ist mitten in der Nacht«, seufzte der Mann, »wir brauchen wirklich nur eine Möglichkeit, die Nacht im Trockenen zu verbringen.« Boldt runzelte die Stirn, zögerte einen Augenblick und sagte dann:

»Das einzige, was ich Ihnen anbieten kann, ist mein persönliches Zimmer. Ich habe Nachtdienst, und werde es bis morgen früh ohnehin nicht benutzen. Es ist zwar keine Suite, aber immerhin ist es trocken, und ich kann es Ihnen schnell

Das Waldorf-Hotel, 1894. Vorne rechts die Residenz von John Jacob Astor IV., der dort vier Jahre später das Astor-Hotel eröffnen wird.

herrichten lassen.« Die beiden verbrachten die Nacht im Zimmer des Managers. Als sie am nächsten Morgen die Rechnung bezahlten, sagte der Mann zu Boldt:

»Sie sind die Sorte Manager, die eigentlich Chef vom besten Hotel Amerikas sein sollte. Vielleicht baue ich es Ihnen eines Tages.«

Zwei Jahre vergingen. Boldt hatte den Vorgang längst vergessen, da erhielt er einen Brief, der ein Reisebillett nach New York enthielt. Der Absender Waldorf Astor erinnerte ihn an die Geschichte und lud ihn ein, ihn zu besuchen. Boldt fuhr nach New York, traf sich mit Astor, der ihn zu dem soeben fertiggestellten imposanten Hotel an der Ecke Fifth Avenue und 34. Straße führte.

Das Waldorf-Astoria in der 5th Avenue, an dessen Stelle heute das Empire State Building steht. Die beiden Hotelgebäude waren durch einen Gang miteinander verbunden. Aufnahme von 1903.

»Das ist das Hotel, das ich für Sie gebaut habe«, sagte er und lächelte vergnügt.

»Sie machen Witze«, antwortete Boldt, als er seine Sprache wiedergefunden hatte.

»Keineswegs! Mit so etwas scherze ich nicht!«, versicherte Waldorf Astor und bat Boldt, sich das Hotel von innen anzusehen.

George C. Boldt nahm das Angebot an und sorgte dafür, dass erst das »Waldorf« und später das »Waldorf-Astoria« weltberühmt für seinen Komfort und Service wurden.

Waldorf Astor liebte diese kleine Anekdote. Sie war charmanter als die Wahrheit, denn ursprünglich hatte er ja nur in seiner Wut auf die prestigebesessene Caroline Schermerhorn Astor das elfstöckige Gebäude errichten lassen, um seiner Tante, die direkt daneben wohnte, eine Lektion zu erteilen. Als der Grundstein gelegt wurde, hatte er frohlockt: »Sie wird es hassen, aber ich werde sie mit diesem Bau im wahrsten Sinne des Wortes in meinen Schatten zwingen.«

Caroline Astor war umgezogen, und Freunde fragten Jack, was denn mit dem ehemaligen Wohnhaus geschehen werde. Jack zog die Stirn kraus und gab vor nachzudenken, dann antwortete er mit diebischer Freude:

»Ich denke darüber nach, es abzureißen und einen Viehstall dort zu bauen. Der Geruch müsste den noblen Gästen im Hotel meines Cousins doch sicher gut gefallen.« Es dauerte nicht lange, und das Gerücht kam auch Boldt zu Ohren. Der Manager des »Waldorf« wurde kreidebleich.

»Was will er tun? Einen Stall neben unserem Haus bauen! Aber das ist unmöglich, das würde uns ruinieren. Ich kann Kerzen aufstellen lassen, Zimmerservice und Frühstück als einziges Hotel in ganz Amerika anbieten, wenn ein Viehstall neben dem Hotel gebaut wird, kommen keine Gäste mehr.«

Verzweifelt machte er sich sofort auf den Weg in Astors Büro und wurde dort von Abner Bartlett, einem geschätzten Mitarbeiter, empfangen. Boldt kam gleich zur Sache.

»Das kann und darf nicht geschehen. Warum will er dieses wunderschöne Unternehmen zerstören? Ich bitte Sie von Herzen: Tun Sie etwas!« Bartlett hörte sich Boldts Geschichte geduldig an und beruhigte ihn.

»Ich denke, wir werden eine Lösung finden. Lassen Sie mich mit Mr. Astor sprechen. Ich werde Sie informieren.«

Wenig später teilte er Boldt mit, dass John Jacob IV. entschieden habe, statt eines Stalles ein eigenes Hotel auf dem Grundstück zu errichten.

Gemeinsam mit seiner Mutter malte sich Jack aus, wie er seinen Vetter damit verärgern würde.

Blick in das luxuriöse Palm-Garden-Restaurant im Waldorf-Astoria, ca. 1902.

»Wir werden es ein wenig höher bauen als das Waldorf, ich denke an 16 Stockwerke, und dann wird sich zeigen, wer in wessen Schatten lebt.«

Voller Elan kümmerte er sich um das Projekt und grübelte über einen passenden Namen:

»Dir zu Ehren werden wir es ›Das Schermerhorn‹ nennen«, schmeichelte er seiner Mutter. Nach langen Diskussionen wurde dann doch eine andere Lösung bevorzugt: Das Hotel wurde nach dem Lebenstraum von Johann Jakob I. »Astoria« benannt und im November 1897 eröffnet.

Es dauerte noch eine Weile, bis die beiden Cousins den Familienzwist endgültig beilegten und die beiden Gebäude durch einen etwa 100 Meter langen Gang miteinander verbanden.

»Damit setzen wir wieder einmal Maßstäbe in der Stadt! Unser ›Waldorf-Astoria‹ ist das größte und luxuriöseste

Hotel New Yorks.« Das konnten die beiden mit Fug und Recht behaupten.

1000 Zimmer und ein Ballsaal, der 1500 Menschen Platz zum Tanzen und Speisen bot. Erlesenste Möbel aus Europa, manche sogar aus dem Privatbesitz der Astors, schufen ein Ambiente, wie es bis dahin in Amerika noch niemand gesehen hatte.

Durch die Prohibition und veränderte Strukturen in der Stadt gingen die bis dahin fulminanten Umsätze in den 1920er Jahren zurück. Vincent Astor und seine britischen Cousins, die Erben der beiden Gründer Waldorf und Jack, beschlossen, das Hotel in einen Wolkenkratzer an der Park Avenue zu verlegen. Sie verkauften das »Waldorf-Astoria« für über 15 Millionen Dollar. Der prächtige Bau wurde abgerissen und machte Platz für das Empire State Building.

Sechs John Jacob IV. hatte alles, was sich ein Mann wünschen konnte. Er kam aus einer angesehenen Familie, war unvorstellbar reich und ein angesehener, wichtiger Geschäftsmann. Dennoch suchte er nach einer Herausforderung, die seinem Leben Sinn und Bedeutung verleihen sollte.

1895 trat er Gouverneur Levi P. Mortons militärischem Stab bei, musste aber bald feststellen, dass in Friedenszeiten der Militärdienst nicht besonders aufregend war.

Drei Jahre später brach der Spanisch-Amerikanische Krieg aus. Kaum hatte er die Nachricht erhalten, meldete sich Jack Astor zum Dienst für sein Vaterland, stellte dem Kriegsminister seine Jacht »Nourmahal« für die Dauer der Marinekämpfe zur freien Verfügung und bot an, die Aufstellung und Ausrüstung einer Artilleriebatterie mit privaten Mitteln zu finanzieren.

Der spätere General Peyton C. March wurde nach New York geschickt, um die Kompanie zu führen. Doch noch gab es keine Kompanie, und March sah sich gezwungen, in Jacks Büro vorstellig zu werden.

»Sir, ich bitte um Verzeihung, dass ich Sie störe«, sagte er verwirrt, »aber ich bin angereist, um Ihre Männer zu begutachten und wenn nötig auszubilden. Die Sache ist nur die – ich habe die Truppe nicht gefunden.«

Zu seinem Erstaunen erfuhr er: »Bis jetzt besteht die Kompanie nur aus einem Scheckbuch. Die Truppe muss erst noch zusammengestellt werden.«

March machte sich sofort ans Werk und rekrutierte mit Astors Geld und in seinem Namen junge Männer für den Dienst an der Waffe. Wenig später exerzierte er auf einem Astor-Grundstück in der Bronx mit einer ansehnlichen Zahl von Freiwilligen. Jack kümmerte sich persönlich darum, dass seine Truppe innerhalb von vier Tagen erstklassige, maßgeschneiderte Uniformen erhielt und zahlte dem Schneider einen hohen Bonus dafür, dass er und seine Angestellten so schnell gearbeitet hatten.

Aus Frankreich eingeschmuggelte Gewehre vervollständigten die Ausrüstung, und March zog mit seinen Rekruten an die Front. Auf den Philippinen wurden zwei der Soldaten getötet und acht verwundet, der Rest überlebte unversehrt und durfte nach dem Ende der Kämpfe die eigens angefertigten Uniformen behalten.

John Jacob IV. selbst wurde in den Stab von General William Shafter berufen. Mit Shafter und seinen Truppen kämpfte Astor vor Santiago und wurde schließlich von seinem General beauftragt, dem amerikanischen Kriegsminister die offizielle Mitteilung der spanischen Kapitulation zu überbringen.

Wegen einer fiebrigen Infektion musste Astor am 1. November die Armee verlassen. Bevor ihn sein Vorgesetzter nach Hause schickte, verlieh er ihm den Rang eines Obersten und lobte seine Tapferkeit und seinen Mut vor allen Soldaten.

Das Ende des Krieges wurde mit einem großen Ball in Newport gefeiert. Caroline Astor hatte ihrem neuen Favoriten Harry Lehr die Organisation übertragen.

»Ich möchte, dass die Musiker in Uniform auftreten«, lautete ihre knappe Anweisung, und Lehr nahm sie wörtlich. Als die Gruppe auf dem Podest erschien, sah die Gastgeberin mit Erstaunen, dass die Männer in militärischen und nicht, wie von ihr vorgesehen, in Band-Uniformen auftraten.

»Was haben Sie sich denn dabei gedacht?«, herrschte sie Lehr an. »Wir feiern das Ende eines Krieges. Wieso sind diese Männer so gekleidet, als würden sie noch heute Nacht an die Front ziehen?« Lehr, der sich eher die Zunge abgebissen als einen Fehler zugegeben hätte, antwortete schlagfertig:

»Madame, all diese Männer haben in der Kompanie Ihres Sohnes gedient, und dies sind die einzigen Uniformen, die in der Eile zur Verfügung standen.« Carolines Miene hellte sich auf.

»Wenn es Männer aus Jacks persönlicher Armee sind, können sie natürlich auch in ihren Uniformen spielen«, entschied sie leutselig.

John Jacob IV. war voller Stolz zurück nach Hause gekommen, hatte seine Jacht »Nourmahal« unversehrt zurückerhalten und widmete sich jetzt wieder der Firma.

Mit seinen geschäftlichen Praktiken blieb er der Familientradition treu. Grundstücke wurden nach wie vor mit langfristigen Verträgen verpachtet. Die Pächter erhöhten ihre

Mieten, so wie es der Markt hergab, Astor erhielt immer den Betrag, der vor Jahren schriftlich festgelegt worden war. Die Stadt und ihre Population wuchsen noch immer, und Jack hätte sein Vermögen mit kurzfristigeren und flexibleren Verträgen vermutlich vervielfachen können. So wuchs es stetig, aber langsam, bis ein Ereignis am 27. Oktober 1904 Wertsteigerungen brachte, die auch mit höheren Mieten niemals zu erreichen gewesen wären.

Bürgermeister George B. McClellan junior, der Sohn des einst von John Jacob III. so geschätzten Generals, eröffnete die erste Untergrundbahn der Stadt. Der Zug fuhr an der City Hall Station ab, nahm seinen Weg unter der Vierten Avenue zum Hauptbahnhof und von dort westwärts zum Times Square, den Broadway hinauf und schließlich zu seiner nördlichsten Haltestelle in der 145. Straße. Unter den geladenen Gästen, die an der Jungfernfahrt teilnahmen, war selbstverständlich auch Jack Astor. Am Abend stand die Untergrundbahn der Öffentlichkeit zur Verfügung, und Astor war froh, die Haltestelle verlassen zu können.

»Was für ein grauenhaftes Gedränge! Die Leute treten, schubsen und boxen sich gegenseitig, um nur ja in einen der Waggons zu kommen. Frauen schreien hysterisch oder sehen aus, als ob sie gleich in Ohnmacht fielen. Und das alles nur, weil eine Bahn unter der Erde fährt.« Er schüttelte angewidert den Kopf.

Zwei Generationen hatten die Astors vehement gegen den Bau der Untergrundbahn gekämpft und den Fortschritt trotz all ihres Geldes und Einflusses nicht verhindern können. Jetzt, da sie ihren Betrieb aufgenommen hatte, erkannte Jack, dass jedes Stück Land, das er im Einzugsgebiet besaß, über Nacht an Wert gewonnen hatte.

Noch einmal war geschehen, was schon zu Zeiten Johann Jakobs I. und seines Sohnes der Fall gewesen war: Die Entwicklung und Modernisierung New Yorks machte die Astors noch reicher, als sie ohnehin schon waren. Wenig später wurde das Schienennetz ausgedehnt und ging in der Bronx direkt durch Astor-Land. Die Regierung bot 12 000 Dollar für das Recht, die Bauarbeiten durchführen zu dürfen. Jack Astor fand diesen Betrag nicht angemessen.

»129 000 Dollar und keinen Cent weniger«, insistierte er. »Sonst gibt es keine weiteren Schienen.« Er erhielt den geforderten Betrag.

Immer wieder wurden die Mietshäuser, die von den Pächtern auf Astor-Grundstücken errichtet wurden, zum Stein des öffentlichen Anstoßes. Doch wie sein Vater, sein Großvater und sein Urgroßvater war Jack Astor nicht bereit, sich damit zu beschäftigen.

»Ich verpachte Land. Was dann damit geschieht, interessiert mich nicht, solange ich die Pacht pünktlich und regelmäßig erhalte.« So verschloss auch er Augen und Ohren vor dem Elend, für das er durch eben diese Einstellung mitverantwortlich war. Weder sein Vater noch seine Mutter hatten jemals über diese unerfreuliche Seite ihres Wohlstandes gesprochen. Der Sohn sah keine Veranlassung, damit zu beginnen.

Noch immer lebten und arbeiteten die Mieter unter Bedingungen, die nicht nur hygienisch untragbar, sondern oft gesetzeswidrig und regelrecht gefährlich waren. Seit beinahe 40 Jahren existierte ein Erlass, der bestimmte Maßnahmen zum Brandschutz vorschrieb, doch auf Astorland standen weiterhin Häuser, die im Brandfall zur tödlichen Falle würden, weil sie weder Fluchtwege noch eine Feuertreppe hatten.

Die Pächter bauten so billig wie möglich, Sicherheit kostete Geld, also verzichteten sie darauf. Als Folge ermittelten Statistiker eine Todesrate in den überbevölkerten Baracken, die mit 23 Toten pro 1000 Menschen mit der von Kalkutta auf einem Niveau lag.

Jack Astor wollte von all dem nichts wissen. Er baute keine Mietshäuser, ihm gehörte nur das Land, auf dem sie standen.

»Wenn ich etwas baue, dann entweder für mich und meine Familie oder aber Hotels. Hotels haben Zukunft in dieser Stadt, die täglich mehr Geschäftsleute und Besucher unterbringen muss.«

Nachdem das »Waldorf-Astoria« ein durchschlagender Erfolg geworden war, fand Jack Gefallen daran, weitere Hotels zu errichten. Sein ehrgeizigstes und liebstes Projekt war das »St. Regis« auf der Fifth Avenue/Ecke 55. Straße.

»Damit setze ich die Tradition der großen Hotels fort, aber auf eine Weise, wie sie in New York noch niemand gesehen hat«, kündigte er an und versprach nicht zu viel. Als das achtzehn Stockwerke hohe Gebäude 1904 eröffnet wurde, überschlug sich die Presse.

Für fünfeinhalb Millionen Dollar hatte Astor eine Luxusherberge geschaffen, die in jedem Zimmer über einen eigenen Telefonanschluss und ein ausgeklügeltes, individuell steuerbares Heizungssystem verfügte. Der Hausherr hatte es sich nicht nehmen lassen, mit seinen Technikern persönlich daran herumzutüfteln. In der Bibliothek standen ledergebundene Prachtbände, der lichtdurchflutete Ballsaal hatte eine Decke aus Glas, im Speisesaal konnten bei Bedarf bis zu 150 Gäste an einem einzigen Tisch sitzen. Damit nicht genug, bestand Astor auf einem neuen Konzept, und das war es, was die Presse zunächst schockierte, aber wenig später begeisterte:

»Ich möchte, dass auch Leute, die keine Millionen besitzen, es sich leisten können, in meinem Haus zu übernachten. Geschäftsleute der Mittelklasse sollen die Möglichkeit haben, hier zu wohnen und mit ihren Verhandlungspartnern oder Freunden unsere ausgezeichnete Küche zu genießen.«

Jack war sicher, dass seine Idee sich durchsetzen würde, und behielt Recht. Hatten sie ihn anfänglich deswegen hart attackiert, waren die Journalisten kurze Zeit später völlig aus dem Häuschen. Als Caroline Astor eines Abends im »St. Regis« speiste, waren am nächsten Tag die Zeitungen voll davon:

»Selbst in den besten Tagen des ›Waldorf-Astoria‹ sah man niemals die High Society in einem Raum mit Gästen aus der Mittelklasse essen und dieselbe Luft atmen … Kein Mensch hätte sich jemals vorstellen können, auch nur den Schatten eines Astors in einem öffentlichen Restaurant zu sehen.«

Jack Astor ging noch einen Schritt weiter und baute ein weiteres Hotel. An der Ecke 42. Straße und Broadway entstand das »Knickerbocker«, ein Hotel für Gäste, denen das »St. Regis« zu teuer war, die aber trotzdem nicht auf einen gewissen Komfort und Service verzichten wollten. Die Einrichtung war zwar nicht ganz so vornehm wie im St. Regis, aber auch hier mit Bedacht und sehr geschmackvoll gewählt.

»Der Luxus der Fifth Avenue zu Broadway-Preisen«, hatte Jack vorgegeben, und auch dieses Konzept erwies sich als profitabel.

Sieben So erfolgreich er als Geschäftsmann und Hotelier war, so wenig glücklich gestaltete sich sein Privatleben. Oberst Astor und seine wunderschöne Frau erschienen zwar zu jedem gesellschaftlichen Anlass gemeinsam, doch wer das Paar sah, wusste, er wäre lieber alleine gewesen und sie hätte lieber einen anderen Begleiter an ihrer Seite gehabt.

»Kein Wunder – bei so einem Mann«, tuschelten ihre Freunde.

»Kein Wunder – bei so einer Frau«, zischten seine Anhänger.

Je größer die Kluft zwischen Ava und Jack wurde, umso zurückhaltender und schweigsamer wurde er. Ava konterte mit aufgekratzter Heiterkeit und stellte sich in den Mittelpunkt jeder Gesellschaft. Mit ihrer Lebhaftigkeit und Spontaneität hatte sie es nicht schwer, eine große Schar von weiblichen und männlichen Verehrern um sich zu versammeln. Ihre Phantasie kannte keine Grenzen, und das Vermögen ihres Mannes ermöglichte ihr, auch die ungewöhnlichsten Ideen in die Tat umzusetzen. Seit jeher waren ihr die exklusiven Clubs der Männer, von denen viele keine Frauen zuließen, ein Dorn im Auge gewesen.

»Wenn uns die Herren keinen Zutritt gewähren, müssen wir eben selbst einen Club gründen. Und der wird dann so sein, dass die Herren auf den Knien liegen und uns um Einlass bitten werden.«

»Immer nur Tanzen und ein wenig Skilaufen in St. Moritz ist einfach zu wenig körperliche Ertüchtigung für den Winter«, fand sie und beschloss, einen Club zu gründen, in dem sich die Mitglieder körperlich ertüchtigen könnten. Der »Colony Club« öffnete 1907 und bot Gelegenheit für soziale und sportliche Aktivitäten. In einer großen Halle konnten sich die Damen in verschiedenen athletischen Disziplinen üben, außerdem gab es eine lange Laufbahn, mehrere

Squash-Courts und ein türkisches Dampfbad. Den Inbegriff des Luxus bot ein eingelassenes Schwimmbad aus weißem Marmor, umgeben von verspiegelten Wänden.

Ein öffentlicher Club, und war er auch noch so exklusiv, war nicht genug für Ava Astor, und so wurde auch die Frühlings- und Herbstresidenz in Ferncliff in ungewöhlicher Weise ausgestattet. Mit großem Aufwand entstand dort ein Innensportplatz mit Schwimmbad, Tennisplätzen und Squash-Court.

1902 überraschten Ava und Jack Astor Freunde und Bekannte mit der Geburtsanzeige ihrer Tochter Ava Alice Muriel. Ganz New York flüsterte, das Mädchen könne unmöglich von Jack sein. Immerhin waren seit der Geburt des gemeinsamen Sohnes elf Jahre vergangen, in denen sich das Paar überwiegend gestritten hatte. Die Eltern kommentierten keines der Gerüchte, die auch ihnen zu Ohren kamen.

Wenn ein zweites Kind der Versuch gewesen war, die zerrüttete Ehe zu retten, so misslang er gründlich. Drei Jahre nach der Geburt der kleinen Alice hatten sich Ava und Jack so entfremdet, dass sie entschieden, sich für eine Weile räumlich zu trennen.

John Jacob IV. unternahm eine lange Reise nach Europa, seine Frau besuchte Verwandte in Washington. Ende 1905 kehrten beide nach New York zurück und starteten einen erneuten vergeblichen Versuch, unter einem Dach miteinander auszukommen.

»Es hat doch keinen Sinn mit uns«, versuchte Ava ihren Mann zu einer Scheidung zu überreden, aber Jack weigerte sich hartnäckig.

»Solange meine Mutter lebt, bist und bleibst du meine Frau. Nach allem, was sie mit meiner Schwester durchgemacht hat, werde ich ihr diesen Kummer nicht zufügen.«

»Das führt am Ende nur dazu, dass ich deiner Mutter den

Tod wünsche!« Die scharfzüngige Ava kannte keine Grenzen, wenn sie ihren Willen nicht durchsetzen konnte.

Jack, der die »Nourmahal« nach dem Krieg aufwendig hatte renovieren lassen, tat es jetzt seinem Vater gleich und verbrachte mit Freunden viel Zeit auf dem Schiff. Auch wenn er öffentlich kein schlechtes Wort über sie verlor, wussten alle, dass er auf diese Weise versuchte, der ständig keifenden Ava zu entfliehen.

1905 erlitt Caroline Astor einen Schlaganfall, von dessen Folgen sie sich nicht mehr erholte. Im Januar des darauf folgenden Jahres wartete die High Society vergeblich auf die begehrten Einladungen zum jährlichen Ball im Hause Astor. Gerüchte machten die Runde, doch niemand wusste genau, wie es der einstigen Königin der Gesellschaft ging. Es hieß, Caroline sei auf den Rollstuhl angewiesen, andere behaupteten, sie wandele unruhig durch ihr Haus und spreche mit den Verstorbenen. Mit William, der sie nie geliebt hatte, mit ihrer Tochter Charlotte Augusta, deren Leidenschaft ihre Mutter gezwungen hatte, die Grenzen ihrer eigenen Moral zu überschreiten. Mit der so geliebten Emily, die viel zu jung im Kindbett gestorben war. Jack schirmte seine Mutter sorgfältig vor der Öffentlichkeit ab.

»Sie hat ein Leben lang vermieden, von Fremden gesehen zu werden. Jetzt, da sie sich nicht mehr wehren kann, ist es mein fester Wille, sie vor den Blicken Neugieriger zu schützen.« Er verfügte: »Ich erwarte, dass außerhalb dieses Hauses mit keiner Silbe über ihre Krankheit gesprochen wird.« Der Arzt, die beiden Krankenschwestern, Dienstmädchen und Butler, die bis zu ihrem Tod für Caroline Astor sorgten, hielten sich strikt an die Anweisung.

Caroline Astors Zustand machte es möglich, dass Ava und Jack den Sommer 1906 zum ersten Mal, seitdem sie verheiratet waren, nicht gemeinsam in Newport verbrachten. Jack blieb in New York, ging täglich in sein Büro und kümmerte sich um seine Mutter. Ava reiste durch die Welt.

Am 30. Oktober 1908 starb Caroline Astor in ihrem Haus. Sie fand ihre letzte Ruhe im Familiengrab auf dem Trinity-Friedhof. Jack trauerte aufrichtig um seine Mutter und war entsetzt, als er erfuhr, dass vor dem Begräbnis Wetten darauf angenommen worden waren, ob auf dem Grabstein wohl »Die Mrs. Astor« oder der volle Name der Verblichenen stehen würde.

Die Trauerzeit war noch nicht verstrichen, da reichte Ava Astor die Scheidung ein. Jack protestierte nicht mehr.

»Ich will endlich wieder ein freier Mann sein, frei von Zwängen und vor allem frei von schlechter Stimmung und Streit.« Um schuldfrei aus der Scheidung hervorzugehen, behauptete Ava, ihr Mann habe sie bereits seit 1904 regelmäßig betrogen. Gut bezahlte Privatdetektive untermauerten den Vorwurf, und am 8. November 1909 wurde die prominente Ehe geschieden. Die Zeitungen stellten wilde Spekulationen über die finanziellen Reglements an, doch niemand erfuhr, auf was sich das Paar schließlich einigte. Es hieß, Ava habe eine einmalige Abfindung in Höhe von etwa zehn Millionen Dollar und 50 000 Dollar jährlich als Apanage erhalten. Realistischer war die Einschätzung eines Zeitgenossen, der behauptete zu wissen, dass der Betrag sich auf 787 000 Dollar belief – zusätzlich zu den fast zwei Millionen, die in Avas Ehevertrag festgeschrieben waren.

Jack übernahm die Verantwortung für seinen Sohn Vincent, die siebenjährige Tochter Alice wurde ihrer Mutter zugesprochen. 1910 wurde das Urteil rechtskräftig. Jack erhielt die Nachricht, während er mit Vincent auf der »Nourmahal« kreuzte.

»Wir werden für eine Weile nach New York zurückkehren«, ließ Astor den Kurs des Schiffes ändern. Jetzt, da er endlich ein freier Mann war, wollte er demonstrieren, dass er keineswegs der abgelegte Gatte einer wunderschönen Frau war. Er war ein Astor, ein reicher Mann – ein Mann, um den sich die Frauen reißen würden.

»So eine Scheidung muss angemessen zelebriert werden«, entschied er. Harry Lehr, der nach Caroline Astors Tod keine vergleichbare Position gefunden hatte, war dankbar, die Organisation übernehmen zu dürfen. Das ganze Haus wurde mit frischen Blumen dekoriert, es wurden erstklassige Musiker engagiert und 150 Gäste mit einem Budget von 25 000 Dollar bewirtet.

»Oberst Astor feiert seine Scheidung«, hörte auch Ava und ließ es sich nicht nehmen, ihrerseits eine Party zu organisieren.

Wenige Tage nach dem Fest rief Jack das Personal in der Fifth Avenue Nr. 840 zusammen und informierte seine Leute: »Nachdem meine Mutter verstorben ist und meine geschiedene Frau nach London ziehen will, werde ich einige Umbaumaßnahmen am Haus vornehmen lassen.«

»Als erstes werde ich die monumentale Eingangstreppe entfernen und stattdessen einen großen Empfangssaal einrichten. Aus dem alten Empfangszimmer mache ich einen Speiseraum, und aus dem Esszimmer wird eine Bibliothek.«

Die Arbeiten gingen zügig voran, und wenig später überwachte Jack die Handwerker persönlich, als sie ein großes Portrait von Johann Jakob I. im Esszimmer über dem Kamin aufhängten.

»Es hat doch Vorteile, wenn einem weder Frau noch Mutter ständig in alles hereinreden. Jetzt ist es wirklich mein Haus«, stellte er erfreut fest.

Acht Ava Astor tat sich nach der Scheidung schwer, einen Lebensmittelpunkt zu finden. Sie konnte sich nicht entscheiden, wo sie ihre Zelte aufschlagen sollte, und pendelte zwischen Amerika und England, im Schlepptau immer die kleine Alice, die zu einem verwöhnten Mädchen heranwuchs.

Von ihrer Mutter hatte sie nicht nur deren Schönheit, sondern auch den starken Willen und eine gehörige Portion Temperament geerbt. Als Alice erwachsen war, gerieten die beiden immer wieder heftig aneinander. Hauptthema war die Wahl des richtigen Gatten.

Ava hatte ganz konkrete Vorstellungen von dem, was ihr zukünftiger Schwiegersohn mitbringen sollte. Adel und Geld schienen ihr die wichtigsten Attribute. Was den Adel betraf, tat Alice ihr den Gefallen und verliebte sich in Prinz Serge Obolensky. Ava opponierte dennoch heftig, denn der Prinz hatte kein Geld. Alice setzte ihren Willen durch und heiratete ihn trotzdem.

Es wurde die erste von insgesamt vier unglücklichen Ehen, die sie im Laufe ihres Lebens einging. Sie hinterließ vier Kinder, als sie 1956 im Alter von 54 Jahren starb.

Als Erbe eines unermesslichen Vermögens geboren, durchlebte Vincent, ganz anders als seine jüngere Schwester, eine spartanische Kindheit. Sein Taschengeld betrug 50 Cent in der Woche, die bei schlechten Schulergebnissen sofort auf 35 Cent gekürzt wurden. Zum 15. Geburtstag schenkte ihm sein Vater die Erlaubnis, auf dem Grundstück von Ferncliff das Autofahren zu erlernen. Vincent war überglücklich.

Jack Astor war ein strenger Vater. Auch kleinste Vergehen bestrafte er hart – ausgerechnet er, der als Knabe keinen bösen Streich ausgelassen hatte. Abende ohne Essen nur mit einem Glas Milch zu Bett waren ebenso üblich als Strafe wie Schläge mit dem Lederriemen. Dennoch liebte er seinen

Sohn und war aufrichtig besorgt um die Entwicklung des Jungen. Wissend, dass Vincent eine eher schwächliche Konstitution hatte, reiste er mit ihm nach St. Moritz, um seine Abwehrkräfte gegen Tuberkulose zu stärken, nahm ihn oft mit auf die »Nourmahal«. Gemeinsame Reisen und die Aufenthalte in Ferncliff waren für den Jungen ganz besondere Zeiten. Er verehrte seinen Vater sehr und bemühte sich, dessen hohen Anforderungen gerecht zu werden. Vincents große Liebe war das Meer, und so bat er John Jacob IV., nach der Schule die Marineakademie Annapolis besuchen zu dürfen.

»Das kommt überhaupt nicht infrage«, lautete die brüske Antwort. »Der einzige Ort, wo ein Astor anständig ausgebildet wird, ist Harvard, und dort wirst du dein Studium absolvieren.« Vincent gehorchte.

Die Trennung von Ava hatte John Jacob IV. zwar zum freien Mann gemacht, doch dieser Status schien ihm bei näherer Betrachtung nicht so erstrebenswert wie anfangs angenommen.

Zwei Jahre lag seine Scheidung zurück, da lernte er in Bar Harbor ein junges Mädchen kennen, das ihm auf den ersten Blick den Kopf verdrehte. Madeleine Talmadge Force war etwas jünger als Jacks Sohn Vincent.

Der war entsetzt über die Wahl seines Vaters und empörte sich hinter dessen Rücken: »Sie könnte meine Schwester sein!«

Die schlanke, blonde Miss Force war eine attraktive Erscheinung und kam aus gutem Hause. Vor allem aber war sie ein lebenslustiges, warmherziges Geschöpf, das ihre Umgebung mit großer Liebenswürdigkeit für sich einnahm.

Ihr Großvater war einst Bürgermeister von New York gewesen und hatte in dieser Funktion enge Verbindungen zu den ersten Familien der Stadt unterhalten, so auch zu den

Vanderbilts und den Astors. Besonders Madeleines Mutter zeigte sich hochgradig entzückt, als sie registrierte, dass Jack ein Auge auf ihre Tochter geworfen hatte.

»Du ahnst ja nicht einmal, was so ein Mann dir für ein Leben bieten kann«, wiederholte sie ein um das andere Mal. Aber Madeleine zierte sich.

»Mutter, er ist 46 und ich bin 18 Jahre alt. Findest du nicht, dass das zu viel ist?« Sie versuchte sie mit rationalen Argumenten von der Tatsache abzulenken, dass ihr Herz längst für einen anderen, sehr viel jüngeren Mann schlug.

Mutter Force wischte alle Bedenken vom Tisch: »Er sieht gut aus, ist reich, hat schon zwei Kinder, wird also auch noch weitere zeugen können, und du wirst nach einem Leben in Saus und Braus irgendwann ein Erbe antreten, das dich und deine Kinder bis ans Ende aller Tage versorgt.«

John Jacob IV. machte seiner Auserwählten nach allen Regeln der Kunst den Hof. Elegante Einladungen in New York, vergnügliche Picknicks in Ferncliff, Kurztrips auf der Jacht und nebenbei immer wieder großzügige Geschenke. Mit ihren 18 Jahren konnte sich Madeleine auf die Dauer dem Zauber des Reichtums nicht entziehen, und am 1. August 1911 verkündete ihr stolzer Vater öffentlich die Verlobung seiner Tochter mit John Jacob Astor IV.

In New York brodelte die Gerüchteküche schon seit Wochen. In den Salons zischte es:

»Er ist doch viel zu alt!«

»Sie ist zwei Jahre jünger als sein Sohn!«

»Sie ist nur hinter seinem Geld her!«

»Sie hat so etwas Gewöhnliches!«

»Er will sich wohl an ihrer Seite jünger machen, als er ist.«

Jack ließen die Schandmäuler der Society vollkommen kalt. Madeleine hatte alles, was er sich nach der zermürbenden Beziehung zu Ava von einer Gefährtin wünschte. Freilich war sie sehr jung, aber vor allem war sie fröhlich, unkompliziert, offen, lachte gern, genoss das Leben und bewegte sich sicher und gefällig auf dem gesellschaftlichen Parkett.

Der Millionär auf Freiersfüßen war überzeugt, dass sich New York schon an Madeleine gewöhnen würde, wenn sie nur erst verheiratet waren. Dem stand allerdings noch ein massives Hindernis im Weg. Schwerer als gedacht fiel es dem Bräutigam, einen Priester für die Trauung zu finden. Erst nachdem mehrere Kirchenmänner abgelehnt hatten, den geschiedenen Jack mit seiner jungen Braut zu vermählen, fand sich endlich einer, der Erbarmen zeigte und sich bereit erklärte, die Zeremonie zu vollziehen.

Am 9. September 1911 fand die Trauung in der Sommerresidenz Beechwood statt. Bei der Feier im engsten Familienkreis begleitete Vincent seinen Vater als Trauzeuge. Die Flitterwochen verbrachte das Paar unter Ausschluss der neugierigen Presse in Ferncliff.

Die New Yorker High Society machte es der jungen Frau Astor nicht leicht.

»Ich gebe mir wirklich Mühe, aber sie lassen mich immer wieder spüren, dass ich keine von ihnen bin«, beklagte sich Madeleine bei ihrem Mann. »Es liegt daran, dass ich so jung bin. Sie behandeln mich, wie sie ihre Söhne und Töchter behandeln.«

Jack Astor wusste Rat: »Sie sind dumm und hochnäsig. Du wirst sehen, dass sich das mit der Zeit von ganz alleine erledigt. Du bist eine Astor, und niemand in New York kann sich auf die Dauer leisten, eine Astor nicht zu akzeptieren. Wir müssen nur ein wenig Zeit verstreichen lassen. Und ich weiß auch wie. Warum sollen wir den kalten Winter in der grauen Stadt verbringen, wenn es auf der Welt so viele schöne Plätze gibt, die du noch nicht gesehen hast? Was hältst du davon, wenn wir auf Reisen gehen und ich dir Europa und den Mittleren Osten zeige?« Madeleine war begeistert und machte sich sofort daran, ihre Garderobe zu sortieren und sich nach ausreichend großen Koffern umzusehen.

Im Februar 1912 veröffentlichten die New Yorker Zeitungen eine Nachricht aus dem fernen Ägypten: Mrs. Madeleine Astor erwartete ihr erstes Kind. Jack war überglücklich.

»Ich werde noch einmal ganz von vorne anfangen. Wir werden dieses Kind und weitere haben. Ich will sehen, wie sie aufwachsen, will mir Zeit für sie nehmen, nicht mehr so viel arbeiten. Noch ein paar Jahre und Vincent hat Harvard absolviert, dann kann er mir in der Firma zur Hand gehen und mich entlasten«, träumte er. Madeleine lächelte und faltete die Hände über ihrem Bauch.

»Sobald wir zurück in New York sind, berate ich mich mit meinen Anwälten. Ich werde mein Testament ändern. Wenn es ein Junge ist, muss das Erbe mit Vincent geteilt werden.« Jack dachte nach. Immerhin ging es um etwa 90 Millionen Dollar, die er eines Tages hinterlassen würde, da waren ein paar vorbereitende Gedanken sehr wohl notwendig. Madeleine nahm seine Hand und flüsterte:

»Du wirst noch lange leben und sollst dir darüber jetzt wirklich keine Gedanken machen. Denk lieber mit mir darüber nach, wie es heißen soll, unser Kind.«

Die Geburt war für den Spätsommer errechnet, und beide Eltern wollten, dass sie in Amerika stattfand. Für die Rückreise buchte Jack Passagen auf dem luxuriösesten Schiff der Zeit.

»Ich will, dass es dir an nichts fehlt. Die Reise soll so komfortabel wie möglich sein, und ein besseres Schiff als dieses gibt es auf der ganzen Welt nicht.«

Neun Neben vielen anderen Prominenten war John Jacob IV. Astor der reichste Passagier an Bord und hatte für sich und seine Frau die luxuriösen Kabinen C 62–64 gebucht.

»Das Schiff ist zwar nicht das schnellste der Welt, dafür aber das sicherste. Es hat eine völlig neue Konstruktion mit Luft- und Wasserkammern, die es unsinkbar machen.« Jack hatte sich genau über die technischen Details informiert und war beeindruckt. Madeleine hingegen bewunderte die Pracht, mit der das Schiff ausgestattet war. Noch vom Kai aus staunte sie:

»Das sind ja mehr als zehn Stockwerke Höhe, und sieh nur, wie lang es ist! Mir scheint, man könnte hier ganze vier Straßenblöcke unterbringen.«

Gemeinsam mit dem Ehepaar Astor reisten Jacks Butler Victor Robbins, Madeleines Zofe Rosalie Bidois, Caroline Louise Endres, eine private Krankenschwester für die schwangere Mrs. Astor, und Kitty, der von allen geliebte Airedaleterrier der Astors. Gemeinsam gingen sie in Cherbourg an Bord.

Um stets in Rufweite zu sein, bezog Krankenschwester Endres Kabine C 45. Sie schwärmte: »Madame, das wird sicher eine wundervolle Überfahrt. So ein Schiff habe ich in meinem ganzen Leben noch nicht gesehen.«

»Das wundert mich nicht«, antwortete Madeleine. »So ein Schiff hat es bis jetzt auch noch nicht gegeben.«

In der Nacht vom 14. auf den 15. April 1912 weckte John Jacob IV. seine Frau so behutsam wie möglich.

»Zieh dir etwas an, Liebling. Irgendetwas ist mit dem Schiff nicht in Ordnung. Aber mach dir um Himmels Willen keine Sorgen. Egal, was es ist, die Konstrukteure sind sich sicher, dass wir nicht sinken können. Ich gehe noch einmal an Deck und schaue, ob ich Näheres erfahren kann. «

John Jacob Astor IV. ist unter den Opfern, die beim Untergang der »Titanic« ihr Leben verlieren. Hier eine Aufnahme von 1909.

Madeleine rieb sich schlaftrunken die Augen und streifte ein Kleid über ihr Nachthemd. Der letzte Knopf war noch nicht geschlossen, da stand ihr Mann wieder in der Kabine.

»Der Kapitän sagt, wir sind mit einem Eisberg zusammengestoßen und haben wohl ein paar Schrammen abbekommen. Aber es besteht kein Grund zur Unruhe. Wir werden unsere Schwimmwesten anziehen und uns nach oben begeben.« Jack half seiner Frau beim Anlegen der Rettungsweste. Was Astor für Schrammen hielt, war in Wirklichkeit ein riesiges Loch, das der Eisberg in den Rumpf der »Titanic« gerissen hatte. Die ersten sechs der angeblich wasserdichten Luftkammern waren sofort geflutet, das Schiff neigte sich zur Seite.

Madeleine, zweite Frau John Jacob Astor IV. und Überlebende der Schiffskatastrophe.

Madeleine griff im Vorbeigehen nach einigen ihrer Lieblingsschmuckstücke und folgte Jack an Deck. Dort hatten sich inzwischen die meisten der Passagiere aus der Ersten Klasse versammelt. Beunruhigt, aber gefasst sahen sie zu, wie die Matrosen die Beiboote aus den Tauen lösten. Die Luft war feucht und kühl, Madeleine schauerte.

»Ich lasse dir deinen Pelzmantel holen.« Jack Astor legte schützend den Arm um seine Frau.

»Wir werden hier an Deck bleiben und nicht in eines dieser kleinen Rettungsboote klettern. Es sind mindestens 15 Meter von hier oben bis zum Meer. Ich will mir gar nicht ausmalen, was geschieht, wenn so ein Boot auf dem Weg nach unten gegen das Schiff schlägt.« Madeleine schmiegte sich an ihn. Gemeinsam sahen sie zu, wie sich die Rettungsboote mit Frauen und Kindern füllten und vorsichtig zu Wasser gelassen wurden. Da trat der Zweite Offizier, Charles Lightoller, auf sie zu.

»Madame, ich muss Sie bitten, das Schiff jetzt zu verlassen. In Boot Nummer vier sind noch Plätze frei, bitte begeben Sie sich dorthin.« Madeleine griff nach Jacks Hand.

»Komm, Liebling, lass uns tun, was der Offizier sagt«, bat sie. Und zu ihrer Krankenschwester gewandt: »Louise, Sie begleiten uns.«

Als die beiden Frauen sich gesetzt hatten, kletterte auch John Jacob IV. zu ihnen.

»Sir, verzeihen Sie, Sir, aber wir haben Befehl, nur Frauen und Kinder einsteigen zu lassen. Bitte gehen Sie zurück an Deck«, ermahnte ihn Lightoller.

»Aber meine Frau ist in anderen Umständen, ich kann sie doch unmöglich alleine lassen«, erhob Jack Einspruch, stand aber dennoch auf.

»Die See ist ganz ruhig. Es wird dir nichts geschehen.«

Jack Astor küsste Madeleine zum Abschied liebevoll auf die Stirn.

»Morgen sehen wir uns wieder. Pass gut auf dich auf! Hier nimm das, es wird dir helfen.« Er reichte seiner Frau eine kleine silberne Cognacflasche, nickte der verängstigten Louise Endres aufmunternd zu, ging zurück an Deck, zündete sich eine Zigarette an und sah lächelnd zu, wie das Beiboot um 1.55 Uhr zu Wasser gelassen wurde.

Später erinnerte sich Madeleine Astor: »Ich sah ihn dort stehen, ganz ruhig, während mein Lieblingsterrier Kitty aufgeregt hin und her lief. Plötzlich begann das Schiff zu kentern. Die Menschen an Bord begannen zu schreien und sprangen ins kalte Meer. Die Besatzungsmitglieder rissen einige Frauen buchstäblich aus den Armen ihrer Männer und schubsten sie grob in die Rettungsboote. Ich verlor meinen Mann aus den Augen.

Unser Boot trieb sieben Stunden auf dem Meer. Durch die Planken drang eiskaltes Wasser. Wir ruderten abwechselnd, um möglichst schnell von der »Titanic« wegzukommen. Die Schreie der ertrinkenden Menschen gellten durch die Dunkelheit. Ich werde sie ein Leben lang nicht vergessen. Im Lauf der Nacht holten wir etwa acht bis zehn hilflose Männer in unser Boot. Und beteten gemeinsam, dass ein Schiff käme, uns zu retten.

Immer wieder meinten wir Lichter zu sehen, und immer wieder wurden wir enttäuscht. Als es endlich Tag wurde, sahen wir, dass wir von Eisbergen umgeben waren. Ich hielt nach meinem Mann Ausschau, konnte ihn aber nirgends entdecken. Dann endlich erschien die ›Carpathia‹, und wir waren gerettet.«

Als die Nachricht vom Untergang der »Titanic« das Festland erreichte, machte sich Vincent Astor sofort auf den Weg in das Büro seines Vaters. Hier wusste niemand, was genau geschehen war. Vincent hetzte zur Funkzentrale der Vereinigten Presse.

»Ich zahle ein Vermögen, wenn es jemandem gelingt, Funkkontakt aufzunehmen. Mein Vater war auf der ›Titanic‹. Ich muss wissen, wie es ihm geht.« Als niemand in der Lage war, ihm zu helfen, setzte er sich selbst an ein Funkgerät. Seine Bemühungen waren vergeblich. Er schlief und aß kaum, irrte in den Büroräumen seines Vaters umher und wartete zunehmend verzagter auf eine Nachricht.

Die Zeitungen des nächsten Tages berichteten alle über das furchtbare Unglück. Der Artikel im New Yorker »American« beschäftigte sich vor allem mit dem Verlust von Oberst Astor. Ausführlich schilderte er sein Leben, seine Karriere, seine Geschichte und widmete den 1500 anderen Passagieren, die ihr Leben beim Untergang der »Titanic« verloren hatten, nur einige Schlusszeilen.

»Noch haben sie ihn nicht gefunden! Ich glaube fest daran, dass er noch lebt!« Vincent Astor empfing Madeleine am Hafen. Er hatte zwei Ärzte, eine Krankenschwester und einen Sekretär mitgebracht. Madeleine nickte schwach und versuchte unter Tränen ein zuversichtliches Lächeln zustande zu bringen.

»Ja, du hast Recht, noch haben sie ihn nicht gefunden. Wir geben ihn nicht verloren.«

Am Nachmittag gegen 17.00 Uhr erschien eine Liste mit den Namen der Überlebenden und mit ihr die bittere Gewissheit: Oberst Jack Astor stand nicht darauf. Vincent war verzweifelt, machte sich aber selbst Mut:

»Mein Vater ist ein ausgezeichneter Schwimmer. Bis das Gegenteil bewiesen ist, gehe ich davon aus, dass er sich hat retten können.«

Er gab Order, dass aus dem Astor-Vermögen sofort 10 000 Dollar für hilfsbedürftige Opfer der Katastrophe gespendet werden sollten, und suchte nach jemand, der ihm etwas über den Verbleib seines Vaters berichten konnte. Schließlich fand er unter den Überlebenden Robert William Daniels.

»Ich habe Ihren Vater mit Walter M. Clark an Bord gesehen und ihn beschworen, er solle über Bord springen, aber Ihr Vater bestand darauf, auf Deck zu bleiben. Er war ganz ruhig und machte einen gefassten, sehr tapferen Eindruck.« Vincent brach in Tränen aus.

Am Montag, dem 22. April, wurde die sterbliche Hülle seines Vaters schließlich geborgen. Die Verletzungen ließen darauf schließen, dass John Jacob Astor von einem herabstürzenden Schornstein erschlagen worden war. Die Unterlagen wiesen aus:

»Leichnam 124, geschätztes Alter 50, helles Haar, Schnurrbart. Kleidung: Blauer Serge Anzug, blaues Taschentuch mit Initialen, Gürtel mit goldener Schnalle, braune Schuhe mit roten Gummisohlen, braunes Flanellhemd, JJA im Kragen eingestickt. Goldene Armbanduhr, Manschettenknöpfe, Gold mit Diamanten, Diamantring mit drei Steinen, 225 Pfund in Englischen Noten, 2440 Dollar in Noten, fünf Pfund in Gold, sieben Schilling in Silber, fünf Zehnfrancstücke, goldener Füller, Taschenkalender.«

Der Leichnam wurde nach New York überführt. Starr vor Trauer nahm Vincent die Habseligkeiten seines Vaters an sich.

Zehn Durch das Unglück so plötzlich aus dem Leben gerissen, hatte Jack – John Jacob Astor IV. – kein neues Testament mehr aufsetzen können. Haupterbe war entsprechend sein Sohn Vincent. Die verwitwete Madeleine Astor erbte gut eineinhalb Millionen Dollar, behielt das Wohnrecht in Jacks Häusern in New York und Newport und bekam darüber hinaus, unter der Bedingung, dass sie unverheiratet blieb, die jährlichen Zinsen aus einem Fond von fünf Millionen Dollar zugesprochen. Für den Fall einer Wiederverheiratung sollte das Geld an Vincent gehen. Darüber hinaus waren drei Millionen Dollar für jedes Kind vorgesehen, das ihn überlebte.

Ava befand sich in England, als sie am Morgen des 16. April vom Untergang der »Titanic« erfuhr.

»Ich muss sofort nach New York! Noch weiß kein Mensch, was Jack verfügt hat, und ich muss auf jeden Fall dafür sorgen, dass meine kleine Alice nicht benachteiligt wird.« Sie ließ sich kaum Zeit für das Frühstück und traf eilig die notwendigen Reisevorbereitungen

Etwas früher als errechnet brachte Madeleine Mitte August des Unglücksjahres einen gesunden Sohn auf die Welt. Der Knabe wurde auf den Namen John Jacob VI. getauft. Acht Kinderschwestern kümmerten sich abwechselnd um den kleinen Jack. Die Presse schwelgte in Beschreibungen der Kinderzimmereinrichtung, die angeblich 10 000 Dollar gekostet hatte.

Madeleine, der vor der Hochzeit mit Jack unterstellt worden war, es auf das Astor-Geld abgesehen zu haben, strafte alle Verleumder Lügen, als sie 1915 ihre Jugendliebe William K. Dick heiratete. Aus der Ehe mit dem wohlhabenden Zucker-Tycoon gingen zwei Söhne hervor.

So leicht es ihr gefallen war, mit dieser neuen Verbindung auf einen Teil ihres Erbes zu verzichten, so vehement focht sie für ihren Sohn, John Jacob VI.

»Es kann doch nicht sein, dass er mehr oder weniger leer ausgeht, während sein älterer Halbbruder auf dem Geld sitzt. Schließlich sind sie beide Söhne eines Vaters.« Doch ganz gleich, ob sie mit Anwälten drohte oder sich darauf verlegte zu bitten: Vincent Astor hatte das Gesetz auf seiner Seite – und war nicht bereit, seinem Halbbruder auch nur ein Jota entgegenzukommen. Bis zur Volljährigkeit ihres Sohnes bemühte sich Madeleine vergeblich, ihr großes Ziel durchzusetzen, dann legte sie die Angelegenheit in Jacks Hände.

»Du musst jetzt selbst mit deinem Bruder sprechen, vielleicht gelingt dir, was ich so lange vergeblich versucht habe.«

Fortan kümmerte sich Madeleine vor allem um ihr eigenes Leben. Sie verließ ihren Mann, um einen sehr viel Jüngeren zu heiraten. Die Ehe endete, als der Altersunterschied deutlich sichtbar und Madeleines Geld weniger wurde. Sie starb im März 1946 in Palm Springs im Alter von nur 56 Jahren. Vincent Astor respektierte ihren letzten Wunsch und gestattete ihre Beisetzung neben ihrem ersten Mann, John Jacob IV.

Jack Astor VI. war zu diesem Zeitpunkt 34 Jahre alt und hatte keinerlei familiäre Bindungen. Die Kindheit hatte er mit seiner Mutter und deren neuer Familie in Florida verbracht. Aufgewachsen in dem Bewusstsein, sein älterer Halbbruder habe ihn um sein Erbe gebracht, pflegte er so gut wie keinen Kontakt zu Vincent.

Wie im Testament vorgesehen, hatte er an seinem 21. Geburtstag den Zugriff auf das väterliche Erbe erhalten. Kaum gehörten ihm die drei Millionen Dollar, begann er auch schon, das Geld mit vollen Händen auszugeben. Er legte sich einen Fuhrpark mit zehn Autos zu, kaufte ein Haus in New York, einen eigenen Eisenbahnwagen, reiste in der Welt umher und zeigte keinerlei Neigung zu studieren oder einer ernsthaften Tätigkeit nachzugehen. Stattdessen besuchte er eine Party nach der anderen, lernte dort immer wieder hübsche junge Frauen kennen, in die er sich mit bemerkenswerter Geschwindigkeit verliebte, um sich ebenso schnell wieder von ihnen zu trennen. Für die Presse waren seine turbulenten Affären ein gefundenes Fressen. Immer wieder machte der Name Astor unliebsame Schlagzeilen.

John Jacob VI. Astor war kaum volljährig, da beschloss er, die 18jährige Eileen Gillespie zu heiraten. Die Verlobung wurde mit einem Ring besiegelt, der ehemals der französischen Kaiserin Eugénie gehört hatte. Zusätzlich wurde ein Fonds in Höhe von 500 000 Dollar für die zukünftige Mrs. Astor eingerichtet.

Noch bevor der Hochzeitstermin öffentlich bekannt gegeben wurde, bekam die Presse Wind davon, dass Eileen und Jack sich häufig stritten. Reporter folgten den beiden auf Schritt und Tritt und berichteten bald darauf lüstern von einer öffentlichen Auseinandersetzung, die das Paar lautstark im Foyer des »Savoy-Plaza«-Hotels geführt hatte. Die Verlobung wurde gelöst, und Jack ging auf Weltreise, um sich zu erholen.

Kaum zurück in New York, lieferte Jack der Presse neues Futter für die Schlagzeilen.

»Ja, es ist wahr, Miss Ellen Tuck French und ich werden heiraten.« Tucky French sollte eigentlich Brautjungfer auf der geplatzten Hochzeit mit Eileen sein, stattdessen wurde sie Mrs. John Jacob Astor VI.

Vincent mochte seinen Halbbruder nicht, hatte keinerlei Verständnis für dessen Lebenswandel und konnte seine Empörung kaum verbergen.

»Er ist ein Taugenichts, arbeitet nicht und zieht mit seinen ewigen Frauengeschichten unseren Namen in den Schmutz.«

Am 1. Juli 1934 heiratete John Jacob VI. Astor die 18jährige Ellen Tuck French, eine entfernte Verwandte der Familie Vanderbilt. Die Zeremonie fand in Newport statt und wurde von der Presse wie ein Ereignis von nationaler Bedeutung behandelt. Bei dem Versuch, möglichst intime Bilder zu ergattern, traten sich die Reporter auf den Dächern der Häuser rund um die Kirche gegenseitig auf die Füße. Jack Astor und seine Frau füllten die Titelseite der »New York Times«. Die »New York Herald Tribune« brachte eine ganze Fotoserie über das »Traumpaar«, als das sie überall galten. Keine Erwähnung fand die Tatsache, dass weder Vincent noch Alice Astor, die Halbgeschwister des Bräutigams, anwesend waren.

Fest entschlossen, ab sofort ein seriöses Leben zu führen, bemühte sich Jack einige Monate später um Arbeit. Doch das Unterfangen erwies sich als schwierig. Ganz New York ging davon aus, dass er ebenso reich war wie sein Halbbruder Vincent. Niemand dachte daran, einen so vermögenden Mann zu beschäftigen.

Hinzu kam, dass er keine ordentliche Ausbildung vorweisen konnte. Statt nach der Schule die Universität zu besuchen, war er Erster Klasse in der Welt herumgereist und hatte sich weniger um die Sehenswürdigkeiten als vielmehr um Bars und Nachtclubs seiner jeweiligen Aufenthaltsorte gekümmert. Hilflos wandte er sich an Vincents Frau Helen.

»Kannst du nicht mal mit Vincent reden? Er hat doch so großen Einfluss in der Stadt, vielleicht kann er mir eine anständige Arbeit besorgen.« Helen hatte seit jeher Mitleid mit dem entwurzelten jungen Mann empfunden und versprach, einen günstigen Augenblick abzupassen.

»Bitte, Vincent, sei nicht so hart mit ihm. Es stimmt, er hat viel Unsinn gemacht in den letzten Jahren, aber du musst auch immer berücksichtigen, dass er euren Vater noch vor seiner Geburt verlor. Es fehlt ihm an Anleitung. Gib ihm eine Chance, immerhin ist er jetzt verheiratet, und wenn er sein Leben ändern möchte, ist es vielleicht noch nicht zu spät.«

Vincent ließ sich murrend erweichen und verschaffte Jack schließlich eine Stelle für 25 Dollar in der Woche, mit der Option, bei guter Leistung mehr zu verdienen.

Ein Taschengeld für Jack Astor, dennoch ging er jeden Morgen pünktlich in das Büro. Der Grundstock für ein solides Leben schien perfekt, als Tucky Sohn William Backhouse auf die Welt brachte. Eine Weile gab sich Jack Astor redlich Mühe, seine Pflichten zu erfüllen, doch für ein Dasein zwischen Büro und Familie schien er nicht geschaffen.

»Ich langweile mich jede Minute«, jammerte er, »und habe das Gefühl, in diesen engen Büroräumen zu ersticken!« 18 Monate später kündigte er und teilte Vincent mit:

»Ich kann dort nicht länger bleiben. Nie komme ich vor 17.00 Uhr nach Hause, manchmal wird es sogar 18.00 Uhr. Dann habe ich echte Schwierigkeiten, meine Abendverabredungen einzuhalten, und das gefällt mir ganz und gar nicht.« Vincent traute seinen Ohren nicht.

»Deine Gedanken kreisen einzig und allein um dein Vergnügen. Das war das letzte Mal, dass ich etwas für dich getan habe!«

Zum endgültigen Bruch zwischen den Halbbrüdern kam es, als Jack sich weigerte, im Zweiten Weltkrieg für sein Land zu kämpfen. Der patriotische Vincent war außer sich vor Wut, als ihm zu Ohren kam, Jack habe sogar zu unlauteren Methoden gegriffen, um nicht eingezogen zu werden.

»Er braucht sich bei mir nicht mehr zu melden«, wütete Vincent, «ich will ihn in meinem Leben nicht mehr sehen. Und wenn er denkt, ich würde ihn eines Tages in meinem Testament auch nur erwähnen, dann täuscht er sich gewaltig!« Vincent war durch nichts zu besänftigen.

1944 trennte sich Jack von seiner Frau. Der gemeinsame Sohn lebte bei der Mutter, mit der sich Jack das Sorgerecht teilte.

Die Ehe mit Tucky war gescheitert, doch ohne eine Frau an seiner Seite fühlte sich Jack nicht wohl. Zwei Jahre später heiratete er die 21jährige Gertrude Gretsch.

Jack, der von seinem Vater ein Faible für Technik geerbt hatte, bestand darauf, die Hochzeitsreise mit dem Zug zu machen. Während der stundenlangen Fahrt langweilte er seine junge Frau ununterbrochen mit Daten über Lokomotiven und anderen Details des Eisenbahnwesens. Es dauerte nicht lange, bis Gertrude erkannte, dass es ein Fehler gewesen war, diesen exzentrischen Mann zu heiraten. Freilich konnte Jack manchmal sehr charmant und großzügig sein, aber meistens präsentierte er sich als launischer, bisweilen despotischer Gefährte.

»Ich schulde dem Leben nichts, das Leben schuldet mir

etwas«, schien sein Prinzip zu sein, und danach handelte er. Seinen Vater hatte er nie kennengelernt, seiner Mutter warf er vor, die beiden jüngeren Söhne aus ihrer zweiten Ehe bevorzugt zu haben. Der ältere Halbbruder Vincent betrog ihn in seinen Augen um seinen rechtmäßigen Anteil am väterlichen Erbe, und mit Halbschwester Alice verband ihn außer dem Namen nichts. Kurzum, das Leben war nicht gut zu ihm gewesen. Als Konsequenz stellte er sein persönliches Wohlbefinden in den Mittelpunkt seiner Interessen, auch wenn er anderen Menschen damit Leid zufügte.

Als seine Frau Gertrude ihren 25. Geburtstag feierte, gab er ihr 25 000 Dollar, für jedes Lebensjahr 1000.

»Geh und kauf dir etwas Hübsches, etwas, was dir Freude macht«, ermunterte er sie. Gertrude fand ein kleines Bild von Claude Monet, erwarb es und kam stolz damit nach Hause. Ihr Mann, der sich für einen Kunstkenner hielt, warf einen flüchtigen Blick auf das Bild und lachte:

»Was soll das denn sein? Impressionistischer Mist! Komm, das bringen wir sofort zurück und kaufen dir stattdessen einen hübschen Schmuck.«

Drei Jahre nach der Hochzeit kam Gertrude mit einer Tochter nieder.

Die kleine Mary Jacqueline hielt die Ehe noch eine Weile zusammen, obwohl Jack ständig Affären mit anderen Frauen hatte und sich keine Mühe gab, seine Seitensprünge vor der unglücklichen Gertrude zu verbergen.

»Ich werde nach Europa reisen«, verkündete er ihr eines Tages strahlend, und Gertrude ging selbstverständlich davon aus, dass sie ihn begleiten würde.

»Nein«, lautete die niederschmetternde Antwort, »dich habe ich schon dreimal mitgenommen. Jetzt macht es mir mehr Spaß mit jemand anders.« Er trat die Reise mit seiner neuesten Geliebten an.

1954 verliebte er sich in Dolores Fullman. Die Blondine wickelte ihn derart um den Finger, dass er nach Mexiko reiste, um dort die sofortige Scheidung von Gertrude zu erwirken.

»Du machst einen Fehler, der dich ein Vermögen kosten wird, denn ich werde die Scheidung nicht anerkennen«, spielte seine Frau mit offenen Karten. Wenig später erfuhr sie aus der Zeitung, dass ihr Mann am 6. August 1954, etwa drei Wochen nach dem Kennenlernen, Dolores Fullman geheiratet hatte. Erbost zog sie vor Gericht.

Nach amerikanischem Recht war die mexikanische Scheidung von Gertrude nicht rechtskräftig, demnach war Jack Astor mit zwei Frauen verheiratet. Wieder geriet er in die Schlagzeilen der Titelseiten, und wieder tobte sein Halbbruder Vincent im Hintergrund.

Gertrude strengte einen Prozess an, öffentliche Schätzungen bezifferten allein Jacks Anwaltskosten auf mehr als 100 000 Dollar. Der verzog sein Gesicht zu einem säuerlichen Lächeln und kommentierte:

»Das ist sehr konservativ gerechnet, um nicht zu sagen, viel zu niedrig.«

Noch bevor die Justiz den Fall des doppelt verheirateten John Jacob Astor VI. zu den Akten legen konnte, verließ ihn Dolores nach ganzen sechs Wochen Ehe und nahm sich einen erstklassigen Anwalt.

Inzwischen hatte Gertrude Recht bekommen und reichte daraufhin ihrerseits die Scheidung ein. Jetzt fand sich Jack Astor in der unliebsamen Situation, dass ihn gleich zwei Frauen auf Unterhalt verklagten. Die Presse spottete, und Jack musste zahlen.

Aber noch immer war er nicht geheilt. Jack Astor heiratete ein viertes Mal. Die glückliche Beziehung wurde jäh beendet, als seine Frau Suzanne zehn Jahre später auf tragische

Weise starb. Jack zog sich nach Florida zurück, wo er bis zu seinem Tod im Jahr 1992 fern von seiner Familie ein einsames Leben führte.

Elf Vincent Astor war kaum 21 Jahre alt, als er das Erbe seines Vaters antrat. Mit dem Geld ging die Verantwortung für das Imperium einher – eine Bürde, an der der junge Mann manchmal schwer zu tragen hatte. Ausgerechnet seine Mutter, die ihn während der Kindheit so oft gedemütigt und abgelehnt hatte, bot sich an, ihm zur Seite zu stehen. Aber das Verhältnis der beiden war so getrübt, dass Vincent sie nicht in seiner Nähe haben wollte.

»Ich ertrage ihre Gegenwart nicht«, gab er zu und konnte sich, auch als sie schon eine betagte Dame war, nicht ein einziges Mal dazu durchringen, die Weihnachtszeit mit ihr zu verbringen.

»Es ist schwer, so reich zu sein«, schilderte ein enger Vertrauter der späteren Tage. »Seine Freunde waren alle reich, aber nicht auf demselben Niveau. Fast jeder, der ihn kannte, wollte etwas von ihm. Denn ganz gleich wie wohlhabend jemand ist, alle begrüßten eine Einladung zu einer sechsmonatigen Kreuzfahrt auf seiner Jacht oder eine Investition in ihre Geschäfte oder eine Spende für ihre politischen Kampagnen.«

Das machte Vincent zu einem Mann, der immer den Verdacht hegte, die Menschen um ihn herum seien mehr an seinem Geld als an seiner Person interessiert. Auch seine nächsten Verwandten konnten es ihm nicht recht machen: Wenn sie ihm wenig Aufmerksamkeit schenkten, war er gekränkt, wenn sie zu nett zu ihm waren, witterte er Erbschleicherei.

Über sein Wesen gingen die Meinungen weit auseinander. Freunde beschrieben ihn als großzügig, intelligent, freundlich und manchmal ein wenig skurril und launisch. Seine Feinde sagten ihm boshafte Charakterzüge und mangelnden Verstand nach.

Durch den frühen Tod seines Vaters wurde Vincent Astor über Nacht zum begehrtesten Junggesellen Amerikas. Hochgewachsen wie sein Vater, war er dünn, schmalbrüstig und wirkte oft ungelenk.

»Wenn ich gehe, sehe ich aus wie ein Pinguin«, pflegte er zu scherzen, betrachtete seine großen, auswärts gerichteten Füße und schmunzelte. »Ich werde den Pinguin zu meinem Maskottchen machen.«

Auch wenn er nicht dem Schönheitsideal der Zeit entsprach, machte ihn sein Vermögen so attraktiv, dass Mütter aus den besten Kreisen versuchten, ihre Töchter an den reichen Mann zu bringen. Obwohl er sich nach familiärer Geborgenheit sehnte, war der scheue Vincent nicht leicht zu erobern.

Schließlich mussten die Damen der amerikanischen Society ihre ehrgeizigen Träume Ende 1913 begraben. Vincent Astor kündigte öffentlich an, dass er demnächst eine gewisse Helen Dinsmore Huntington zu heiraten gedächte.

Helen hatte alles, was eine zukünftige Frau Astor brauchte. Sie kam aus einer angesehenen Familie. Einer ihrer Vorfahren, Samuel Huntington, hatte die Unabhängigkeitserklärung mit unterschrieben. Helen war eine große, schlanke Frau, keine ausgesprochene Schönheit, aber mit ihren dunkelblonden Haaren und ebenmäßigen Gesichtszügen durchaus attraktiv. Vor allem aber war sie intelligent, gebildet, verfügte über exzellente Manieren und spielte sehr gut Klavier.

Helens Vater war ein enger Freund von Jack Astor gewesen, und Vincent kannte die junge Frau von Kindesbeinen an. Wie er bevorzugte sie ein Leben in Zurückgezogenheit, sie engagierte sich für wohltätige Zwecke und mied die extravaganten Vergnügungen der Reichen und Schönen New Yorks.

Kurz vor dem längst festgesetzten Hochzeitstermin erkrankte Vincent so schwer, dass die Trauung mehrfach verschoben werden musste. Wochenlang quälte er sich mit hohem Fieber und geschwollenen Drüsen. »Mumps« lautete die Diagnose. Die Ärzte machten sich ernsthafte Sorgen um ihren prominenten Patienten und verordneten: »Strikte Bettruhe, keinerlei Anstrengung!« Vincent hielt sich daran, bis er endlich halbwegs genesen war.

»Es geht mir gut. Ich bin zwar noch ein bisschen wackelig auf den Beinen, aber noch einmal wollen wir den Termin nicht verschieben«, beruhigte er seine Braut, die der Meinung war, dass es besser sei, noch ein wenig zu warten, damit er zu Kräften kommen könne. Tatsächlich strengten ihn die Vorbereitungen zur Hochzeit so an, dass er einen leichten Rückfall erlitt. Am 30. April 1914, beinahe auf den Tag zwei Jahre nach dem tragischen Tod seines Vaters, wurden Vincent Astor und Helen Dinsmore Huntington getraut.

Der geschwächte Bräutigam absolvierte die Zeremonie im Rollstuhl. Auf seiner Jacht »Noma« war alles bereit für die Hochzeitsreise. Vincent erholte sich von Tag zu Tag. Für alle sichtbar verbrachte das Paar eine herrliche Zeit. Doch fiel ein kleiner Schatten auf das Glück der beiden, als Helen auch ein Jahr später noch nicht schwanger war.

Vincents Ärzte gaben schließlich die Erklärung: Mumps, bei richtiger Pflege eigentlich eine relativ harmlose Kinderkrankheit, konnte für erwachsene Männer heimtückische

Folgen haben. Vincent hatte seine Zeugungsfähigkeit einge-
büßt. Er, der so stolz auf seinen berühmten Namen war,
würde keine Nachfahren haben. Vincent Astor war am Boden
zerstört.

»Wir haben uns«, tröstete ihn seine Frau, »und wenn es
das Schicksal nicht will, werden wir auch ohne Kinder ein
glückliches, erfülltes Leben führen.«

Die Jahre vergingen. Der Erste Weltkrieg erschütterte die
Nation. Vincent vergaß seine privaten Probleme und stellte
dem Kriegsminister nicht nur seine Jacht zur Verfügung, sondern spendete auch noch zwei Millionen Dollar und trat
selbst in die Marine ein. Seinen Dienst leistete er zunächst in
Frankreich und dann – zum Leutnant befördert – auf See.
Helen begleitete ihn nach Frankreich und arbeitete dort als
freiwillige Helferin.

Nach dem Ende des Krieges tat sich Vincent schwer, in
den Alltag zurückzufinden, und verbrachte immer mehr Zeit
auf seiner Jacht – ein Vergnügen, das Helen ganz und gar
nicht teilte. Kaum je setzte sie freiwillig einen Fuß auf die
Planken. Obwohl sich die beiden ausgezeichnet verstanden,
zeigte sich mit zunehmendem Alter, dass sie völlig unter-
schiedliche Interessen hatten. Helen liebte New York, Paris –
und vor allem die Musik. Keine Oper, die sie nicht besuchte,
kein Konzert, das sie nicht mit strahlendem Lächeln verfolgte. Vincent bevorzugte Autorennen, seine Jacht und den
Landsitz Ferncliff, wo er zu seinem Vergnügen eine Eisen-
bahnanlage betrieb, mit der er spielte wie ein kleiner Junge.
Nach seinen Anweisungen wurden auf dem Anwesen Schienen verlegt und eine Modelleisenbahn gebaut, die stabil genug war, ihn zu tragen. Stundenlang saß er auf der Lok und
fuhr über sein Grundstück.

Sein zweites Hobby war das Autofahren. Von seinem Vater

hatte er einen Fuhrpark mit 30 Limousinen und Sportwagen geerbt, den er mit Begeisterung ständig erweiterte.

»Wenn du doch nur ein wenig langsamer fahren würdest, mein Lieber, es würde dir viel Ärger sparen«, mahnte seine Frau freundlich, aber Vincent hörte nicht auf Helens Worte und raste mit seinen verschiedenen Gefährten über die Straßen. Immer wieder verschuldete er Unfälle und musste sich wegen überhöhter Geschwindigkeit verantworten.

Wie seine Frau empfand auch Vincent Astor, dass sein Vermögen ihn verpflichtete, Gutes zu tun. Er ließ einen Spielplatz in Harlem bauen, lud Mütter aus den Slums mit ihren Kindern zu Bootsfahrten ein und gründete ein Heim für emotional gestörte Kinder aus unterprivilegierten Familien.

Gemeinsam mit Helen veranstaltete er jährlich einen Januarball, wie ihn einst seine Großmutter Caroline zelebriert hatte. Der große Unterschied war, dass die Gäste jetzt für ihre Eintrittskarten zahlten und das Geld einem wohltätigen Zweck zugeführt wurde.

»Ich mag keine großen Feste, aber wenn sie einer guten Bestimmung dienen, lasse ich sie über mich ergehen«, war seine Einstellung. Helen bestätigte:

»Es ist nicht einfach, mich für all diese formellen Anlässe zu gewinnen, aber es ist noch viel schwieriger, meinen Mann dazu zu überreden. Am Abend will er vernünftige Gespräche führen und vernünftige Menschen sehen.«

Beiden waren Oberflächlichkeiten und Protz verhasst, dennoch lebten sie ein Leben als Millionäre – und dazu gehörte unter anderem, dass Vincent einen persönlichen Butler namens Jepson beschäftigte. Eines Tages erkrankte dieser Mann, und Vincent Astor war außerstande, sich vor dem Mittagessen angezogen zu präsentieren. Als er Helens fragenden Blick sah, sagte er: »Ich habe weder meine Socken, noch meine Kragen, noch meine weißen Hemden, noch meine Anzüge geschweige denn meine Krawatten gefunden.« Helen schüttelte den Kopf und lächelte:

»Was für ein Glück, dass Jepson so selten ausfällt und dir hier in Ferncliff, auf Reisen und in Newport zur Verfügung steht. Sonst würde ich dich womöglich noch weniger zu Gesicht bekommen.«

Zu Vincents Erbe gehörte auch das prächtige Beechwood. Newport war noch immer das Sommerrefugium der reichen New Yorker. Wie im vergangenen Jahrhundert gingen hier nach wie vor die alteingesessenen prominenten Familien zum Strand, um sich zu amüsieren. Vincent langweilte sich schnell und sorgte dafür, dass seine Jacht immer starklar vor Anker lag, um einen kurzen oder auch etwas längeren Turn zu unternehmen, während seine Frau Tennis oder Bridge spielte. Es schien, als sei die Zeit stehengeblieben. Wie einst sein Großvater William entfloh Vincent der Langeweile mit dem Schiff. Seine Frau Helen fungierte als »Die Mrs. Astor«.

Mochte sich auch in Newport wenig geändert haben, in New York waren die Entwicklungen nicht aufzuhalten.

»Verkaufe niemals Land«, hatte der Patriarch Johann Jakob Astor I. seinen Nachfolgern eingeschärft, und über Generationen hielten sich seine Erben mehr oder weniger an dieses Familienmotto. Nicht so Vincent Astor.

»Wenn die Öffentlichkeit eine Sache für gut befindet, ist sie nicht mehr gut«, stellte er fest und meinte damit: nicht mehr gut genug für einen Astor. Innerhalb von etwa zehn Jahren verkaufte er beinahe die Hälfte der geerbten Grundstücke und Immobilien.

»Ich muss diese ganzen Hotels loswerden. Wir sind Grundbesitzer und keine Hoteliers. Es ermüdet mich, mich damit zu beschäftigen.« Vincent saß vor dem Kamin und nippte an einem Glas Portwein.

Helen zog erstaunt die Augenbrauen hoch: »Wenn du das tust, brichst du mit einer Tradition deiner Familie. Ist das notwendig?« Es kam nicht oft vor, dass ihr Mann zu Hause über geschäftliche Dinge sprach.

»Die Zeiten haben sich geändert. Die Hotels bringen nicht mehr das Geld, das sie bringen sollten. Wir haben mehr davon, wenn wir sie entweder verkaufen oder in Bürohäuser umwandeln.« Vincents Tonfall ließ keinen Zweifel daran, dass seine Entscheidung feststand, und Helen drang nicht weiter in ihn.

Mitte 1920 glaubte Vincent Astor, dass das prächtige Stadthaus, in dem er mit seinem Vater und seiner Großmutter einen Teil seiner Kindheit verbracht hatte, nicht mehr zeitgemäß war. Helen und er veranstalteten zum Abschied einen letzten großen Ball. Noch einmal speiste und tanzte die New Yorker High Society wie in alten Zeiten, und erst in den frühen Morgenstunden schlossen sich die Türen des einst so eleganten Palais. In den folgenden Tagen ließ Vincent ein paar Erinnerungsstücke an seinen Vater abtransportieren, dann wechselte das Haus für dreieinhalb Millionen Dollar den Besitzer.

»Gute Geschäfte und ertragreiche Investitionen machen mir Freude.« Von Zeit zu Zeit war Astor durchaus bereit, sein Geld auch in Projekte zu investieren, die nichts mit Grundstücken oder Häusern zu tun hatten.

1925 kam die große Produktionsfirma MGM auf ihn zu und fragte, ob er sich an einem ganz besonderen Film beteiligen wolle. Astor ließ sich die geplante Geschichte erzählen, schlief eine Nacht darüber und gab eine Viertelmillion Dollar. »Ben Hur« wurde ein ungeahnter Erfolg, und Vincent Astor strich einen schnellen Gewinn von 370 000 Dollar ein.

Zwölf Vincent war Geschäftsmann und hatte für Sentimentalitäten wenig übrig, dennoch wäre es ihm nie in den Sinn gekommen, sich von seinem Anwesen in Ferncliff zu trennen.

»Dort habe ich die glücklichsten Tage mit meinem Vater verbracht«, erinnerte er sich und hielt engen Kontakt zu einigen seiner Nachbarn. Einer von ihnen, Franklin Delano Roosevelt, war ein gern gesehener Gast in Ferncliff. Seit Jahren waren er und Astor gute Freunde, und Vincent gehörte zu den ersten, die Roosevelt ihre Hilfe anboten, als dieser 1921 nach einer Polioinfektion an den Rollstuhl gefesselt war.

»Mein Schwimmbad ist geheizt. Warum kommst du nicht rüber und machst deine gymnastischen Übungen im warmen Wasser?« Roosevelt nahm gerne an. Vincent bewunderte Roosevelt für seinen Charme, seine Bestimmtheit und seine Energie.

»Ich könnte niemals Politiker sein. Allein der Gedanke, auf einem Podium eine freie Rede zu halten, treibt mir den Schweiß auf die Stirn«, stellte Vincent mit leichtem Bedauern fest und fügte hinzu: »Aber das heißt ja nicht, dass ich nicht im Hintergrund politisch aktiv sein kann.«

Seit Generationen umwarben die Politiker aller Parteien die Astors und versuchten sie davon zu überzeugen, dass es in jedem Fall nützlich war, ein wenig von ihrem Reichtum für politische Zwecke auszugeben.

Vincent war als junger Mann der Familientradition folgend Republikaner gewesen und hatte sowohl Hardings Kampagne 1920 als auch Coolidges Bemühungen vier Jahre später unterstützt. Kurz darauf machte er die Bekanntschaft von Herbert Lehmann und William H. Woodin, zwei charismatischen Männern, die ihn auf die Seite der Demokraten zogen. 1928 förderte er Al Smiths Präsidentschaftswahl-

Franklin D. Roosevelt (3. v. li.), Vincent Astor (2. v. li.), George
Roosevelt (1. v. li.) und der frühere Führer der Demokratischen Partei
John J. Raskob beim Lunch, 1932.

kampf und natürlich auch seinen Freund Roosevelt, als dieser sich um das Amt des Gouverneurs von New York bewarb.

Als Roosevelt 1932 zum Präsidenten gewählt wurde, gehörte Vincent Astor zu seinen engsten und vertrautesten
Freunden. Wann immer es die Zeit erlaubte, nahm Roosevelt an einem Turn auf Vincents Jacht teil.

Das Schiff war 1926 in Deutschland gebaut worden, und
Vincent Astor hatte es in Erinnerung an seinen Vater benannt wie dessen einst so geliebte Jacht. Die neue »Nourmahal« konnte eine Geschwindigkeit von 20 Knoten erreichen und mit 42 Mann Besatzung ein Drittel des Weges um
die Welt zurücklegen, ohne einmal zu tanken. Vincent sorgte
dafür, dass eine Rampe installiert wurde, mit deren Hilfe sein
Freund Roosevelt bequem im Rollstuhl an Bord gelangen
konnte.

Im Februar 1933, einen Monat, bevor er sein Amt als gewählter Präsident der Vereinigten Staaten von Amerika antrat, unternahm Roosevelt eine zehntägige Reise mit Vincent Astor auf der »Nourmahal«. Dank der hervorragenden technischen Ausrüstung des Schiffes war Roosevelt in der Lage, enge Verbindung nach Washington zu seinem Mitarbeiter Raymond Moley zu halten.

»Es kommt mir vor, als würde auf meiner Jacht Geschichte geschrieben«, lachte Astor, wenn sein Freund wieder einmal darüber räsonierte, wie er am besten sein Kabinett bilden sollte.

Am 15. Februar ging die »Nourmahal« in Miami, Florida, vor Anker. Hier wollte Roosevelt vor einer politischen Versammlung sprechen. Raymond Moley holte ihn von der Jacht ab und traf bei dieser Gelegenheit zum ersten Mal mit Vincent Astor zusammen. Die beiden Männer waren sich auf Anhieb sympathisch und wurden für den Rest ihres Lebens enge Freunde.

Die Beteiligten fuhren im Konvoi zum Bayfront Park. Vincent Astor und Raymond Moley befanden sich zwei Wagen hinter Roosevelts Auto und sahen, wie der gewählte Präsident auf seinem Sitz stehend aus dem offenen Fenster den Zuschauer winkte. Vincent Astor war einen Augenblick starr vor Entsetzen, dann schrie er Moley an:

»Warum lassen Sie ihn da stehen? Wenn es einer tun wollte, wäre es ein Leichtes, ihn zu erschießen!« Moley blieb keine Zeit mehr für eine Erwiderung, denn in diesem Moment knallten Schüsse aus der Menge. Roosevelt rutschte sofort auf seinen Sitz und ging in Deckung. Moley und Astor sahen aus dem Fenster, wie Polizisten einem Mann auf dem Kofferraum ihres Wagens Handschellen anlegten.

Es war der Maurer Giuseppe Zangara, der seinem Hass auf die Politik freien Lauf gelassen und geschossen hatte.

Später gab er zu Protokoll, dass er eigentlich Herbert Hoover hatte attackieren wollen. Doch wegen des schlechten Klimas in Washington hatte er lieber Roosevelt in Miami als Ziel gewählt.

Dank seiner schnellen Reaktion war Roosevelt unverletzt geblieben. Doch statt seiner hatten die Kugeln den Chicagoer Bürgermeister Anton Cermak und vier Zuschauer getroffen. Einer der Verletzten wurde auf Vincent Astors Rückbank gelegt. Vincent hielt dessen Kopf und redete beruhigend auf ihn ein. Als sie das Krankenhaus erreichten, kam ihnen Roosevelt entgegen.

»Du siehst schrecklich aus!«, stellte Vincent fest. »Komm doch mit Herrn Moley zu mir, dann kannst du eine ruhige Nacht auf der ›Nourmahal‹ verbringen, ohne Angst vor irgendwelchen Wahnsinnigen haben zu müssen, die auf dich schießen.«

»Das ist sehr freundlich von Ihnen, Mr. Astor! Der Präsident und ich nehmen Ihre Einladung gerne an«, antwortete Moley. Roosevelt nickte dankend und folgte Astor auf die Jacht.

»Deine ›Nourmahal‹ ist der einzige Ort auf der Welt, an dem ich Uniformen und all den lästigen Pflichten entfliehen kann«, pflegte Roosevelt zu sagen, als er längst im Oval Office regierte.

Das Schiff war inzwischen Vincent Astors bevorzugter Aufenthaltsort. Helen hatte keine Einwände, wenn ihr Mann zu seinen manchmal mehrmonatigen Kreuzfahrten aufbrach.

»Es fällt mir so schwer, längere Zeit von New York fern zu sein«, sagte sie lächelnd. »Ich vermisse die Oper, die Konzerte und bin keine große Freundin von längeren Ausflügen auf dem Wasser.« Gern ließ sie Vincent ziehen. Der träumte wie einige seiner Vorfahren davon, etwas Bedeutendes in seinem Leben zu leisten. Deswegen lud er nicht nur Freunde ein, ihn auf seinen Reisen zu begleiten, sondern umgab sich häufig mit führenden Botanikern, Ornithologen und Meeresexperten. Die Kreuzfahrten auf der Nourmahal glichen oft wissenschaftlichen Expeditionen. Seltene Fische und Pflanzen wurden gesammelt und an öffentliche Aquarien und Parks verschenkt.

Auf diese Weise präsentierte sich Vincent Astor seinen Mitmenschen einerseits als seriöser, ernsthafter Mann. Doch es gab auch noch einen anderen Vincent Astor, dessen Scherze bisweilen an die bösen Streiche erinnerten, mit denen sein Vater als Junge seine Umwelt in Angst und Schrecken versetzt hatte.

Er fand ein besonderes Vergnügen daran, sich auf Kosten anderer zu amüsieren. Er deponierte Gummischlangen in den Zimmern seiner Gäste und schüttete sich aus vor Lachen, wenn besonders die Damen in derangiertem Zustand und hysterisch schreiend auf den Flur rannten. Wenn Vincent eine Einladung gab, war man nie gefeit, dass er nicht einen Kellner engagiert hatte, der die Gäste absichtlich bekleckerte und sogar unflätig beschimpfte.

Am liebsten trieb er seinen Unfug auf der »Nourmahal«. Mit großem Vergnügen spielte er Admiral und Unterhaltungsoffizier in einer Person, und seine Gäste hatten manches Mal unter seiner despotischen Art zu leiden. Eine Dame, die unter Seekrankheit litt und bat, bei Tisch entschuldigt zu werden, herrschte er an: »An Bord meines Schiffes ist es obligatorisch, zum Essen zu erscheinen, das gilt auch für Sie!« Unfähig, auch nur einen Bissen zu sich zu nehmen, quälte sich die Ärmste bleich und elend aus ihrer Kabine.

Einmal brachte er einen Gast an den Rand eines Infarktes, als er ihm neben das Frühstücksgedeck gefälschte Börsenberichte legte. Wären die Zahlen echt gewesen, hätte der Mann sein gesamtes Vermögen verloren. Als Vincent seinen Gast aufklärte, war der so erleichtert, dass er nicht einmal böse wurde.

1940 lernte Vincent bei den Roosevelts eine hübsche junge Frau kennen.

Mary Benedict Cushing, genannt Minnie, war fröhlich, stets guter Laune, vierzehn Jahre jünger als er – und barst schier vor ungebremster Energie. Mit ihrem Temperament wirbelte die Tochter des berühmten Hirnforschers Harvey Cushing das Leben des Vincent Astor völlig durcheinander. In den folgenden Jahren war sie immer wieder unter den Gästen auf der »Nourmahal«. Freunde ahnten es längst, als Vincent Astor schließlich zugab, dass er sich in die junge Frau verliebt hätte.

Er, der bis dahin ein vehementer Gegner von Scheidungen und Trennungen gewesen war, geriet in einen schweren inneren Konflikt. Seine Ehe mit Helen bestand nun schon weit über 30 Jahre, und immer war sie ihm eine treue, verständnisvolle Gefährtin gewesen, die seine Eigenarten tolerierte und ihn sein Leben führen ließ.

»Nichts wäre mir verhasster, als Helen zu verletzen«, vertraute er einem Freund an. »Ich habe sie wirklich sehr gern, aber Minnies Lebenslust und ihre Vitalität sind so unbeschreiblich, dass ich mich in ihrer Gegenwart wie neugeboren fühle.« Seufzend fügte er hinzu:

»Prinzipiell bin ich noch immer gegen eine Scheidung, aber meine Gefühle für Minnie sind so stark, dass ich Helen darum bitten werde.«

Nach langen Gesprächen und vielen Tränen kamen Helen und er überein, sich in aller Freundschaft zu trennen.

»Natürlich werde ich ein Leben lang gut für dich sorgen. Du bist meine beste Freundin, und ich wünsche mir über alles in der Welt, dass du das auch bleibst.« Die stille, diskrete Helen erfüllte ihm den Wunsch und zog sich zurück.

Sie blieb auch nach der Trennung seine engste Vertraute, und oft kam er zu spät nach Hause, weil er sie zuvor besucht und, vertieft im Gespräch mir ihr, die Zeit vergessen hatte.

Vincent hasste es, sein Privatleben in den Schlagzeilen der Zeitungen ausgebreitet zu sehen. Entsprechend wurde die Hochzeit mit Minnie heimlich gefeiert und die Presse erst im Nachhinein informiert. Nach der Zeremonie begab sich das Paar auf die »Nourmahal« und freute sich diebisch, dass die Crew nichts von der soeben stattgefundenen Heirat wusste.

Helen heiratete einige Zeit später Lytle Hull, einen engen und langjährigen Mitarbeiter ihres ersten Mannes. In der New Yorker Gesellschaft herrschte großes Erstaunen darüber, dass beide Paare freundschaftlich miteinander verkehrten. Als Hull Jahre später ernstlich erkrankte, besuchte ihn Vincent fast täglich und brachte ihm immer eine Kleinigkeit mit, um ihn von seiner Krankheit abzulenken. Seine Verbundenheit mit Helen blieb auch nach der Scheidung unverändert. Freunde beobachteten:

»Wann immer etwas Wichtiges in seinem Leben geschah, war das Erste, was er tat, Helen anzurufen oder zu ihr zu fahren.«

Vincent und Minnie waren kaum ein Jahr verheiratet, da brach der Zweite Weltkrieg aus.

»Das habe ich schon vor Jahren kommen sehen«, kommentierte Vincent, der das Deck seiner Jacht tatsächlich schon vor einiger Zeit mit Vorrichtungen für Geschütze hatte ausstatten lassen. Sofort bot er der Regierung die »Nourmahal« an.

»Und selbstverständlich stehe auch ich zur Verfügung!«, teilte er den Verantwortlichen mit. Ehemals war er Mitglied der Marine-Reserve gewesen, jetzt war er Kapitän, und man gab ihm die Aufgabe, Kriegsausrüstungen nach Europa und verwundete Soldaten von dort zurück in die Vereinigten Staaten zu bringen. Vincent trug seinen Titel mit großem Stolz und erfüllte die damit verbundenen Pflichten mit ebensolcher Gewissenhaftigkeit. Auch Minnie engagierte sich für die Marine und organisierte Abschiedsfeste für die Soldaten, die per Schiff nach Europa in den Krieg zogen.

Nach dem Krieg blieb die »Nourmahal« in Staatsbesitz. Vincent forderte sie nicht zurück, und die Regierung schien vergessen zu haben, dass das fabelhafte Schiff Privateigentum war.

»Wenn du die ›Nourmahal‹ schon nicht wiederhaben willst, kauf dir doch wenigstens eine kleinere Jacht.« Seine Freunde konnten nicht verstehen, dass der meeresbegeisterte Vincent nun auf dieses geliebte Vergnügen verzichten wollte.

»Die Zeiten haben sich verändert – und ich mich auch«, antwortete Astor und schüttelte den Kopf.

Je älter er wurde, umso mehr engagierte sich Vincent Astor für wohltätige Zwecke. »Ich habe es immer schon gesagt und auch danach gehandelt: Wer über so viel Geld verfügt wie ich, hat die Verpflichtung, Gutes damit zu tun.«

In Rhinebeck gab es das vor 30 Jahren in Erinnerung an seinen Vater gegründete Astor-Haus für Kinder. Vincent war nicht zufrieden mit der Verwaltung und überließ das Heim der Kirche.

1948 gründete er die Vincent-Astor-Stiftung, deren Aufgabe sein sollte, »menschliches Leid zu verringern«. In einem der wenigen Interviews, die er in seinem Leben gab, erklärte er:

»Wenn man einen Mann als Wissenschaftler bezeichnet, wird er von der Öffentlichkeit sofort als nützliches Mitglied der Gesellschaft akzeptiert. Anwälte oder andere Berufe haben ihren wichtigen Stellenwert in den Augen der Menschen. Aber wenn man nur hört, dass ein Mann reich ist, wird er sofort als reicher Verschwender etikettiert, und ganz gleich wie sehr er sich anstrengt zu zeigen, dass er ein Wohltäter für seine Mitmenschen ist: Sein Tun wird entweder herabgewürdigt oder fehlinterpretiert.«

Die Jahre brachten es ans Tageslicht, Vincent Astor und Minnie teilten noch weniger Gemeinsamkeiten, als ihn mit Helen verbunden hatten. Trotzdem liebte er seine zweite Frau tief und aufrichtig. Freunde behaupteten sogar, dass sie die Liebe seines Lebens war. Dennoch dauerte die Ehe nur dreizehn Jahre und verlief im Zeitraffer nach demselben Muster wie Vincents Beziehung zu Helen. Er wurde immer despotischer, sie hatte andere Interessen, man ging immer häufiger getrennte Wege, und irgendwann hatten sich Minnie und Vincent Astor auseinandergelebt.

Minnie war nicht wie Helen – sie wollte nicht an der Seite eines Mannes leben, mit dem sie keine Liebe mehr verband.

»Ich werde dich verlassen, Vincent«, kündigte sie dem schockierten Astor eines Tages an.

»Ich habe mich deinetwegen von Helen scheiden lassen, es kommt überhaupt nicht infrage, dass ich mich noch einmal scheiden lasse«, protestierte er heftig und war nicht bereit, einzulenken.

»Du kannst mich nicht verlassen, wenn ich dem nicht zustimme – und ich werde nicht zustimmen!« Angeblich drohte er sogar damit, sich zu erschießen, wenn Minnie ihn tatsächlich verlassen würde.

Eines Abends traf er auf einer Dinnerparty bei Freunden eine alte Bekannte aus früheren Tagen. Mary Brooke Russell Marshall, eine verwitwete, reife und sehr attraktive Frau. Vincent unterhielt sich den ganzen Abend mit ihr.

Nach einigen Stunden meinte er: »Was für ein Vergnügen, endlich einmal wieder über alte Zeiten plaudern zu können. Ich habe am kommenden Wochenende in Ferncliff ein paar Gäste, willst du nicht auch kommen?«

Ein Wochenende in Ferncliff – Brooke Russell Marshall war nicht abgeneigt. Sie freute sich auf zwei Tage in angenehmer Gesellschaft und sagte spontan zu.

Das Wetter war herrlich, man ging spazieren, genoss die erlesenen Mahlzeiten und bestaunte Vincents Eisenbahn.

»Komm, ich zeige dir das Anwesen.« Vincent öffnete den Schlag seines Mercedes und lud Brooke zu einer kleinen Spritztour über seinen Landsitz ein. Mitten auf einem kleinen Feldweg hielt er auf einmal an.

»Minnie will mich verlassen, aber ich habe mich bis jetzt geweigert, in irgendetwas einzuwilligen. Brooke! Wenn du mich heiratest, dann kann sie ihre Scheidung haben!« Ohne die Antwort abzuwarten, ließ Astor den Wagen wieder an und fuhr weiter. Brooke sah ihn mit offenem Mund von der Seite an.

»Habe ich eben richtig gehört? War das ein Heiratsantrag?« Ihre Stimme klang zweifelnd. Vincent nickte.

»Du bist die Frau, mit der ich mir den Rest meines Lebens vorstellen kann!«, sagte er, als wäre es das Selbstverständlichste auf der Welt. Brooke schüttelte den Kopf.

»Vincent, sei mir nicht böse, aber ich kann dir jetzt keine Antwort darauf geben. Ich muss nachdenken. Das kommt doch sehr plötzlich und überraschend für mich!« Sie sah ihn an, als müsse sie sich erst einmal über seinen Geisteszustand vergewissern. Vincent lachte.

»Nun, das ist doch schon mal kein Nein!«

Wenig später teilte er der erstaunten Minnie mit, dass er bereit war, in die Scheidung einzuwilligen. Minnie wunderte sich sehr über den plötzlichen Sinneswandel ihres Mannes und beeilte sich, die notwendigen Schritte einzuleiten. Die Scheidung wurde 1953 ausgesprochen, und Minnie heiratete noch im selben Jahr den Künstler James Whitney Fosburgh.

Vincent musste erkennen, dass Brooke nicht so schnell zu erobern war, wie er sich das vorgestellt hatte. Mrs. Marshall war eine selbstständige und selbstbewusste Dame, die arbeitete und unabhängig war. Sie zögerte, dem Werben ihres siegesgewohnten Verehrers nachzugeben. Astor gab nicht auf. Er bombardierte sie mit Blumen, Geschenken und bis zu fünf Briefen täglich.

Am 8. Oktober 1953 wurden Brooke und Vincent in einer kleinen privaten Zeremonie im Haus von Joe Pulitzer getraut.

»Die Ehe war wundervoll für ihn«, sagte ein Freund. Brooke war eine reife, intelligente Frau und dank ihres humorvollen Naturells hervorragend in der Lage, mit dem immer schwieriger werdenden Vincent umzugehen. Sechs glückliche Jahre lang begleitete sie ihn auf seinen Reisen und erfüllte alle repräsentativen Pflichten. Das Paar führte eine glückliche und harmonische Ehe. Der exzentrische Vincent fühlte sich sicher und geborgen bei seiner Frau und hörte auf sie. Nur in einem Punkt blieben alle ihre Bemühungen vergeblich.

»Aber sie ist deine Schwester, deine leibliche Schwester. Ist es nicht schlimm genug, dass du zu deinem Halbbruder keinen Kontakt hast? Ich finde, wir sollten sie einladen, uns zu besuchen.« Brooke sah ihren Mann bittend an.

»Aber nur, weil du mich darum bittest«, willigte der schließlich ein. »Du weißt, dass ich sie ziemlich unerträglich finde und ihre Gesellschaft nur sehr schwer ertrage.« Die gelegentlichen Besuche seiner Schwester hatten meist damit geendet, dass Vincent sich nur mühsam beherrschen konnte, um während ihres Aufenthaltes keinen Streit vom Zaun zu brechen. Die Geschwister waren so unterschiedlich, wie es ihre Eltern gewesen waren. Vincent hatte das methodische Denken seines Vaters geerbt, liebte Regelmäßigkeit und gewohnte Strukturen.

Die spontane, kreative Alice war das genaue Gegenteil. Obwohl sie in ihrem Leben oft unglücklich gewesen war und sehr unter dem Scheitern ihrer Ehen gelitten hatte, strahlte sie eine große Fröhlichkeit aus. Sie liebte alles, was mit Kunst zu tun hatte, und gab viel Geld – in Vincents Augen viel zu viel Geld – für ihre Künstlerfreunde aus. In den letzten Jahren ging ihre Phantasie so weit, dass sie in der Überzeugung lebte, die Reinkarnation einer ägyptischen Prinzessin zu sein. Das war zu viel für den sachlich und nüchtern denkenden Vincent.

»Bitte, Brooke, verschon mich mit ihr. Wenn du sie sehen möchtest, triff dich mit ihr, besuch sie gerne, aber lad sie nicht mehr in unser Haus ein, wenn ich anwesend bin. Sie macht mich krank mit ihren wirren Ideen.«

Als Alice 1954 starb, trauerte ihr Bruder trotz aller vergangenen Differenzen aufrichtig um sie. Einen Tag nach ihrem Tod erfuhr er von Freunden, dass der Verdacht bestand, Alice sei ermordet worden. Geschockt veranlasste er sofort eine Autopsie der Verstorbenen. Zu seiner großen Erleichterung ergab die Untersuchung jedoch, dass sie einer Herzattacke erlegen war.

Der überraschende Tod seiner Schwester, viel Arbeit und ein nicht gerade vernünftiger Lebenswandel führten dazu, dass Vincent sich schwach und müde fühlte. Schließlich konsultierte er auf Drängen seiner Frau einen Arzt. Was der Doktor ihm zu sagen hatte, missfiel dem ungeduldigen Patienten über die Maßen:

»Nur noch einen Martini am Tag, viel weniger Rauchen, möglichst wenig Stress und viel Ruhe.«

»Alles, was Spaß macht, will der Arzt mir verbieten«, beschwerte sich Vincent Astor. »Aber ich werde ihm ein Schnippchen schlagen. Einen Martini am Tag hat er gesagt, aber er hat nicht gesagt, wie groß der sein soll!«

Ab sofort ließ er das geliebte Getränk im größten Glas des Hauses servieren.

Im Herbst 1958 verbrachte er gemeinsam mit Brooke ein Wochenende bei seinen Verwandten im britischen Cliveden. Das Wetter war feucht und kalt, und als sie nach Amerika zurückreisten, litten beide unter einer heftigen Erkältung. Brooke erholte sich, doch Vincent hustete noch immer, als schließlich ein Arzt einen Schatten auf seiner Lunge entdeckte.

»Aber ich habe schon vor Jahren das Rauchen aufgegeben!«, protestierte Vincent. Der Arzt zuckte nur mit den Schultern und bestand auf einer umfassenden Untersuchung.

»Die Herzgefäße sind geschädigt«, lautete der Befund. »Besseres Klima und die absolute Vermeidung von Stress«, war die Order. Murrend hielt sich Vincent daran, und tatsächlich schien es ihm Ende Januar 1959 deutlich besser zu gehen.

»Lass uns nach Arizona fahren!«, schlug er seiner Frau vor. »Wir sind ohnehin viel zu selten dort und könnten bei dieser Gelegenheit schauen, ob im Haus alles in Ordnung ist.« Brooke stimmte begeistert zu. Die Reise wurde für den 4. Februar geplant

Am 3. Februar 1959 aß er mit Brooke auswärts zu Mittag. Beide waren für den Abend bei Freunden eingeladen, doch Vincent ließ sich mit dem Hinweis auf die bevorstehende Abreise entschuldigen.

»Geh du, lass es dir schmecken, und sag, mir ist das zu viel, wenn wir morgen in aller Frühe aufbrechen wollen.« Kurz vor 23.00 Uhr kam Brooke zurück. Vincent lag bereits im Bett, er atmete schnell und flach. Noch bevor seine Frau erkannte, wie ernst es um ihn stand, starb Vincent Astor an einer Herzattacke.

Der Inhalt seines Testaments war ein Schock für die Familie. Die Hälfte seines 130 Millionen Dollar Vermögens ging an seine Stiftung, die Brooke in Zukunft leiten sollte. Sie erhielt ein hohes Barvermögen und lebenslange Zinsen aus dem, was noch übrig blieb. Damit sollte sie in ihrem Testament nach ihrem Belieben verfahren. Die Kinder seiner Schwester und Halbbruder John Jacob VI. gingen leer aus.

»Liebling, wenn ich mal nicht mehr bin, wirst du eine Menge Spaß mit all dem Geld haben«, soll Vincent einmal zu seiner dritten Frau gesagt haben. Brooke Astor überlebte ihren Mann um mehr als 40 Jahre. Zwischen 1959 und 1997 gab sie fast 200 Millionen Dollar aus der Stiftung ihres verstorbenen Mannes an Bibliotheken, Museen, Krankenhäuser, Kinder- und Obdachlosenwerke. Bis sie sich 2003 wegen ihrer Alzheimer-Erkrankung aus der Öffentlichkeit zurückzog, blieb »Die Mrs. Astor« die führende Philanthropin New Yorks. Am 13. August 2007 starb Brooke Astor im Alter von 105 Jahren auf ihrem Anwesen in Briarcliff Manor an einer Lungenentzündung.

Jack Astor war entsetzt, als er erfuhr, dass Vincent ihn tatsächlich völlig vom Erbe ausgeschlossen hatte. Er engagierte einen Experten. Der Mann gab sein Bestes, konnte aber keine Formfehler im Testament entdecken.

»Mein Halbbruder war nicht im Vollbesitz seiner geistigen Kräfte.« Jack ging noch einen Schritt weiter und focht Vincents letzten Willen an. Die Anhörungen zogen sich über Monate hin, dann musste auch John Jacob Astor VI. einsehen, dass er die zweieinhalb Millionen Dollar, die er hatte erzielen wollen, nicht bekommen würde. Man sprach ihm eine Summe von 250 000 Dollar zu. Davon bezahlte Jack Astor die Gerichts- und Anwaltskosten und teilte den Rest zwischen seinen Kindern William Backhouse und Mary Jacqueline.

DIE ASTORS IN ENGLAND

Nachdem die amerikanische Presse seine politischen Aktivitäten nicht gebührend gewürdigt und Caroline Schermerhorn Astor den Kampf um die Führungsrolle in der Gesellschaft gewonnen hatte, war William Waldorf Astor 1890 mit seiner Familie nach England gezogen. Vom ersten Tage an arbeitete er an seinem erklärten Ziel, in der Wahlheimat den gesellschaftlichen Rang einzunehmen, der ihm seiner Meinung nach zustand. Dazu gehörte in der Monarchie natürlich ein Adelstitel, und Waldorf war fest entschlossen, einen solchen zu erwerben.

Als erstes kaufte er eine standesgemäße Residenz. Das feudale Haus in London befand sich keine fünf Minuten zu Fuß vom Buckinghampalast entfernt.

20 Meilen außerhalb von London lag Cliveden, ein verlassener Landsitz mit Blick über die Themse. Waldorf brachte das schlossartige Gebäude mit den dazugehörigen Ländereien in seinen Besitz und investierte etwa sechs Millionen Dollar, um es nach seinen Wünschen umbauen und renovieren zu lassen.

Noch mehr Geld gab er aus, um Hever Castle zu erwerben. Das Schloss, in dem Heinrich VIII. um Anne Boleyn geworben hatte, schien ihm das passende Ambiente für sich und seine Familie. Dank seines Ehrgeizes, seines Geldes und vor allem Mamies Liebenswürdigkeit gelang es Waldorf, in der englischen High Society Fuß zu fassen.

Mamie lebte nicht lange genug, um zu erleben, dass ihr Mann 1899 die britische Staatsbürgerschaft annahm, ein unvermeidlicher Schritt auf dem Weg in die britische Aristokratie.

Seine vier Kinder, Waldorf junior, Pauline, John Jacob V. und Gwendolyn wurden erzogen, wie es sich für zukünftige englische Adelsträger gehörte. Der eigenbrötlerische Waldorf bemühte sich, seinen Kindern ein guter Vater zu sein, konnte jedoch nicht verhindern, dass eine immer tiefer werdende Kluft entstand.

Pauline, die sich nach dem Tod der Mutter von einem Tag auf den anderen in der Rolle des weiblichen Haushaltsvorstandes wiederfand, war zu jung für diese Aufgabe und entsprechend überfordert. Zu all ihren Verpflichtungen kam hinzu, dass Nesthäkchen Gwendolyn an Tuberkulose erkrankte und mit den Mitteln der Zeit nicht zu heilen war. 1902 starb das knapp dreizehnjährige Mädchen, nachdem ihre Schwester sich jahrelang aufopfernd um sie gekümmert hatte. Waldorf junior wurde mit neun Jahren in ein Internat gesteckt, danach besuchte er Eton und Oxford.

»Ich habe das Bedürfnis, Gutes zu tun, den Menschen zu helfen«, informierte der junge Mann seinen Vater, dem die liberalen politischen Ideen des Sohnes ganz und gar nicht gefielen. 1906 heiratete Waldorf junior Nancy Langhorne Shaw. Nancy war Amerikanerin, geschieden und brachte einen Sohn mit in die Ehe. Ihr Schwiegervater war ganz und gar nicht glücklich mit der Wahl seines ältesten Sohnes, schenkte dem Paar zur Hochzeit dennoch das herrliche Anwesen Cliveden und überraschte Nancy darüber hinaus mit einem Diadem, das angeblich 75 000 Dollar wert und zuvor im Besitz von Ludwig XIV. gewesen war.

1916 erhielt Waldorf Astor endlich den erblichen Adelstitel, um den er sich so lange bemüht hatte. Sein Sohn war entsetzt. Seit sechs Jahren hatte er einen Sitz im Unterhaus, wo er seine politischen Ideale mit Verve und Erfolg vertrat. Der Titel seines Vaters würde ihn nach dessen Tod zwingen, seinen Platz aufzugeben und ins Oberhaus zu ziehen. Verärgert führte er eine heftige Diskussion mit Waldorf und legte ihm nahe, den Titel nicht anzunehmen. Das kam für Waldorf gar nicht infrage. Jahrelang hatte er sein Traumziel verfolgt, jetzt, da er es endlich erreicht hatte, sollte er sich um der Flausen seines Sohnes willen distanzieren – niemals! Die Auseinandersetzung endete damit, dass Waldorf bis zu seinem Tod kein Wort mehr mit seinem ältesten Sohn wechselte, ihn enterbte und verfügte, dass die Hälfte seines Erbes direkt an seinen Enkel gehen sollte. Die andere Hälfte erbte Sohn John Jacob V.

Ein Jahr später erhielt Astor einen zweiten Titel. Jetzt durfte er sich First Viscount of Astor nennen und war endlich am Ziel seiner Wünsche. Drei Jahre blieben ihm, um seinen neuen Stand zu genießen. Am 18. Oktober 1919 fühlte er sich nicht wohl und ging am frühen Morgen ins Bad, um sich ein wenig frisch zu machen. Als sein Butler ihn Stunden später wecken wollte, fand er das Bett leer und klopfte an die Badezimmertür. Von drinnen kam keine Antwort. Der Butler zögerte eine Weile, bis er es schließlich wagte, die abgeschlossene Tür aufzubrechen. William Waldorf Astor lag zusammengekrümmt auf dem Boden. Der eilig herbeigerufene Arzt konnte nur noch seinen Tod feststellen.

Noch im selben Jahr wurde Waldorf junior automatisch Second Viscount Astor und musste seinen Platz im Unterhaus räumen. Seine Frau bewarb sich um seine politische Nachfolge.

Im Dezember 1919 wurde Nancy Astor als zweite Frau in

Nancy Astor 1923 während ein Wahlkampagne mit Kindern ihres Wahlkreises in Plymouth.

das Haus of Commons gewählt und war die erste, die ihren Sitz im Parlament beanspruchte. Durch ihre frechen Reden und die Art und Weise, wie sie ihre politische Arbeit tat, erlangte sie eine enorme Popularität und wurde bis 1945 mehrmals wiedergewählt.

Waldorf junior und Nancy zogen Nancys Sohn aus erster Ehe und fünf gemeinsame Kinder groß. Die Ehe war trotz einiger heftiger Krisen überwiegend glücklich. Als Nancy am 2. Mai 1964, 17 Tage vor ihrem 85. Geburtstag, starb, wurde ihre Asche auf ihren Wunsch hin mit der ihres 12 Jahre zuvor verstorbenen Mannes vermischt und in Cliveden beigesetzt.

Der älteste Sohn des Paares, William Waldorf Astor, erbte den Titel seines Vaters und wurde 1952 zum Dritten Viscount Astor. Bill kam seinen vielfältigen Verpflichtungen gewissenhaft nach, verwaltete das Vermögen und kümmerte sich um den Besitz. Er war ein beliebter Mann, doch sein Privatleben war unglücklich. Zwei Ehen waren bereits schmerzhaft gescheitert, bis er 1960 endlich die Frau seines Lebens fand.

Brownwen Pugh war ein berühmtes Model, deutlich jünger als ihr Mann. Sie erinnerte Bill an seine Mutter. Wie diese liebte sie Feste und große Einladungen und füllte Cliveden wieder mit gesellschaftlichem Leben. Prominente Künstler und Politiker gingen bei den Astors ein und aus und genossen deren legendäre Gastfreundschaft.

Es war eine dieser Einladungen, die dunkle Wolken über die Familie brachte. Unter den Gästen befand sich ein gewisser Stephen Ward. Der Osteopath hatte Bill in schweren Zeiten mehrfach geholfen und war auf diese Weise in dessen Freundeskreis gelangt.

»Ich mag wirklich fast alle deine Bekannten und Freunde, aber diesen Ward kann ich einfach nicht leiden. Er hat so etwas Halbseidenes«, bekannte Brownwen freimütig, kaum, dass ihr Ward vorgestellt worden war. Bill reduzierte seine privaten Kontakte zu Ward, nahm seine medizinische Hilfe jedoch weiterhin in Anspruch. Wenn auch sehr selten, war Ward von Zeit zu Zeit unter den Gästen in Cliveden – so auch vom 7. bis 9. Juli 1963. Es war eine große und sehr prominente Gesellschaft, die Bill und Brownwen versammelt hatten. Richter, Professoren, der Öl-Mogul Nubar Gulbenkian, Lord Mountbatten und Kriegsminister John Profumo mit Gattin waren zu Ehren von Pakistans Staatspräsident Ajub Khan gekommen. Ward erschien in Begleitung mehrerer junger »Damen«, unter ihnen das Callgirl Christine Keeler.

Zu fortgeschrittener Stunde amüsierte sich ein Teil der Gesellschaft am Pool, wo Profumo die optischen Reize Christine Keelers so beeindruckten, dass er wenig später ein Verhältnis mit ihr begann. Zur gleichen Zeit schenkte die 19jährige Keeler ihre Gunst allerdings auch dem sowjetischen Marineattaché und Spion Jewgenij Iwanow.

Die Konsequenzen dieser Liebschaft waren für alle Beteiligten äußerst unangenehm und wuchsen sich zu einem Skandal aus, der als die Profumo-Affäre in die Geschichte einging.

Bill Astor und seine Frau gaben sich alle Mühe, ihren Namen möglichst aus den Schlagzeilen zu halten, doch ganz wollte das nicht gelingen.

Astor, den objektiv keine Schuld traf, erholte sich nicht mehr von der Blamage. Drei Jahre nach dem Prozess starb er 58jährig an Herzversagen.

Die Erben bemühten sich lange Jahre, den geliebten Familiensitz Cliveden zu halten, doch die Kosten für den Unterhalt stiegen ins Unermessliche. 1984 wurde das Anwesen verkauft und Cliveden zu einem luxuriösen Hotel umgebaut. 1991 mietete Brownwen Astor ihr ehemaliges Zuhause, um die Hochzeit ihrer ältesten Tochter standesgemäß feiern zu können.

John Jacob V., vom Vater ein ganzes Leben lang bevorzugt, hatte nach dessen Tod die Hälfte des enormen britischen Astorvermögens erhalten. 1886 in Amerika geboren, war er als Vierjähriger mit den Eltern nach England gekommen und zu einem Briten mit Leib und Seele geworden. JJ, wie er in der Familie genannt wurde, war als junger Mann ein ausgezeichneter Sportler. Kricket, Racket, Polo, Golf und vor allem Squash liebte er besonders und gewann 1908 bei den Olympischen Spielen sogar drei Medaillen.

Sein Vater zerbarst fast vor Stolz auf diesen wohlgeratenen Sohn, der neben dem Sport auch noch eine große Leidenschaft für die Jagd und die Kunst hegte, selbst sehr gut malte und Orgel spielte. Der energische JJ gab tatsächlich Anlass zu den kühnsten Hoffnungen. Während des Ersten Weltkrieges machte er eine rasante Karriere beim Militär. Obwohl seine Familie alles tat, um zu verhindern, dass JJ an die Front ging, ließ er sich nicht abhalten.

»Mutter, mach dir keine Sorgen, wir werden es den Deutschen schon zeigen – und bald bin ich gesund und munter wieder zurück«, verabschiedete er sich 1914. Kurz nach seiner Abreise war er tatsächlich zurück in Cliveden, aber keineswegs gesund und munter. Eine Verletzung am Arm machte einen längeren Heimataufenthalt notwendig. Schlimmer als diese Verletzung wog jedoch, dass JJ im gleichen Kampf seinen guten Freund Charles Mercer-Nairne verloren hatte. Dessen Witwe Violet stand nun allein mit ihren beiden Kindern und bedurfte des Trostes. JJ nutzte die Zeit seiner Rekonvaleszenz, um sie häufig zu besuchen.

»Ich bin es Charles schuldig«, sagte er nur, als seine Mutter erneut versuchte, ihn zurückzuhalten, und zog, kaum genesen, wieder in den Krieg. JJ zahlte einen hohen Preis für seinen zweiten Einsatz. 1917 wurde er so schwer verwundet, dass ihm ein Bein amputiert werden musste.

Im Jahr zuvor hatte er die Witwe Lady Violet Mary Elliot Mercer-Nairne geheiratet. JJ hegte seit langem zärtliche Gefühle für die liebenswürdige, gebildete Violet, doch erst 1915 wagte er es, sich ihr zu offenbaren.

Violet fiel aus allen Wolken. Sie mochte JJ sehr, hatte in ihm jedoch immer nur einen guten Freund der Familie gesehen. Zehn Monate warb JJ mit allen ihm zu Gebote stehenden Mitteln, dann stimmte sie endlich zu.

Vater Waldorf war entzückt. Endlich eine Schwiegertochter so ganz nach seinem Geschmack. Als Violet 1918 den ersten ihrer drei Söhne gebar, schenkte er dem Paar Hever Castle.

Wie sein älterer Bruder engagierte sich auch John Jacob V. politisch, doch war er so scheu und zurückhaltend, dass seine Stimme oft nur als ein Flüstern wahrgenommen wurde. Was ihm an verbaler Durchsetzungskraft in der Öffentlichkeit fehlte, machte er durch Taten im Verborgenen wett. Unterstützt von seiner sozial sehr engagierten Frau, spendete er erhebliche Summen für wohltätige Zwecke. Beide galten überall als ausgesprochen warmherzig und volksnah. Als legendär galt der beinahe freundschaftliche Umgang, den sie mit ihrem Personal pflegten. Zum Erstaunen vieler Zeitgenossen durften die Angestellten sogar die Tennis- und Golfplätze ihrer Herrschaft benutzen.

Wegen seiner Verdienste um das Land wurde John Jacob V. 1956 die Würde eines Barons verliehen. Obwohl sie selbstverständlich ihre gesellschaftlichen Verpflichtungen erfüllten, führten er und Lady Violet ein eher zurückgezogenes Leben.

Beide liebten Hever Castle und investierten viel Geld und Zeit, um das Anwesen zu erhalten. 1962 wurde in England ein neues Erbschaftssteuergesetz erlassen. Der Baron und seine Frau nahmen schockiert zur Kenntnis, dass sie ihr Heimatland würden verlassen müssen, wenn sie ihre Erben nicht ruinieren wollten. Der 65jährige JJ versuchte seine Frau zu trösten:

»Wir haben gesunde Kinder, sie sind alle erwachsen, wir haben uns. Wir müssen das Leben nehmen, wie es kommt.« Das Ehepaar entschied sich für den Süden Frankreichs und bezog in der Nähe von Cannes ein neues Domizil.

Lady Violet, die schon seit längerem gesundheitlich nicht auf der Höhe war, überlebte den Umzug in die Fremde nur drei Jahre. Sie starb am 3. Januar 1965. John Jacob V. betrauerte den Verlust seiner Frau, bis auch er im Juli 1971 den letzten Atemzug tat.

Nachdem seine Eltern England unfreiwillig verlassen hatten, zog Gavin, der älteste Sohn, mit seiner Frau in Hever Castle ein. Gemeinsam bemühten sich die beiden nach Kräften, die Residenz zu erhalten, und öffneten große Teile für Besichtigungen. Eine furchtbare Überschwemmung hinterließ am 15. September 1968 solche Schäden, dass selbst das Vermögen eines Astors nicht ausreichte, um die Reparaturen zu bezahlen. 1982 entschloss sich Gavin Astor schweren Herzens zum Verkauf.

Eine Ära war zu Ende. Glanz und Glamour gehörten der Vergangenheit an, doch die britischen Astors sind bis zum heutigen Tag ein fester Bestandteil der aristokratischen Elite des Landes.

DANK

Mein ganz besonderer Dank gilt meinem Sohn Vincent, ohne dessen Hilfe die aufwendige Recherche zu diesem Buch sicher doppelt so lange gedauert hätte. Danke auch Ulrich Wank, Kristin Rotter, Markus Dockhorn, Nikolaus Wolters und Eva Leupold, die mir während der Arbeit jederzeit mit Rat und Tat zur Seite standen. Meiner Agentin, Karin Graf, möchte ich für ihre engagierte Betreuung danken, und Dir, lieber Josef, für Deine unerschöpfliche Geduld und Unterstützung.

BILDNACHWEIS

akg-images: Seiten 21, 80
Astor-Stiftung, Walldorf: Seite 13
Corbis: Seiten 56, 125, 137, 144, 171, 183, 222, 224, 265, 276 f., 279, 298, 299, 338
New York Public Library: Seite 238
The Metropolitan Museum of Art, New York: Seite 229
Österreichische Nationalbibliothek, Wien: Seite 252
ullstein bild: Seite 299

PERSONENREGISTER

Abkürzungen:

JJA I.   = Johann Jakob Astor I. (1763–1848)
WBA Sr = William Backhouse Astor senior (1792–1875,
          2. Sohn von JJA I.)
JJA III. = John Jacob Astor III (1822–1890, 1. Sohn von
          WBA Sr)
WBA Jr = William Backhouse Astor junior (1830–1892,
          2. Sohn von WBA Sr)
JJA IV. = John Jacob Astor IV. (1864–1912, »Jack«, Sohn von
          WBA Jr.)

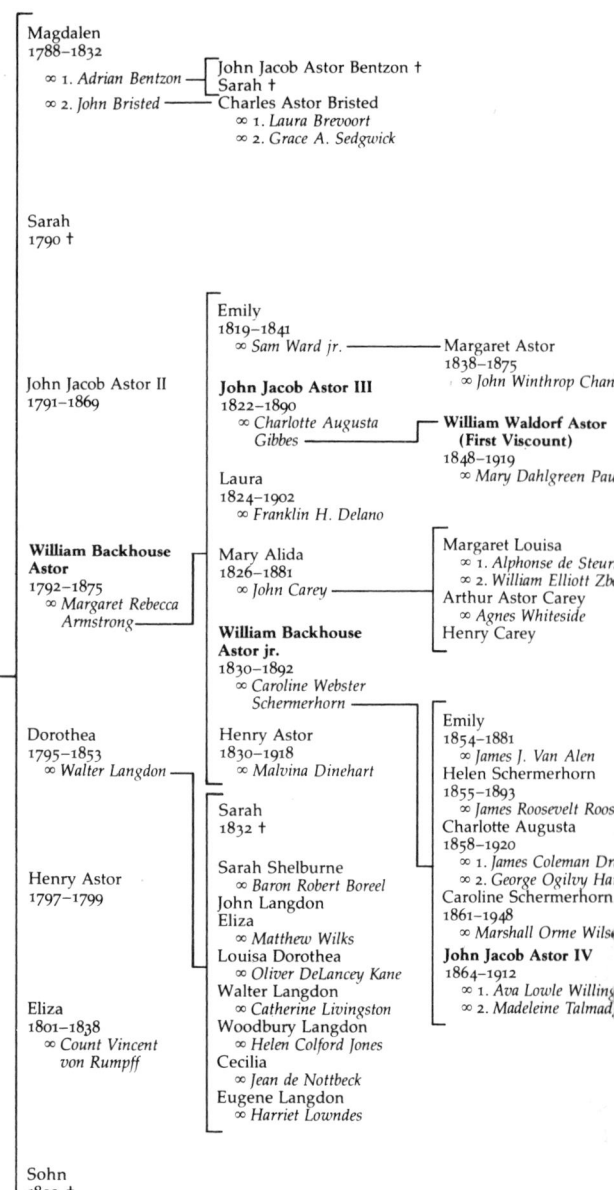

John Jacob Astor
1763–1848
∞ *Sarah Todd*

Magdalen
1788–1832
∞ 1. *Adrian Bentzon* ── John Jacob Astor Bentzon †
Sarah †
∞ 2. *John Bristed* ── Charles Astor Bristed
∞ 1. *Laura Brevoort*
∞ 2. *Grace A. Sedgwick*

Sarah
1790 †

John Jacob Astor II
1791–1869

**William Backhouse
Astor**
1792–1875
∞ *Margaret Rebecca
Armstrong*

Dorothea
1795–1853
∞ *Walter Langdon*

Henry Astor
1797–1799

Eliza
1801–1838
∞ *Count Vincent
von Rumpff*

Sohn
1802 †

Emily
1819–1841
∞ *Sam Ward jr.* ── Margaret Astor
1838–1875
∞ *John Winthrop Chanle*

John Jacob Astor III
1822–1890
∞ *Charlotte Augusta
Gibbes* ── **William Waldorf Astor
(First Viscount)**
1848–1919
∞ *Mary Dahlgreen Paul*

Laura
1824–1902
∞ *Franklin H. Delano*

Mary Alida
1826–1881
∞ *John Carey* ── Margaret Louisa
∞ 1. *Alphonse de Steurs*
∞ 2. *William Elliott Zbo*
Arthur Astor Carey
∞ *Agnes Whiteside*
Henry Carey

**William Backhouse
Astor jr.**
1830–1892
∞ *Caroline Webster
Schermerhorn* ── Emily
1854–1881
∞ *James J. Van Alen*
Helen Schermerhorn
1855–1893
∞ *James Roosevelt Roos*
Charlotte Augusta
1858–1920
∞ 1. *James Coleman Dr*
∞ 2. *George Ogilvy Ha*
Caroline Schermerhorn
1861–1948
∞ *Marshall Orme Wils*
John Jacob Astor IV
1864–1912
∞ 1. *Ava Lowle Willing*
∞ 2. *Madeleine Talmad*

Henry Astor
1830–1918
∞ *Malvina Dinehart*

Sarah
1832 †

Sarah Shelburne
∞ *Baron Robert Boreel*
John Langdon
Eliza
∞ *Matthew Wilks*
Louisa Dorothea
∞ *Oliver DeLancey Kane*
Walter Langdon
∞ *Catherine Livingston*
Woodbury Langdon
∞ *Helen Colford Jones*
Cecilia
∞ *Jean de Nottbeck*
Eugene Langdon
∞ *Harriet Lowndes*

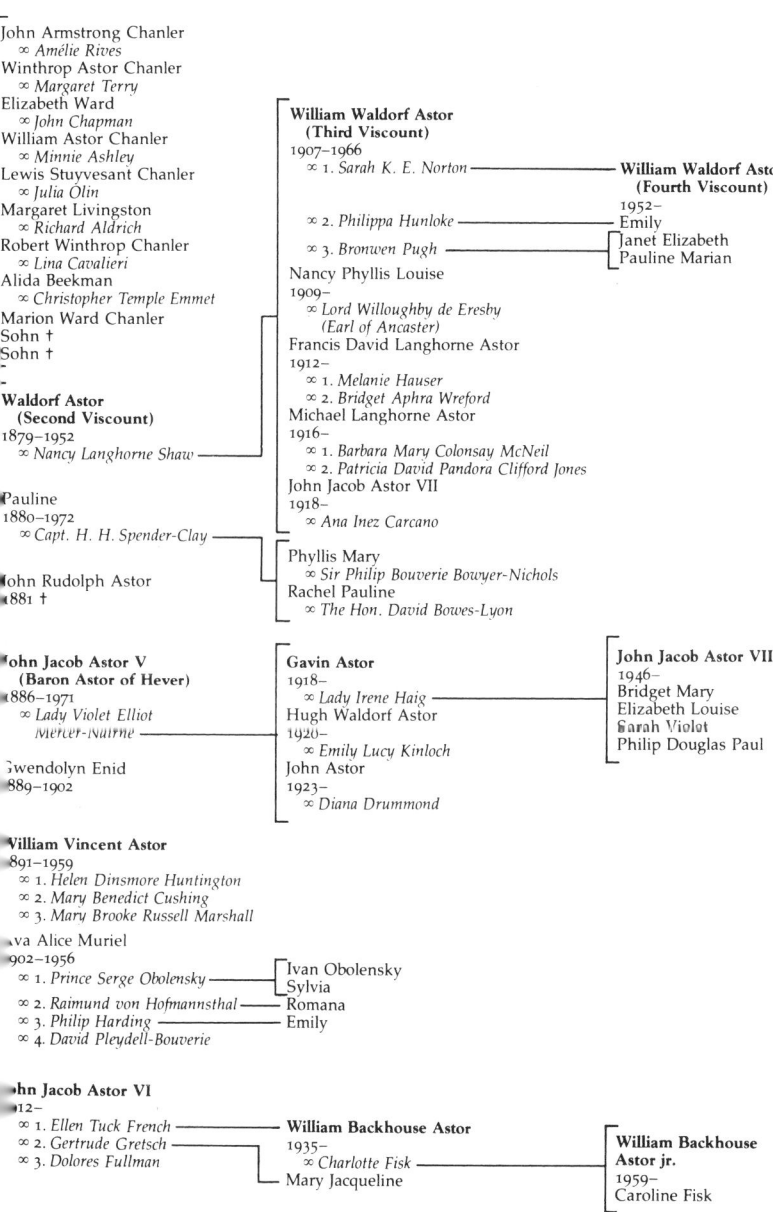

John Armstrong Chanler
  ∞ *Amélie Rives*
Winthrop Astor Chanler
  ∞ *Margaret Terry*
Elizabeth Ward
  ∞ *John Chapman*
William Astor Chanler
  ∞ *Minnie Ashley*
Lewis Stuyvesant Chanler
  ∞ *Julia Olin*
Margaret Livingston
  ∞ *Richard Aldrich*
Robert Winthrop Chanler
  ∞ *Lina Cavalieri*
Alida Beekman
  ∞ *Christopher Temple Emmet*
Marion Ward Chanler
Sohn †
Sohn †
-

**Waldorf Astor
(Second Viscount)**
1879–1952
  ∞ *Nancy Langhorne Shaw*

Pauline
1880–1972
  ∞ *Capt. H. H. Spender-Clay*

John Rudolph Astor
1881 †

**John Jacob Astor V
(Baron Astor of Hever)**
1886–1971
  ∞ *Lady Violet Elliot
    Mercer-Nairne*

Gwendolyn Enid
1889–1902

William Vincent Astor
1891–1959
  ∞ 1. *Helen Dinsmore Huntington*
  ∞ 2. *Mary Benedict Cushing*
  ∞ 3. *Mary Brooke Russell Marshall*

Ava Alice Muriel
1902–1956
  ∞ 1. *Prince Serge Obolensky*
  ∞ 2. *Raimund von Hofmannsthal*
  ∞ 3. *Philip Harding*
  ∞ 4. *David Pleydell-Bouverie*

John Jacob Astor VI
1912–
  ∞ 1. *Ellen Tuck French*
  ∞ 2. *Gertrude Gretsch*
  ∞ 3. *Dolores Fullman*

**William Waldorf Astor
(Third Viscount)**
1907–1966
  ∞ 1. *Sarah K. E. Norton*
  ∞ 2. *Philippa Hunloke*
  ∞ 3. *Bronwen Pugh*
Nancy Phyllis Louise
1909–
  ∞ *Lord Willoughby de Eresby
    (Earl of Ancaster)*
Francis David Langhorne Astor
1912–
  ∞ 1. *Melanie Hauser*
  ∞ 2. *Bridget Aphra Wreford*
Michael Langhorne Astor
1916–
  ∞ 1. *Barbara Mary Colonsay McNeil*
  ∞ 2. *Patricia David Pandora Clifford Jones*
John Jacob Astor VII
1918–
  ∞ *Ana Inez Carcano*

Phyllis Mary
  ∞ *Sir Philip Bouverie Bowyer-Nichols*
Rachel Pauline
  ∞ *The Hon. David Bowes-Lyon*

Gavin Astor
1918–
  ∞ *Lady Irene Haig*
Hugh Waldorf Astor
1920–
  ∞ *Emily Lucy Kinloch*
John Astor
1923–
  ∞ *Diana Drummond*

William Backhouse Astor
1935–
  ∞ *Charlotte Fisk*
Mary Jacqueline

**William Waldorf Astor
(Fourth Viscount)**
1952–
Emily
Janet Elizabeth
Pauline Marian

John Jacob Astor VIII
1946–
Bridget Mary
Elizabeth Louise
Sarah Violet
Philip Douglas Paul

**William Backhouse
Astor jr.**
1959–
Caroline Fisk